:: 中華文化促進會主持編纂

:: 國家"十一五"重點圖書出版規劃項目

:: 中國社會科學院哲學社會科學創新工程學術出版資助項目

出品人 王石 段先念

今注本二十四史

三國志

晉 陳壽 撰　宋 裴松之 注

楊耀坤 揭克倫 校注

中國社會科學出版社

一一　吳書〔二〕

三國志 卷五二

吳書七

張顧諸葛步傳第七

　　張昭字子布，彭城人也。[1]少好學，善隸書，從白侯子安受《左氏春秋》，[2]博覽衆書，與琅邪趙昱、東海王朗俱發名友善。[3]弱冠察孝廉，[4]不就，與朗共論舊君諱事，州里才士陳琳等皆稱善之。〔一〕[5]刺史陶謙舉茂才，[6]不應，謙以爲輕己，遂見拘執。昱傾身營救，方以得免。漢末大亂，徐方士民多避難揚土，[7]昭皆南渡江。孫策創業，命昭爲長史、撫軍中郎將，[8]升堂拜母，[9]如比肩之舊，文武之事，一以委昭。〔二〕昭每得北方士大夫書疏[10]，專歸美於昭，昭欲嘿而不宣則懼有私，宣之則恐非宜，進退不安。策聞之，歡笑曰："昔管子相齊，[11]一則仲父，二則仲父，而桓公爲霸者宗。今子布賢，我能用之，其功名獨不在我乎！"

　　〔一〕時汝南主簿應劭議宜爲舊君諱，[12]論者皆互有異同，事在《風俗通》。[13]昭著論曰："客有見大國之議，士君子之論，云起元建武已來，[14]舊君名諱五十六人，[15]以爲後生不得協也。[16]取乎經論，譬諸行事，義高辭麗，甚可嘉羨。愚意褊淺，竊有疑焉。蓋乾坤剖分，萬物定形，肇有父子君臣之經。故聖人順天之性，制禮尚敬，在三之義，[17]君實食之，在喪之哀，君親臨之，厚莫重焉，恩莫大焉，誠臣子所尊仰，萬夫所天恃，[18]焉得而同之哉？然親親有衰，[19]尊尊有殺，[20]故《禮》服上不盡高祖，[21]下不盡玄孫。又《傳》記四世而緦麻，[22]服之窮也；五世袒免，[23]降殺同姓也；六世而親屬竭矣。又《曲禮》有不逮事之義則不諱，[24]不諱者，蓋名之謂，屬絶之義，不拘於協，況乃古君五十六哉！邾子會盟，[25]季友來歸，[26]不稱其名，咸書字者，是時魯人嘉之也。何解臣子爲君父諱乎？周穆王諱滿，[27]至定王時有王孫滿者，[28]其爲大夫，是臣協君也。又屬王諱胡，[29]及莊王之子名胡，[30]其比衆多。夫類事建議，經有明據，傳有徵案，然後進攻退守，萬無奔北，[31]垂示百世，永無咎失。今應劭雖上尊舊君之名，而下無所斷齊，猶歸之疑云。《曲禮》之篇，疑事無質，[32]觀省上下，闕義自證，文辭可爲，倡而不法，將來何觀？言聲一放，猶拾瀋也，[33]過辭在前，悔其何追！"

〔二〕《吳書》曰：策得昭甚悦，謂曰："吾方有事四方，以士人賢者上，[34]吾於子不得輕矣。"乃上爲校尉，[35]待以師友之禮。

[1] 彭城：王國名。治所彭城縣，在今江蘇徐州市。

[2] 白侯子安：盧弼《集解》本作"自侯子安"，百衲本、殿本、校點本作"白侯子安"。今從百衲本等。

[3] 琅邪：王國名。治所開陽縣，在今山東臨沂市北。　東海：郡名。治所郯縣，在今山東郯城縣北。　發名：周一良云："發名是少年（弱冠前後）得名之意。"（周一良《魏晋南北朝史論

集續編・魏晉南北朝詞語小記》，北京大學出版社 1991 年版，第141 頁。）

[4] 孝廉：漢代選拔官吏的主要科目。孝指孝子，廉指廉潔之士。原本爲二科，後混同爲一科，也不再限於孝子和廉吏。東漢後期定制爲不滿四十歲者不得察舉；被舉者先詣公府課試，以觀其能。郡國每年要向中央推舉一至二人。

[5] 陳琳：字孔璋，廣陵人。見本書卷二一《王粲傳》。廣陵與彭城皆屬徐州，故爲州里。

[6] 刺史：指徐州刺史。治所原在郯縣，在今山東郯城縣，東漢末徙治下邳縣，在今江蘇睢寧縣西北。　茂才：即秀才，東漢人避光武帝劉秀諱改，爲漢代薦舉人材科目之一。東漢之制，州牧刺史歲舉一人。三國沿之，或稱秀才。

[7] 揚土：指揚州。東漢時刺史治所歷陽縣，在今安徽和縣；漢末移治壽春縣，在今安徽壽縣。

[8] 長史：官名。將軍府幕僚之長，總理幕府事。　撫軍中郎將：官名。東漢末孫策置。曹魏亦置。

[9] 升堂拜母：古代摯友相訪，行登堂拜母禮，結通家之好，以表交誼之篤厚。

[10] 北方：百衲本“北”字作“此”，殿本、盧弼《集解》本、校點本作“北”，郝經《續後漢書》亦作“北”。今從殿本等。

[11] 管子：百衲本、殿本作“管子”，盧弼《集解》本、校點本作“管仲”。今從百衲本等。管子即管仲，春秋齊桓公任之為相，齊國因而國富兵强，遂霸諸侯。後桓公尊稱他為仲父。《韓非子・難二》：“齊桓公之時，晋客至，有司請禮，桓公曰‘告仲父’者三，而優笑曰：‘易哉，爲君！一曰仲父，二曰仲父。’”

[12] 汝南：郡名。治所平輿縣，在今河南平輿縣北。　主簿：官名。於郡府中典領文書，辦理事務。　應劭：主要事迹見本書卷二一《王粲傳》裴注引華嶠《漢書》及《續漢書》。

[13] 風俗通：《四庫全書總目提要》謂《隋書・經籍志》著

録《風俗通義》十一卷（録一卷），應劭撰；《新唐書·藝文志》著録爲三十卷；《崇文總目》等謂爲十卷，與今傳本同。可知遺佚不少，今傳本《風俗通》即無議舊君諱事。

［14］建武：東漢光武帝劉秀年號（25—56）。

［15］五十六人：東漢光武帝起至獻帝止，祇有十三帝，而下文又云"古君五十六"。則此"五十六人"，蓋指自古至漢末之國君。

［16］協：相同。

［17］在三之義：謂侍奉君、父、師之義。《國語·晋語一》："民生於三，事之如一。父生之，師教之，君食之。非父不生，非食不長，非教不知生之族也，故壹事之。"

［18］天恃：吴金華《校詁》云："'天恃'乃尊崇、依附之義。"

［19］衰（cuī）：趙幼文《校箋》謂《册府元龜》卷五七二引作"等"。按，宋本《册府元龜》亦作"衰"。衰，差也，遞減也。《淮南子·説林訓》："十頃之陂，可以灌四十頃，而一頃之陂，可以灌四頃，大小之衰然。"高誘注："衰，差也。"

［20］殺（shài）：等差。《禮記·文王世子》："其族食降一等，親親之殺也。"鄭玄注："殺，差也。"

［21］上不盡高祖：《禮記·喪服小記》："親親以三爲五，以五爲九，上殺、下殺、旁殺，而親畢矣。"鄭玄注："已上親父，下親子，三也。以父親祖，以子親孫，五也。以祖親高祖，以孫親玄孫，九也。殺謂親益疏者，服之則輕。"

［22］緦麻：喪服名。五服中之最輕者，孝服用細麻布製成，服期三月。爲本宗之高祖父母即服緦麻。《禮記·大傳》云："四世而緦，服之窮也。"陳澔《集説》："四世，高祖也。同高祖者服緦麻。服盡於此矣。故云服之窮也。"

［23］袒免（wèn）：袒衣免冠。古代喪禮，五服以外的遠親，無喪服之制，唯脱上衣，露左臂，脱冠扎髮，用一寸寬之布從頸下

前部交於額上，又從後繞於髻，以示哀思。《禮記·大傳》云：
"五世祖免，殺同姓也；六世親屬竭矣。"陸德明《釋文》："免，
音問。"孔穎達疏："五世祖免殺同姓也者，謂其承高祖之父者也。
言服祖免而無正服，減殺同姓也。六世親屬絕矣者，謂其承高祖之
祀者也，言不服祖免，同姓而已，故云親屬竭矣。"

[24] 不逮事之義：《禮記·曲禮上》："禮不諱嫌名，二名不
偏諱。逮事父母，則諱王父母；不逮事父母，則不諱王父母。"陳
澔《集說》："逮，及也。庶人父母早死，不聞父之諱其祖，故亦
不諱其祖。有廟以事祖者則不然。"

[25] 邾子：邾，西周、春秋小國，曹姓。初都於今山東曲阜
市東南，後移都今鄒城市東南。戰國時爲楚所滅。邾子，邾國之
君，名克，字儀父。《左傳·隱公元年》："三月，公及邾儀父盟于
蔑。邾子克也。"杜預注經文云："附庸之君，未王命，例稱名。自
稱通於大國，繼好息民，故書字貴之。"

[26] 季友：春秋時魯桓公之幼子，後爲魯國執政十六年。友
乃其名。《左傳》中又稱之爲成季、公子友、公子季友、季子、季
友。《左傳·閔公元年》："'季子來歸'，嘉之也。"杜預注經文云：
"季子，公子友之字。季子忠于社稷，爲國人所思，故賢而字之。"
孔穎達疏則云："季是友之字也，子者男子之美稱。"

[27] 周穆王：西周國君。《史記》卷四《周本紀》謂周昭王
卒，"立昭王子滿，是爲穆王"。

[28] 王孫滿：《左傳·僖公三十三年》楊伯峻注引《通志·
氏族略四》引《英賢傳》，謂"周共王生圉，圉曾孫滿"。王孫滿
在周定王時爲大夫。《左傳·宣公三年》："楚子伐陸渾之戎，遂至
于雒，觀兵于周疆。定王使王孫滿勞楚子。"

[29] 厲王：西周國君。《史記·周本紀》："夷王崩，子厲王
胡立。"

[30] 莊王：東周國君。《史記·周本紀》："桓王崩，子莊王
佗立。"又云："莊王崩，子釐王胡齊立。"在今本《史記》《左傳》

中還記有莊王嬖姬王姚生子頮，莊王子名胡者未見。

[31] 奔北：敗逃。

[32] 疑事無質：《禮記·曲禮上》：“疑事毋質，直而勿有。”陳澔《集説》：“朱子曰：兩句連説爲是。‘疑事毋質’，即《少儀》所謂‘毋身質言語’也；‘直而勿有’，謂陳我所見，聽彼決擇，不可據而有之，專務强辯。不然，則是以身質言語矣。”又《少儀》“毋身質言語”，陳澔《集説》云：“《曲禮》‘疑事毋質’與此‘質’字義同，謂言語之際，疑則闕之，不可自我質正，恐有失誤也。”

[33] 猶拾瀋也：《左傳·哀公三年》：“無備而官辦者，猶拾瀋也。”杜預注：“瀋，汁也。”楊伯峻注：“猶羹汁傾覆於地，無法撿拾。”

[34] 上：通“尚”，貴重。《史記》卷一一二《主父偃列傳》：“上篤厚，下智巧。”司馬貞《索隱》：“上猶尚也，貴也。”

[35] 校尉：官名。漢代軍職之稱。東漢末位次於中郎將。魏、晋沿置，而名號繁多，品秩亦高低不等。

　　策臨亡，以弟權託昭，昭率羣僚立而輔之。[一]上表漢室，下移屬城，[1]中外將校，各令奉職。權悲感未視事，昭謂權曰：“夫爲人後者，貴能負荷先軌，克昌堂構，[2]以成勳業也。方今天下鼎沸，羣盜滿山，[3]孝廉何得寢伏哀戚，[4]肆匹夫之情哉？”乃身自扶權上馬，陳兵而出，然後衆心知有所歸。昭復爲權長史，授任如前。[二]後劉備表權行車騎將軍，[5]昭爲軍師。[6]權每田獵，常乘馬射虎，虎嘗突前攀持馬鞍。[7]昭變色而前曰：“將軍何有當爾？夫爲人君者，謂能駕御英雄，驅使羣賢，豈謂馳逐於原野，校勇於猛獸者乎？

如有一旦之患，奈天下笑何？”權謝昭曰：“年少慮事不遠，以此慚君。”然猶不能已，乃作射虎車，爲方目，閒不置蓋，[8]一人爲御，自於中射之。時有逸羣之獸，輒復犯車，而權每手擊以爲樂。昭雖諫爭，常笑而不答。魏黃初二年，[9]遣使者邢貞拜權爲吳王。貞入門，不下車。昭謂貞曰：“夫禮無不敬，故法無不行。而君敢自尊大，豈以江南寡弱，無方寸之刃故乎！”貞即遽下車。拜昭爲綏遠將軍，[10]封由拳侯。[三][11]權於武昌，[12]臨釣臺，[13]飲酒大（醉）〔歡〕。[14]權使人以水灑羣臣曰：“今日酣飲，惟醉墮臺中，乃當止耳。”昭正色不言，出外車中坐。權遣人呼昭還，謂曰：“爲共作樂耳，公何爲怒乎？”[15]昭對曰：“昔紂爲糟丘酒池長夜之飲，[16]當時亦以爲樂，不以爲惡也。”權默然，有慚色，遂罷酒。初，權當置丞相，衆議歸昭。權曰：“方今多事，職統者責重，非所以優之也。”後孫邵卒，百寮復舉昭，權曰：“孤豈爲子布有愛乎？（領）〔顧〕丞相事煩，[17]而此公性剛，所言不從，怨咎將興，非所以益之也。”乃用顧雍。

〔一〕《吳歷》曰：策謂昭曰：“若仲謀不任事者，君便自取之。正復不克捷，緩步西歸，亦無所慮。”

〔二〕《吳書》曰：是時天下分裂，擅命者衆。孫策蒞事日淺，恩澤未洽，一旦傾隕，士民狼狽，頗有同異。及昭輔權，綏撫百姓，諸侯賓旅寄寓之士，得用自安。權每出征，留昭鎮守，領幕府事。後黃巾賊起，昭討平之。權征合肥，[18]命昭別討匡琦，又督領諸將，攻破豫章賊率周鳳等於南城。[19]自此希復將帥，常在左右，爲謀謨臣。權以昭舊臣，待遇尤重。

〔三〕《吳錄》曰：昭與孫紹、滕胤、鄭禮等，[20] 採周、漢，[21] 撰定朝儀。

［1］移：古代官府文書之一種。多用於不相統屬的官屬之間。參劉勰《文心雕龍·檄移》。

［2］堂構：《尚書·大誥》：“若考作室，既底法，厥子乃弗肯堂，矧肯構？”孔《傳》：“以作室喻治政也，父已致法，子乃不肯爲堂基，況肯構立屋乎？”後世因以“堂構”比喻繼承祖先之遺業。

［3］滿山：趙幼文《校箋》云：“《文選集注》引《鈔》‘山’字作‘道’。”

［4］孝廉：稱孫權。孫權曾被舉孝廉。

［5］車騎將軍：官名。東漢時位比三公，常以貴戚充任。出掌征伐，入參朝政。漢靈帝時常作加官或贈官。三國沿置，位次驃騎將軍，在諸名號大將軍上。

［6］軍師：官名。此爲車騎將軍府屬官，主管軍務。

［7］嘗：殿本、盧弼《集解》本、校點本作“常”，百衲本作“嘗”。按，二字古雖通用，今仍從百衲本。

［8］閒：《廣韻·襇韻》：“隔也。”

［9］黃初：魏文帝曹丕年號（220—226）。

［10］綏遠將軍：官名。建安中孫權置。

［11］由拳：縣名。治所在今浙江嘉興市南。

［12］武昌：縣名。孫權曾設都於此。治所在今湖北鄂州市。

［13］釣臺：在今鄂州市西樊山之長江邊。

［14］大歡：各本皆作“大醉”。趙幼文《校箋》謂《文選》謝玄暉《和伏武昌登孫權故城》李善注引《吳志》作“大歡”，則唐人所見本作“大歡”。作“大醉”者或後人傳抄所誤。今從

趙説改。

　　［15］公：錢大昭《辨疑》云：“《江表傳》：初，權與屬多呼其字，唯呼張昭曰張公。”

　　［16］紂爲糟丘酒池：《史記》卷三《殷本紀》謂帝紂“以酒爲池，縣肉爲林，使男女倮，相逐其間，爲長夜之飲”。又張守節《正義》云：“《太公六韜》云，紂爲酒池，回船糟丘而牛飲者三千餘人爲輩。”

　　［17］顧：各本作“領”。趙幼文《校箋》謂《太平御覽》卷二〇四引作“顧”，《建康實録》作“但”。顧、但義同，當作“顧”爲得。今從趙説改。

　　［18］合肥：縣名。治所在今安徽合肥市西。

　　［19］豫章：郡名。治所南昌縣，在今江西南昌市。　南城：縣名。治所在今江西南城縣東南。

　　［20］孫紹：趙一清《注補》云：“孫紹即孫長緒，本作‘劭’。”按本書卷四七《吳主傳》黄武四年作“孫邵”，裴注引《吳録》亦同。又《建康實録》卷二作“孫劭”。

　　［21］採周漢：趙幼文《校箋》謂《建康實録》“漢”下有“故事”二字，疑是。

　　權既稱尊號，昭以老病，上還官位及所統領。[一]更拜輔吳將軍，[1]班亞三司，[2]改封婁侯，[3]食邑萬户。在里宅無事，乃著《春秋左氏傳解》及《論語注》。[4]權嘗問衛尉嚴畯：[5]“寧念小時所闇書不？”[6]畯因誦《孝經》“仲尼居”。[7]昭曰：“嚴畯鄙生，臣請爲陛下誦之。”乃誦“君子之事上”，[8]咸以昭爲知所誦。

　　〔一〕《江表傳》曰：權既即尊位，請會百官，歸功周瑜。昭舉笏欲褒贊功德，[9]未及言，權曰：“如張公之計，[10]今已乞食矣。"昭大慚，伏地流汗。昭忠謇亮直，有大臣節，權敬重之，然所以不相昭者，蓋以昔駁周瑜、魯肅等議爲非也。

臣松之以爲張昭勸迎曹公，所存豈不遠乎？夫其揚休正色，[11]委質孫氏，[12]誠以厄運初遘，塗炭方始，自策及權，才略足輔，是以盡誠匡弼，[13]以成其業，上藩漢室，下保民物；鼎峙之計，本非其志也。曹公仗順而起，功以義立，冀以清一諸華，拓平荆郢，[14]大定之機，在於此會。若使昭議獲從，則六合爲一，豈有兵連禍結，遂爲戰國之弊哉！雖無功於孫氏，有大當於天下矣。[15]昔竇融歸漢，[16]與國升降；張魯降魏，賞延于世。況權舉全吳，望風順服，寵靈之厚，[17]其可測量哉！然則昭爲人謀，豈不忠且正乎！

[1] 輔吳將軍：官名。孫吳置，位次三公。

[2] 三司：三公。

[3] 婁：縣名。治所在今江蘇昆山市東北。

[4] 論語：吳金華《校詁》謂《建康實錄》卷三（按，當作"二"）引此，"論語"下有"孝經"，當補。

[5] 衞尉：官名。東漢時秩中二千石，列卿之一，掌宮門及宮中警衞。三國沿置。

[6] 闇：通"諳"，熟悉。

[7] 孝經：自西漢初已被列爲儒家經典之一。據現代學者研究，大約成書於戰國後期，即公元前三世紀。《孝經》也有今文與古文兩種，《漢書·藝文志》班固自注説，《古文孝經》分二十二章。至唐初，唐人撰《隋書·經籍志》，謂《古文孝經》梁末已亡逸。而隋文帝開皇十四年（594）劉炫謂復得《古文孝經》，《隋書·經籍志》已"疑非古本"，可見爲僞託。今傳本《孝經》共十八章，一千七百九十九字。　仲尼居：乃《孝經》之《開宗明義章第一》之首句。潘眉《考證》云："《孝經正義》引古文《孝經》作'仲

尼居’無‘間’字，與《説文》所引合。”

[8] 君子之事上：乃《孝經・事君章第十七》之首句。

[9] 笏：古代臣朝見君時所執之狹長板，亦稱手板，以玉、象牙、竹木製成，後世惟品官執之。《禮記・王藻》：“凡有指畫於君前，用笏；造受命於君前，則書於笏。”

[10] 張公之計：指建安十三年（208）曹操帶兵下江南，張昭主張迎曹操，不抵抗。

[11] 揚休正色：謂正氣盛，神態嚴。《禮記・玉藻》：“盛氣顛實揚休，玉色。”陳澔《集説》：“言人當養氣，使充盛填實於內，故息之出也，若陽氣之煦物，其來無窮也。玉無變色，故以爲顏色無變動之喻。”

[12] 委質：臣服，歸附。

[13] 盡誠：校點本 1982 年 7 月第 2 版誤作“盡城”。

[14] 荊郢：即荊州。魏文帝黃初三年（222）以荊州江北諸郡爲郢州，不久即省，復爲荊州。

[15] 大當：完全適宜。《禮記・樂記》子夏對曰：“夫古者，天地順而四時當，民有德而五穀昌，疾疢不作，而無妖祥，此之謂大當。”鄭玄注：“當，謂樂不失其所。”孔穎達疏：“當，謂不失其所，如上所謂是大得其所當也。”

[16] 竇融：東漢初扶風平陵（今陝西咸陽市西北）人。累世爲河西官吏。新莽末，爲波水將軍，繼降劉玄，爲張掖屬國都尉。劉玄敗後，融聯合酒泉、敦煌等五郡，割據河西，稱行河西五郡大將軍事。後歸漢光武帝劉秀，助滅隗囂，封爲安豐侯，爲大司空。（見《後漢書》卷二三《竇融傳》）

[17] 寵靈：恩寵光耀。

昭每朝見，辭氣壯厲，[1]義形於色，曾以直言逆旨，[2]中不進見。後蜀使來，稱蜀德美，而羣臣莫拒，權歎曰："使張公在坐,彼不折則廢,[3]安復自誇乎?"[4]明日,遣中使勞問,[5]因請見昭,昭避席謝,[6]權跪止之。[7]昭坐定,仰曰:"昔太后、桓王不以老臣屬陛下,[8]而以陛下屬老臣,是以思盡臣節,以報厚恩,使泯没之後,有可稱述,而意慮淺短,違逆盛旨,[9]自分幽淪,[10]長棄溝壑,不圖復蒙引見,得奉帷幄。然臣愚心所以事國,[11]志在忠益,畢命而已。若乃變心易慮,以偷榮取容,此臣所不能也。"權辭謝焉。

權以公孫淵稱藩,遣張彌、許晏至遼東拜淵爲燕王,[12]昭諫曰:"淵背魏懼討,遠來求援,非本志也。若淵改圖,欲自明於魏,兩使不反,不亦取笑於天下乎?"權與相反覆,昭意彌切。權不能堪,案刀而怒曰:"吳國士人入宮則拜孤,出宮則拜君,孤之敬君,亦爲至矣,而數於衆中折孤,孤嘗恐失計。"[13]昭孰視權曰:[14]"臣雖知言不〔見〕用,[15]每竭愚忠者,[16]誠以太后臨崩,呼老臣於牀下,遺詔顧命之言故在耳。"[17]因涕泣橫流。權擲刀致地,與昭對泣。然卒遣彌、晏往。昭忿言之不用,稱疾不朝。權恨之,土塞其門,昭又於內以土封之。淵果殺彌、晏。權數慰謝昭,昭固不起,權因出過其門呼昭,昭辭疾篤。權燒其門,欲以恐之,[18]昭更閉户。權使人滅火,住門良久,[19]昭諸子共扶昭起,權載以還宮,深自克責。昭不得已,然後朝會。〔一〕

〔一〕習鑿齒曰:張昭於是乎不臣矣!夫臣人者,三諫不從則奉身而退,身苟不絕,何忿懟之有?且秦穆違諫,[20]卒霸西戎,晋文暫怒,[21]終成大業。遺誓以悔過見録,[22]狐偃無怨絕之辭,君臣道泰，上下俱榮。今權悔往之非而求昭，後益迴慮降心，不遠而復，是其善也。昭爲人臣，不度權（得道）〔德〕，[23]匡其後失，夙夜匪懈，以延來譽，乃追忿不用，歸罪於君，閉戶拒命，坐待焚滅，豈不悖哉！

［1］辭氣：趙幼文《校箋》謂《文選集注》引《鈔》、《群書治要》卷二七、《太平御覽》卷四七二引"辭"上俱有"言論"二字。

［2］曾：盧弼《集解》本作"會"，百衲本、殿本、校點本作"曾"。趙幼文《校箋》謂《群書治要》作"會"。按蕭常及郝經之《續後漢書》皆作"嘗"，與"曾"義同。今從百衲本等。

［3］則：殿本、盧弼《集解》本作"自"，百衲本、校點本作"則"。趙幼文《校箋》謂《太平御覽》卷四二七引亦作"則"。今從百衲本等。　廢：沮喪，失望。

［4］安復：趙幼文《校箋》謂《太平御覽》卷四二七引"安"下有"得"字。

［5］中使：官名。孫吳置，以宦官充任，職如漢魏之小黃門，掌侍皇帝左右，受尚書事，皇帝在內宮，關通中外及中宮以下眾事。（本洪飴孫《三國職官表》）

［6］避席：古人席地而坐，離席起立，以表敬意。

［7］跪：古人席地而坐，坐姿爲兩膝着地，兩脚脚背朝下臀部落在踵上。如將臀部抬起，上身挺直，稱爲跪，或長跪，亦稱跽，是對別人尊敬的表示。

［8］太后：孫權母吳氏。　桓王：孫策。孫權稱帝後，追諡孫策爲長沙桓王。

［9］盛旨：盧弼《集解》本作"聖旨"，百衲本、殿本、校點本作"盛旨"。今從百衲本等。盛旨，猶盛意。如《孔叢子·抗志》："今重建公子之盛旨，則有失禮之僭焉。"

［10］幽淪：沉淪，陷没。

［11］愚心：趙幼文《趙箋》謂《群書治要》卷二七引無
"心"字。

［12］遼東：郡名。治所襄平縣，在今遼寧遼陽市老城區。

［13］嘗：趙幼文《校箋》謂《文選集注》引《鈔》、《太平
御覽》卷三四五引俱作"常"，是。按二字可通。如《史記》卷八
六《刺客列傳》：吳公子光"故嘗陰養謀臣以求立"。　失計：胡
三省云："失計，謂不能容昭而殺之也。"（《通鑑》卷七二魏明帝
青龍元年注）

［14］埶：百衲本作"埶"，《通鑑》亦同，殿本、盧弼《集
解》本、校點本作"熟"。胡三省云："古'埶''熟'字通。"
（《通鑑》卷七二魏明帝青龍元年注）今從百衲本。

［15］不見用：各本無"見"字。趙幼文《校箋》謂《文選集
注》引《鈔》、《太平御覽》卷三四五、《建康實録》引"不"下
俱有"見"字。當據補。今從趙説補。

［16］每竭愚忠者：趙幼文《校箋》謂《文選集注》引《鈔》
作"而欲竭愚忠者"，《北堂書鈔》卷一二三、《太平御覽》卷三四
五引"每"字俱作"而"。當據《鈔》所引增删。按，《北堂書鈔》
所引實作"每"，《太平御覽》引作"而每"。

［17］顧命：帝王臨終之遺命。此指太后遺命。　故在：趙幼
文《校箋》謂《文選集注》引《鈔》、《群書治要》卷二七、《太
平御覽》卷三四五引俱無"在"字。

［18］權燒其門，欲以恐之：趙幼文《校箋》謂《太平御覽》
卷八六八引"權"下有"使"字，"欲"下無"以"字。按，《太
平御覽》引實無"使"字，有"以"字。

［19］住問：趙幼文《校箋》謂《太平御覽》卷八六八引作
"往問"。

［20］秦穆違諫：春秋時秦穆公欲襲鄭國，問於上大夫蹇叔，
蹇叔以爲不可。穆公不聽，召孟明、西乞、白乙爲將，率軍出發。

蹇叔又哭送曰："孟子！吾見師之出而不見其入也！"秦穆公卻使人罵蹇叔老而不死，昏憒而不可用。結果秦軍果於殽山被晋軍襲擊大敗，孟明、西乞、白乙被俘。但孟明等得釋回國後，更加受秦穆公重用。後來穆公與孟明率軍伐晋，渡過黃河即焚舟，以示決勝之心，晋人終不敢出。穆公"遂自茅津濟，封殽尸而還。遂霸西戎，用孟明也"。（見《左傳》僖公三十二年、三十三年，文公元年、二年、三年）

[21] 晋文暫怒：春秋晋文公名重耳。其父晋獻公寵愛驪姬，驪姬設計迫殺太子申生，逼走重耳。重耳出走時，隨之者有重耳舅父狐偃咎犯及趙衰、賈佗、先軫、魏武子等數十人。重耳至齊國後，齊桓公待之甚厚，並將宗女嫁與他。齊桓公卒，齊孝公立，重耳貪戀安樂不願離齊。又過三年重耳仍無去意。趙衰、咎犯因謀離齊之方。齊女得知後，亦勸重耳速行，並與趙衰等謀，以酒醉重耳，載之以行。及車已行遠，重耳驚覺大怒，引戈欲殺咎犯。咎犯曰："殺臣成子，偃之願也。"重耳曰："事不成，我食舅氏肉。"咎犯曰："事不成，犯肉腥臊，何足食！"遂繼續前行。重耳在外流亡十九年，終於回國爲君，是爲晋文公。（見《史記》卷三九《晋世家》）

[22] 遺誓：指《尚書·秦誓》。《秦誓》孔穎達疏："秦穆公使孟明視、西乞術、白乙丙三帥帥師伐鄭，未至鄭而還。晋襄公帥師敗之於崤山，囚其三帥。後晋舍三帥，得還歸於秦。秦穆公自悔己過，誓戒群臣。史録其誓辭，作《秦誓》。"

[23] 德：各本作"得道"。趙幼文《校箋》云："郝書'得'字作'德'。郁松年曰：'道當作德，誤爲得，後人又誤增道字。'郁説是。"按，此實見郝經《續後漢書》苟宗道注引。苟注引"得"字作"德"，無"道"字。今據苟注引改。

昭容貌矜嚴，有威風，權常曰："孤與張公言，不敢妄也。"舉邦憚之。年八十一，嘉禾五年卒。[1]遺令幅巾素棺，[2]斂以時服。權素服臨弔，謚曰文侯。[一]長子承已自封侯，少子休襲爵。

〔一〕《典略》曰：余囊聞劉荊州嘗自作書欲與孫伯符，[3]以示禰正平，[4]正平蚩之，言："如是爲欲使孫策帳下兒讀之邪，將使張子布見乎？"如正平言，以爲子布之才高乎？雖然，猶自蘊藉典雅，不可謂之無筆迹也。加聞吳中稱謂之仲父，如此，其人信一時之良幹，恨其不於嵩岳等資，[5]而乃播殖於會稽。

[1] 嘉禾：吳大帝孫權年號（232—238）。

[2] 幅巾：古代男子以一幅絹裹頭的頭巾。

[3] 劉荊州：指劉表。表時爲荊州牧。　孫伯符：孫策字伯符。

[4] 禰正平：禰衡字正平。主要事迹見本書卷一○《荀彧傳》裴注引《平原禰衡傳》及張騭《文士傳》。

[5] 嵩岳：即中岳嵩山。在今河南登封縣北。此以嵩岳指中原，意謂張昭不在中原任職。

昭弟子奮年二十[1]，造作攻城大攻車，爲步騭所薦。昭不願曰："汝年尚少，何爲自委於軍旅乎？"奮對曰："昔童汪死難，[2]子奇治阿，[3]奮實不才耳，於年不爲少也。"遂領兵爲將軍，連有功效，至（平州）〔半州〕都督，[4]封樂鄉亭侯。[5]

承字仲嗣，少以才學知名，與諸葛瑾、步騭、嚴畯相友善。權爲驃騎將軍，[6]辟西曹掾，[7]出爲長沙西部都尉。[8]討平山寇，得精兵萬五千人。後爲濡須都督、奮威將軍，[9]封都鄉侯，[10]領部曲五千人。承爲人壯毅忠讜，[11]能甄識人物，拔彭城蔡款、南陽謝景於孤微童幼，[12]後並爲國士，款至衛尉，景豫章太守。〔一〕又諸葛恪年少時，衆人奇其英才，承言終敗諸葛氏者元遜也。[13]勤於長進，篤於物類，凡在庶幾之流，[14]無不造門。年六十七，赤烏七年卒，[15]謚曰定侯。子震嗣。初，承喪妻，昭欲爲索諸葛瑾女，承以相與有好，難之，權聞而勸焉，遂爲婚。〔二〕[16]生女，權爲子和納之。權數令和脩敬於承，執子壻之禮。震諸葛恪誅時亦死。

〔一〕《吳録》曰：款字文德，歷位内外，以清貞顯於當世。[17]後以衛尉領中書令，[18]封留侯。[19]二子，條、機。條孫晧時位至尚書令、太子少傅。[20]機爲臨川太守。[21]謝景事在《孫登傳》。

〔二〕臣松之案：承與諸葛瑾同以赤烏中卒，計承年小瑾四歲耳。

[1] 年二十：趙幼文《校箋》謂《白孔六帖》卷五四引“年”下有“未”字，“二”字作“三”。按，《白孔六帖》實亦作“二”。

[2] 童汪死難：魯哀公十一年（前484），齊國攻打魯國，戰於近郊。魯公叔禺人與其鄰童汪踦皆戰死。魯人欲以成人葬禮葬汪踦，不以殤對待，便去問孔子。孔子曰：“能執干戈以衛社稷，雖欲勿殤也，不亦可乎！”（見《禮記·檀弓下》《左傳·哀公十一年》）

[3] 子奇治阿：《後漢書》卷六《順帝紀》：陽嘉元年十一月

辛卯，初令郡國舉孝廉，限年四十以上，"若顏淵、子奇，不拘年齒"。李賢注引《新序》曰："子奇年十八，齊君使之化阿。至阿，鑄其庫兵以爲耕器，出倉廩以賑貧窮，阿縣大化。"

[4] 半州：各本皆作"平州"。陳景雲《辨誤》云："吳無平州，當是'半州'之誤。吳主子建昌侯慮嘗鎮半州，又大將甘寧、潘璋也曾屯此，乃中流重地。"校點本即從《辨誤》説改爲半州。今從之。半州，地名。在今江西九江市西，吳曾於此築城。

[5] 樂鄉：地名。在今湖北松滋市東北長江南岸涴市。　亭侯：爵名。漢制列侯大者食縣邑，小者食鄉、亭。東漢後期遂以食鄉、亭者稱爲鄉侯、亭侯。

[6] 驃騎將軍：官名。東漢時位比三公，地位尊崇。

[7] 西曹掾：官名。此爲驃騎將軍府之屬吏，爲西曹長官。掌府吏署用等事。

[8] 長沙西部都尉：官名。魏晉時期，每郡置都尉一人，大郡或置二人，分爲東西部或南北部。領兵禁，備盜賊。此長沙西部都尉吳置，治所湘南縣，在今湖南湘潭縣南。

[9] 濡須：地名。在今安徽無爲縣東北古濡須水畔。　都督：官名。洪飴孫《三國職官表》云："吳於瀕江要地皆置都督，領兵屯守。其領營兵者亦稱督。"趙幼文《校箋》謂《文選》陸士衡《辨亡論》李善注引"督"上無"都"字。本書卷五四《魯肅傳》"濡須督張承"亦無"都"字。　奮威將軍：官名。漢爲雜號將軍。三國沿置。

[10] 都鄉侯：爵名。列侯食邑爲都鄉者，稱都鄉侯。位次於縣侯，高於鄉侯。

[11] 忠謹：趙幼文《校箋》謂《太平御覽》卷四四二引"謹"字作"謹"，《建康實録》同。按，《太平御覽》所引實指張昭，《太平御覽》云："張昭字子布，爲人矜嚴忠謹。"

[12] 南陽：郡名。治所宛縣，在今河南南陽市。

[13] 元遜：諸葛恪字元遜。

[14] 庶幾：指賢才。錢大昕云："王弼以庶幾爲慕聖，何晏解《論語》亦云'庶幾聖道'。王充《論衡》云：'孔子之門講習五經，五經皆習，庶幾之才也。'"（《廿二史考異》卷一七）

[15] 赤烏：吳大帝孫權年號（238—251）。

[16] 婚：校點本作"婿"，百衲本、殿本、盧弼《集解》本皆作"婚"。今從百衲本等。

[17] 清貞：殿本"貞"字作"真"，百衲本、盧弼《集解》本、校點本作"貞"。今從百衲本等。

[18] 中書令：官名。孫吳仿西漢之制，置爲中書長官，主草擬詔令。

[19] 留：縣名。治所在今山東微山縣東南微山湖中。按此爲魏地，吳乃虛封。

[20] 尚書令：官名。孫吳時仍爲尚書臺長官。秩千石。掌奏、下尚書曹文書衆事，選用署置官吏；總典臺中綱紀法度，無所不統。　太子少傅：官名。與太子太傅並稱太子二傅。東漢時秩中二千石，掌輔導太子及東宮衆務。曹魏以二傅並攝東宮事務，與尚書東曹並掌太子、諸侯官屬之選舉。孫吳亦置。

[21] 臨川：郡名。治所臨汝縣，在今江西臨川市西。

休字叔嗣，弱冠與諸葛恪、顧譚等俱爲太子登僚友，以《漢書》授登。〔一〕從中庶子轉爲右弼都尉。[1]權常游獵，迨暮乃歸，休上疏諫戒，權大善之，以示於昭。及登卒後，爲侍中，[2]拜羽林都督，[3]平三典軍事，[4]遷揚武將軍。[5]爲魯王霸友黨所譖，與顧譚、承俱以芍陂論功事，[6]休、承與典軍陳恂通情，詐增其伐，並徙交州。[7]中書令孫弘佞僞險詖，休素所忿，〔二〕弘因是譖訴，下詔書賜休死，時年四十一。

〔一〕《吳書》曰：休進授，指摘文義，分別事物，並有章條。每升堂宴飲，酒酣樂作，登輒降意與同歡樂。休爲人解達，登甚愛之，常在左右。

〔二〕《吳錄》云：弘，會稽人也。[8]

[1] 中庶子：官名。即太子中庶子。爲太子侍從，東漢時秩六百石，置五員，職如侍中，屬太子少傅。曹魏沿置。掌侍從、奏事、諫議等。蜀漢、孫吳亦置。　右弼都尉：官名。孫吳置。孫權黃龍元年（229）立孫登爲太子，置左輔、右弼、輔正、翼正都尉以輔佐之，稱爲四友。

[2] 侍中：官名。曹魏時爲門下侍中寺長官。職掌門下衆事，侍從左右，顧問應對，拾遺補闕，與散騎常侍、黃門侍郎等共平尚書奏事。孫吳亦置。

[3] 羽林都督：官名。孫吳置。本書卷五一《孫皎傳》又有羽林督，統羽林軍士，侍衛皇帝。未詳二職之關係。

[4] 典軍：官名。主營兵之官。孫吳置左、中、右典軍，稱三典軍，地位頗重。（本洪飴孫《三國職官表》）

[5] 揚武將軍：官名。東漢置，統兵出征。孫吳亦置。

[6] 芍陂：在今安徽壽縣南，因淠水經白芍亭東與附近諸水積而成湖，故名。今安豐塘即其遺址。

[7] 交州：刺史治所，漢末建安十五年（210）在番禺縣，在今廣東廣州市。吳景帝孫休永安七年（264）又徙治所於龍編縣，在今越南河內東天德江北岸。

[8] 會稽：郡名。治所山陰縣，在今浙江紹興市。

顧雍字元歎，吳郡吳人也。〔一〕[1]蔡伯喈從朔方還，[2]嘗避怨於吳，雍從學琴書。〔二〕州郡表薦，弱冠爲合肥長，後轉在婁、曲阿、上虞，[3]皆有治迹。孫權領會稽太守，不之郡，以雍爲丞，[4]行太守事，討除寇賊，郡界寧靜，吏民歸服。數年，入爲左司馬。[5]權爲吳王，累遷大理、奉常，[6]領尚書令，封陽遂鄉侯，[7]拜侯還（寺）〔第〕，[8]而家人不知，後聞乃驚。

〔一〕《吳錄》曰：雍曾祖父奉，字季鴻，潁川太守。[9]

〔二〕《江表傳》曰：雍從伯喈學，專一清靜，敏而易教。伯喈貴異之，[10]謂曰：“卿必成致，[11]今以吾名與卿。”故雍與伯喈同名，由此也。[12]

《吳錄》曰：雍字元歎，言爲蔡雍之所歎，[13]因以爲字焉。[14]

[1] 吳郡：治所吳縣，在今江蘇蘇州市。

[2] 蔡伯喈：蔡邕字伯喈。事迹見本書卷六《董卓傳》、卷二一《王粲傳》等。《後漢書》卷六〇下有傳。　朔方：郡名。治所臨戎縣，在今内蒙古磴口縣北之黄河東岸。

[3] 曲阿：縣名。治所在今江蘇丹陽市。　上虞：縣名。治所在今浙江上虞市。

[4] 丞：官名。郡太守之副，佐掌衆事。

[5] 左司馬：官名。爲將軍府之幕僚，掌參贊軍務，管理府内武職，位次於長史。按，此時孫權當爲討虜將軍，則此爲討虜將軍府之左司馬。

[6] 大理：官名。吳國初建時置，主刑罰獄訟。　奉常：官名。吳國初建時置，主宗廟禮儀。後改稱太常。

[7] 鄉侯：爵名。漢制列侯大者食縣邑，小者食鄉、亭。東漢後期，遂以食鄉、亭者稱爲鄉侯、亭侯。

[8] 第：各本作“寺”。潘眉《考證》：“《一切經音義》引《三倉》曰：‘寺，官寺也。’又漢九卿謂之九寺。時雍累遷大理、

奉常，職在九卿，故曰‘還寺’。”趙幼文《校箋》謂《世說新語·雅量篇》注引作“第”。寺謂官府，第謂私宅。考下文“而家人不知”，則雍是還第，非還寺也。《建康實錄》“寺”字作“家”。按，《世說新語》劉孝標注引正是《吳志》，今據以改之。

　　［9］潁川：郡名。治所陽翟縣，在今河南禹州市。

　　［10］貴異：趙幼文《校箋》謂《世說新語·雅量篇》注引“貴”字作“賞”。

　　［11］成致：成功。趙幼文《校箋》謂《册府元龜》卷八二四引“致”字作“器”。按，宋本《册府元龜》亦作“致”。

　　［12］由此也：盧弼《集解》本無“由此”二字，百衲本、殿本、校點本有。今從百衲本等。

　　［13］蔡雍：盧弼《集解》本作“伯嚍”，百衲本、殿本、校點本作“蔡雍”。今從百衲本等。

　　［14］因：盧弼《集解》本作“故”，百衲本、殿本、校點本作“因”。今從百衲本等。

　　黄武四年，[1]迎母於吳。既至，權臨賀之，親拜其母於庭，公卿大臣畢會，後太子又往慶焉。雍爲人不飲酒，寡言語，舉動時當。權嘗歎曰：“顧君不言，言必有中。”至飲宴歡樂之際，左右恐有酒失而雍必見之，是以不敢肆情。權亦曰：“顧公在坐，使人不樂。”其見憚如此。是歲，改爲太常，進封醴陵侯，[2]代孫邵爲丞相，平尚書事。[3]其所選用文武將吏各隨能所任，心無適莫。[4]時訪逮民閒，及政職所宜，輒密以聞。若見納用，則歸之於上，不用，終不宣泄。權以此重之。然於公朝有所陳及，辭色雖順而所執者正。權嘗咨問得失，張昭因陳聽采聞，頗以法令太稠，刑罰微重，宜有所蠲損。權默然，顧問雍曰："君以爲何如？"雍對曰："臣之所聞，亦如昭所陳。"於是權乃議獄輕刑。[一]久之，呂壹、秦博爲中書，[5]典校諸官府及州郡文書。[6]壹等因此漸作威福，遂造作榷酤障管之利，[7]舉罪糾奸，纖介必聞，重以深案醜誣，毀短大臣，排陷無辜，雍等皆見舉白，用被譴讓。後壹姦罪發露，收繫廷尉。[8]雍往斷獄，壹以囚見，雍和顏色，問其辭狀，臨出，又謂壹曰："君意得無欲有所道？"壹叩頭無言。時尚書郎懷敍面詈辱壹，[9]雍責敍曰："官有正法，何至於此！"[二]

〔一〕《江表傳》曰：權常令中書郎詣雍，[10]有所咨訪。若合雍意，事可施行，〔雍〕即與相反覆，[11]究而論之，爲設酒食。如不合意，[12]雍即正色改容，默然不言，無所施設，即退告。[13]權曰："顧公歡悅，是事合宜也；其不言者，是事未平也，[14]孤當重思之。"其見敬信如此。江邊諸將，各欲立功自效，多陳便宜，有所掩襲。權以訪雍，雍曰："臣聞兵法戒於小利，此等所陳，欲邀功名而爲其身，非爲國也，陛下宜禁制。苟不足以曜威損敵，所不宜聽也。"權從之。軍國得失，行事可不，自非面見，口未嘗言之。

〔二〕《江表傳》曰：權嫁從女，女顧氏甥，故請雍父子及孫譚，[15]譚時爲選曹尚書，[16]見任貴重。是日，權極歡。[17]譚醉酒，三起舞，舞不知止。雍內怒之。明日，召譚，訶責之曰："君王以含垢爲德，[18]臣下以恭謹爲節。昔蕭何、吳漢並有大功，[19]何每見高帝，似不能言；漢奉光武，亦信恪勤。汝之於國，寧有汗馬之勞，可書之事邪？但階門戶之資，遂見寵任耳，何有舞不復知止？雖爲酒後，亦由恃恩忘敬，謙虛不足。損吾家者必爾也。”因背向壁臥，譚立過一時，乃見遣。

徐衆《評》曰：雍不以呂壹見毀之故，而和顏悦色，誠長者矣。然開引其意，問所欲道，此非也。壹姦險亂法，毀傷忠賢，吳國寒心，自太子登、陸遜已下，切諫不能得，是以潘濬欲因會手劍之，[20]以除國患，疾惡忠主，義形於色，而今乃發起令言。若壹稱枉邪，不申理，則非録獄本旨；若承辭而奏之，吳主儻以敬丞相所言，而復原宥，伯言、承明不當悲慨哉！[21]懷敍本無私恨，無所爲嫌，故詈辱之，疾惡意耳，惡不仁者，其爲仁也。季武子死，[22]曾點倚其門而歌；子晳創發，[23]子産催令自裁。以此言之，雍不當責懷敍也。

[1] 黄武：吳大帝孫權年號（222—229）。

[2] 醴陵：縣名。治所在今湖南醴陵市。

[3] 平尚書事：職衔名義。加此衔者，得參與論決尚書政事。三國皆置，蜀漢位次於録尚書事，孫吳則無高下之分。

[4] 適（dí）莫：指對人的親疏厚薄。《論語·里仁》子曰：“君子之於天下也，無適也，無莫也。義之與比。”劉寶楠《正義》：“皇疏引范寧曰：‘適莫，猶厚薄也。’”

[5] 中書：官名。吳“中書典校”之簡稱。掌察諸官府、州郡文書，摘微求瑕，權力頗重。

[6] 州郡：百衲本“郡”字作“部”，殿本、盧弼《集解》本、校點本、蕭常《續後漢書》皆作“郡”。今從殿本等。

[7] 榷酤：政府對酒產銷之專斷。　障管：指政府壟斷鹽、鐵器、錢幣之製造以及專斷名山大澤之利。

[8] 廷尉：官名。東漢時爲列卿之一，秩中二千石，掌司法刑獄。三國沿置。

[9] 尚書郎：官名。東漢之制，取孝廉之有才能者入尚書臺，初入臺稱守尚書郎中，滿一年稱尚書郎，統稱尚書郎，秩四百石，

凡置三十六員，分隸六曹尚書分曹治事，主要掌文書起草。三國沿置，而分曹有異。

［10］令：趙幼文《校箋》謂《文選集注》引《鈔》、《太平御覽》卷二〇四引作“遣”，是。　中書郎：官名。漢代置，屬中書令。孫吳沿置，仍隸中書令。負責草擬詔書，並常被派出執行重要使命。

［11］即與：趙幼文《校箋》謂《文選集注》引《鈔》“即”上有“雍”字，是。按，《太平御覽》卷二〇四引亦有“雍”字。今據《御覽》補。

［12］如不合意：趙幼文《校箋》謂《文選集注》引《鈔》、《太平御覽》卷二〇四引“如”下俱有“有”字，是。

［13］即退告：趙幼文《校箋》謂《太平御覽》卷八四四引“即”字作“郎”，“郎”即上文所言中書郎也。作“郎”字是。趙氏又謂《文選集注》引《鈔》、《太平御覽》卷二〇四引“告”下有“權”字，是。

［14］事未平：趙幼文《校箋》謂《文選集注》引《鈔》、《太平御覽》引“事”俱作“意”。

［15］請：趙幼文《校箋》謂《册府元龜》卷八一六、《事類賦》卷一一引作“召”。

［16］選曹尚書：官名。孫吳置，主銓選官吏，職掌與吏部尚書相類。

［17］權極歡：趙幼文《校箋》謂《事類賦》卷一一引“權”下有“欣”字。

［18］含垢爲德：《左傳·宣公十五年》：“諺曰‘高下在心，川澤納污，山藪藏疾，瑾瑜匿瑕，國君含垢，天之道也。’”楊伯峻注：“《老子》云：‘受國之垢，是謂社稷主。’意蓋謂國君宜以社稷之長遠利益爲重，不宜小不忍而危害社稷。”

［19］蕭何：漢高祖劉邦之功臣。秦末佐劉邦起義。義軍入咸陽，蕭何收取秦之律令圖籍。楚漢戰爭中，薦韓信爲大將，以丞相

之職留守關中，爲前綫足食足兵。劉邦稱帝後，封賞功臣，以蕭何功最盛，先封爲酇侯。（見《漢書》卷三九《蕭何傳》）　吳漢：漢光武帝劉秀之功臣。新莽末年，劉秀起兵，吳漢投歸劉秀，爲偏將軍，徵發漁陽等郡騎兵，助劉秀滅王郎、鎮壓銅馬等軍皆有功，劉秀稱帝後，吳漢任大司馬，封廣平侯，又繼續轉戰各地，攻滅公孫述等。後在朝廷，卻"斤斤謹質，形於體貌"。（見《後漢書》卷一八《吳漢傳》）

[20] 欲因會手劍之：百衲本作"欲因會同手劍之"。殿本作"欲同手劍之"，盧弼《集解》本、校點本作"欲因會手劍之"。盧弼並云："按《潘濬傳》'濬乃大請百寮，欲因會手刃殺壹'。"今從《集解》本等。

[21] 伯言：陸遜字伯言。　承明：潘濬字承明。

[22] 季武子：春秋後期魯國執政，季文子之子，名宿。《禮記·檀弓下》謂武子死，"曾點倚其門而歌"。曾點，孔子弟子，曾參之父。

[23] 子晳：春秋時鄭國大夫公孫黑字子晳。公孫黑因與公孫楚爭奪徐無犯之妹，腳被公孫楚擊傷。次年公孫黑欲叛亂，以代替游氏之地位，因腳傷復發而未果。而駟氏及諸大夫皆欲誅殺公孫黑。執政子產在邊境得知，便急速趕回，並使官吏歷數公孫黑之罪狀，令其速死曰："不速死，司寇將至。"公孫黑乃自縊而死。（見《左傳》昭公元年、二年）

雍爲相十九年，年七十六，赤烏六年卒。初疾微時，權令醫趙泉視之，拜其少子濟爲騎都尉。[1]雍聞，悲曰："泉善別死生，吾必不起，故上欲及吾目見濟拜也。"[2]權素服臨弔，謚曰蕭侯。長子邵早卒，次子裕有篤疾，[3]少子濟嗣，無後，絶。永安元年，[4]詔曰："故丞相雍，至德忠賢，輔國以禮，而侯統廢絶，朕甚

慇之。其以雍次子裕襲爵爲醴陵侯，以明著舊勳。”〔一〕

〔一〕《吳録》曰：裕一名穆，終宜都太守。[5]裕子榮。

《晉書》曰：[6]榮字彥先，爲東南名士，仕吳爲黄門郎，[7]在晉歷顯位。元帝初鎮江東，[8]以榮爲軍司馬，[9]禮遇甚重。卒，表贈侍中、驃騎將軍、儀同三司。[10]榮兄子禺，字孟著，少有名望，爲散騎侍郎，[11]早卒。

《吳書》曰：雍母弟徽，字子歆。[12]少游學，有脣吻。[13]孫權統事，聞徽有才辯，召署主簿。[14]嘗近出行，見營軍將一男子至市行刑，問之何罪，云盜百錢，徽語使住。須臾，馳詣闕陳啓：“方今畜養士衆以圖北虜，視此兵丁壯健兒，[15]且所盜少，愚乞哀原。”權許而嘉之。轉東曹掾。[16]或傳曹公欲東，權謂徽曰：“卿孤腹心，今傳孟德懷異意，莫足使揣之，卿爲吾行。”拜輔義都尉，[17]到北與曹公相見。公具問境内消息，徽應對婉順，因說江東大豐，山藪宿惡，皆慕化爲善，義出作兵。公笑曰：“孤與孫將軍一結婚姻，[18]共輔漢室，義如一家，君何爲道此？”徽曰：“正以明公與主將義固磐石，休戚共之，必欲知江表消息，[19]是以及耳。”公厚待遣還。權問定云何，[20]徽曰：“敵國隱情，卒難探察，然徽潛采聽，方與袁譚交爭，[21]未有他意。”乃拜徽巴東太守，[22]欲大用之，會卒。子裕，字季則，少知名，位至鎮東將軍。[23]雍族人悌，字子通，以孝悌廉正聞於鄉黨。[24]年十五爲郡吏，除郎中，[25]稍遷偏將軍。[26]權末年，嫡庶不分，悌數與驃騎將軍朱據共陳禍福，言辭切直，朝廷憚之。待妻有禮，常夜入晨出，希見其面。嘗疾篤，妻出省之，悌命左右扶起，[27]冠幘加襲，起對，趣令妻還，其貞潔不瀆如此。[28]悌父向歷四縣令，年老致仕，悌每得父書，常灑掃，整衣服，更設几筵，[29]舒書其上，拜跪讀之，每句應諾，畢，復再拜。若父有疾耗之問至，[30]則臨書垂涕，聲語哽咽。父以壽終，悌飲漿不入口五日。[31]權爲作布衣一襲，皆摩絮著之，強令悌釋服。悌雖以公（議）〔義〕自割，[32]猶以不見父喪，常畫壁作棺柩象，設神座於下，每對之哭泣，服未闋而卒。悌四子：彥、禮、謙、祕。祕，晋交州刺史。祕子衆，尚書僕射。[33]

[1] 騎都尉：官名。孫吳時統羽林兵，宿衛左右。

[2] 目見：趙幼文《校箋》謂《太平御覽》卷四八八引“目”字作“自”。

[3] 裕：潘眉《考證》云：“雍次子名裕，母弟徽之子亦名裕，必有一誤。”周壽昌《注證遺》則云：“裕一名穆，或因徽子名裕，裕遂改名穆，而史仍書其初名也。”

[4] 永安：吳景帝孫休年號（258—264）。

[5] 宜都：郡名。治所夷道縣，在今湖北枝城市。

[6] 晋書：清代湯球《晋書》輯本暫定爲王隱《晋書》。今本《晋書》卷六八有《顧榮傳》。

[7] 黃門郎：官名。即黃門侍郎。東漢時秩六百石。掌侍從左右，給事禁中，關通中外。初無員數，漢獻帝定爲六員，與侍中出入禁中，近侍帷幄，省尚書奏事。三國沿置，魏定爲五品。

[8] 江東：地區名。長江自西向東流，流至今安徽境，則偏北斜流，至今江蘇省鎮江市又東流而下，古稱這段江路東岸之地爲江東（即今長江以南的蘇、浙、皖一帶），西岸之地爲江西（即今皖北和淮河下游一帶）。

[9] 軍司馬：官名。漢代校尉所領營部，置以佐之。不置校尉之部，則爲長官，領軍征伐，秩比千石。魏、晋沿之。

[10] 侍中：官名。曹魏時第三品。爲門下侍中寺長官。職掌門下衆事，侍從左右，顧問應對，拾遺補闕，與散騎常侍、黃門侍郎等共平尚書奏事。晋沿置，爲門下省長官。　驃騎將軍：官名。東漢時位比三公，地位尊崇。魏、晋沿置，居諸名號將軍之首，僅

作爲將軍名號，加授大臣、重要州郡長官，無具體職掌，二品。開府者位從公，一品。　儀同三司：謂官非三公，授予儀制同於三公的待遇。

[11] 散騎侍郎：官名。曹魏置，第五品。與散騎常侍、侍中、黃門侍郎等侍從皇帝左右，顧問應對，諫諍拾遺，共平尚書奏事。西晉沿置。

[12] 子歆：趙幼文《校箋》謂《册府元龜》卷七二六引“歆”字作“欽”。按，宋本《册府元龜》亦作“歆”。

[13] 有脣吻：謂善於言辭論辯。

[14] 主簿：官名。漢代中央及州郡官府均置主簿，以典領文書，辦理事務。

[15] 壯健兒：趙幼文《校箋》謂《册府元龜》卷七一七引無“壯”字。按，宋本《册府元龜》有“壯”字。

[16] 東曹掾：官名。東漢三公府及大將軍府均置有東曹掾，秩比四百石，主二千石長吏及軍吏遷除。

[17] 輔義都尉：官名。漢獻帝建安中孫權置，顧徽以此職出使曹操。後於赤烏中又爲東宮官。

[18] 結婚姻：曹操曾以弟女配孫策小弟孫匡，又爲其子曹彰娶孫賁女。（見本書卷四六《孫策傳》）

[19] 江表：即江東。指長江以南地區。從中原看，其地在長江之外，故稱江表。

[20] 定：究竟，到底。如《世説新語·言語》：“鄧艾口吃，語稱‘艾艾’。晉文王戲之曰：‘卿云艾艾，定是幾艾？’”

[21] 方與：趙幼文《校箋》謂郝經《續後漢書》“方”上有“曹公”二字。

[22] 巴東：郡名。治所魚復縣，在今重慶市奉節縣東白帝城。按巴東郡當時爲益州牧劉璋轄地，顧徽爲太守乃遥領。

[23] 鎮東將軍：官名。東漢末有鎮東、西、南、北將軍各一人，三國沿置，位次四征將軍，領兵如四征，多爲持節都督出鎮方

面。按，百衲本作“東將軍”，無“鎮”字，殿本、盧弼《集解》本、校點本有“鎮”字，今從殿本等。又趙幼文《校箋》謂郝經《續後漢書》作“安東將軍”。

［24］廉正：趙幼文《校箋》謂《太平御覽》卷四一二引“正”字作“直”。

［25］郎中：官名。東漢時秩比三百石。分隷五官、左、右三署中郎將，名義上備宿衞，實爲後備官吏人才。

［26］偏將軍：官名。雜號將軍中地位較低者。

［27］左右扶起：盧弼《集解》云：“《御覽》‘右’下有‘自’字。”趙幼文《校箋》謂此見《太平御覽》卷四三二，又見卷六八七。

［28］瀆：輕慢。《左傳·昭公二十六年》：“國有外援，不可瀆也。”杜預注：“瀆，慢也。”趙幼文《校箋》謂《太平御覽》卷八六七引“瀆”字作“黷”。

［29］几筵：趙幼文《校箋》謂《藝文類聚》卷二〇、《白孔六帖》卷二三（當作二五）引“筵”字俱作“案”。

［30］疾耗：患病的惡音信。

［31］飲漿：趙幼文《校箋》謂《藝文類聚》卷二〇、《太平御覽》卷四一二引“飲”字作“水”。

［32］公義：各本皆作“公議”。趙幼文《校箋》謂《藝文類聚》、《太平御覽》、《册府元龜》卷七五一引“議”字俱作“義”。今據趙引改。

［33］尚書僕射（yè）：官名。魏、晋時爲尚書省次官，秩六百石，第三品。或單置，或並置左、右。左、右並置時，左僕射居右僕射上。輔助尚書令執行政務，參議大政，諫静得失，監察糾彈百官，可封還詔旨，常受命主管官吏選舉。

邵字孝則，博覽書傳，好樂人倫。[1]少與舅陸績齊名，而陸遜、張敦、卜静等皆亞焉。〔一〕自州郡庶幾及四方人士，往來相見，或言議而去，或結厚而別，[2]風聲流聞，遠近稱之。權妻以策女，年二十七，[3]起家爲豫章太守。[4]下車祀先賢徐孺子之墓，[5]優待其後；禁其淫祀非禮之祭者。小吏資質佳者，輒令就學，[6]擇其先進，擢置右職，舉善以教，風化大行。初，錢唐丁諝出於役伍，[7]陽羨張秉生於庶民，[8]烏程吳粲、雲陽殷禮起乎微賤，[9]邵皆拔而友之，爲立聲譽。秉遭大喪，[10]親爲制服結絰。[11]邵當之豫章，發在近路，值秉疾病，時送者百數，邵辭賓客曰：「張仲節有疾，苦不能來別，恨不見之，暫還與訣，諸君少時相待。」其留心下士，惟善所在，皆此類也。諝至典軍中郎，[12]秉雲陽太守，[13]禮零陵太守，〔二〕[14]粲太子少傅。世以邵爲知人。在郡五年，卒官，子譚、承云。

〔一〕《吳録》曰：敦字叔方，静字玄風，並吳郡人。敦德量淵懿，清虚淡泊，又善文辭。孫權爲車騎將軍，辟西曹掾，轉主簿，出補海昏令，[15]甚有惠化，年三十二卒。卜静終於剡令。[16]

〔二〕禮子基作《通語》曰：禮字德嗣，弱不好弄，潛識過人。少爲郡吏，年十九，守吳縣丞。[17]孫權爲王，召除郎中。後與張温俱使蜀，諸葛亮甚稱歎之。稍遷至零陵太守，卒官。

《文士傳》曰：禮子基，無難督，[18]以才學知名，著《通語》數十篇。有三子。巨字元大，有才器，初爲吳偏將軍，統家部曲，城夏口，[19]吳平後，爲蒼梧太守。[20]少子祐，字慶元，吳郡太守。

[1] 人倫：謂品評人物。

[2] 或言議而去或結厚而別：盧弼《集解》謂此兩句《世説

新語·品藻篇》注引作“或諷議而去，或結友而別”。吳金華
《〈三國志校詁〉及〈外編〉訂補》謂“結厚”是漢世以來常語，
指結下深情厚誼。

[3] 年二十七：趙幼文《校箋》謂《太平御覽》卷四七四引
無“七”字。按，《太平御覽》卷二六一引又有“七”字。

[4] 起家：謂首次出任官職。

[5] 祀：趙幼文《校箋》謂《太平御覽》卷四七四引作
“禮”。　徐孺子：徐穉字孺子，東漢豫章南昌人，漢桓帝時公府屢
徵辟皆不至。郡太守陳蕃請爲功曹，孺子謁而辭退。陳蕃在郡不接
賓客，唯爲孺子特設一榻，去則懸之。（見《後漢書》卷五三《徐
穉傳》）

[6] 輒令：盧弼《集解》云：“《御覽》‘令’字作‘獎’。”
趙幼文《校箋》云：“《御覽》卷四四二引作‘獎’，然卷二六一引
仍作‘令’，疑作‘令’字是。”按，《太平御覽》卷四四二實作
“令獎”。

[7] 錢唐：縣名。東漢時又作“錢塘”。謝鍾英《補三國疆域
志補注》謂錢唐西漢爲縣，東漢省，蓋漢末靈帝時又復置。西漢時
治所在今浙江杭州市西靈隱山下，東漢末復置後治所在今杭州市。
　役伍：指服役人家。

[8] 陽羨：縣名。治所在今江蘇宜興市南荊溪南岸。　生於庶
民：殿本《考證》云：“《太平御覽》作‘生於民庶’。”趙幼文
《校箋》謂此見《太平御覽》卷四四二。按，《太平御覽》“生於”
實作“生乎”。

[9] 烏程：縣名。治所在今浙江湖州市南菰城。　吳粲：殿本
“吳”字作“吾”，百衲本、盧弼《集解》本、校點本作“吳”。今
從百衲本等。盧弼《集解》引何焯曰，謂“吳粲”即“吾粲”，古
書“吾丘壽王”多作“虞丘”，而“虞仲”亦作“吳仲”，則
“吾”“吳”通也。　雲陽：縣名。孫吳嘉禾三年（234）以曲阿縣
改名，治所在今江蘇丹陽市。

［10］大喪：指父母之喪。

［11］絰（dié）：喪服所用的麻帶。扎在頭上的稱首絰，結在腰間的稱腰絰。

［12］典軍中郎：官名。孫吳置。屬典軍。吳典軍又分中、左、右，掌禁軍。

［13］雲陽：郡名。錢大昕云：“雲陽縣即漢吳郡之曲阿，嘉禾三年更名，其置郡當在嘉禾以後也。《晋志》叙吳所置郡，不及雲陽，蓋不久即省矣。”（《廿二史考異》卷一七）

［14］零陵：郡名。治所泉陵縣，在今湖南永州市。

［15］海昏：縣名。治所在今江西永修縣西北艾城。

［16］剡：縣名。漢代治所在今浙江嵊縣西南曹娥江北岸，孫吳移治所於今嵊縣。

［17］丞：官名。縣丞爲縣令、長之副佐，職掌文書及倉、獄事。

［18］無難督：官名。孫吳置。統無難士，負責侍衛皇帝；亦外出征戰。又分置左、右部，稱無難左部督、無難右部督。地位頗重。

［19］夏口：地名。在今湖北武漢市原漢水入長江處。

［20］蒼梧：郡名。治所廣信縣，在今廣西梧州市。

　　譚字子默，弱冠與諸葛恪等爲太子四友，從中庶子轉輔正都尉。〔一〕赤烏中，代恪爲左節度。〔二〕[1] 每省簿書，未嘗下籌，[2] 徒屈指心計，盡發疑謬，下吏以此服之。加奉車都尉。[3] 薛綜爲選曹尚書，固讓譚曰：“譚心精體密，貫道達微，才照人物，德允衆望，[4] 誠非愚臣所可越先。”後遂代綜。祖父雍卒數月，拜太常，代雍平尚書事。是時魯王霸有盛寵，與太子和齊衡，譚上疏曰：“臣聞有國有家者，必明嫡庶之端，異尊卑之禮，使高下有差，階級踰邈，如此則骨肉之恩生，^[5]覬覦之望絕。昔賈誼陳治安之計，^[6]論諸侯之勢，以爲勢重，雖親必有逆節之累，勢輕，雖疎必有保全之祚。故淮南親弟，^[7]不終饗國，失之於勢重也；吳芮疎臣，^[8]傳祚長沙，得之於勢輕也。昔漢文帝使慎夫人與皇后同席，袁盎退夫人之座，^[9]帝有怒色，及盎辨上下之儀，陳人彘之戒，帝既悦懌，夫人亦悟。今臣所陳，非有所偏，誠欲以安太子而便魯王也。"由是霸與譚有隙。時長公主壻衛將軍全琮子寄爲霸賓客，^[10]寄素傾邪，譚所不納。先是，譚弟承與張休俱北征壽春，^[11]全琮時爲大都督，^[12]與魏將王淩戰於芍陂，軍不利，魏兵乘勝陷没五營將（秦兒）〔秦晃〕軍，^[13]休、承奮擊之，遂駐魏師。時琮群子緒、端亦並爲將，因敵既住，乃進擊之，淩軍用退。時論功行賞，以爲駐敵之功大，退敵之功小，休、承並爲雜號將軍，^[14]緒、端偏裨而已。^[15]寄父子益恨，共搆會譚。〔三〕^[16]譚坐徙交州，幽而發憤，著《新言》二十篇。^[17]其《知難篇》蓋以自悼傷也。見流二年，年四十二，卒於交阯。^[18]

〔一〕陸機爲譚傳曰：^[19]宣太子正位東宮，^[20]天子方隆訓導之義，妙簡俊彦，講學左右。時四方之傑畢集，太傅諸葛恪以雄奇蓋衆，^[21]而譚以清識絕倫，^[22]獨見推重。自太尉范慎、謝景、羊（徽）〔衛〕之徒，^[23]皆以秀稱，其名而悉在譚下。

〔二〕《吳書》曰：譚初踐官府，上疏陳事，權輒食稱善，以爲過於徐詳。^[24]雅性高亮，不脩意氣，^[25]或以此望之。^[26]然權鑒其能，見待甚隆，數蒙賞賜，特見召請。

〔三〕《吳錄》曰：全琮父子屢言芍陂之役爲典軍陳恂詐增張休、顧承之功，而休、承與恂通情。休坐繫獄，權爲譚故，沉吟不決，欲令譚謝而釋之。及大會，以問譚，譚不謝，而曰："陛下，讒言其興乎!"

《江表傳》曰：有司奏譚誣罔大不敬，罪應大辟。[27]權以雍故，不致法，皆徙之。

[1] 左節度：官名。孫吳置，掌管軍需糧穀及文書賬簿。

[2] 籌：計數的用具。

[3] 奉車都尉：漢代秩比二千石，掌皇帝車輿，入侍左右，多由皇帝親信充任。三國沿置，地位漸低。

[4] 才照：趙幼文《校箋》謂《北堂書鈔》卷六〇、《太平御覽》卷四〇二（當作四二四）引"照"字作"昭"。按，《北堂書鈔》引實作"照"。　德允：趙幼文《校箋》謂《北堂書鈔》、《太平御覽》卷二一四及卷四二四引"允"字俱作"服"。

[5] 骨肉：百衲本"肉"字作"内"，殿本、盧弼《集解》本、校點本作"肉"。今從殿本等。

[6] 賈誼：西漢洛陽人。漢文帝時爲太中大夫，又爲長沙王太傅、梁王太傅。以政論著稱，曾多次上疏朝廷，議論政治之得失利弊，多被采納。（《漢書》卷四八《賈誼傳》）

[7] 淮南：淮南厲王劉長，漢高祖劉邦之少子，漢文帝之弟。漢高祖十一年（前196）立爲淮南王。漢文帝即位後，劉長自以爲最親，驕橫不奉法，文帝多寬容之。後又摹擬天子之制，上書不遜順，文帝曾深責之。劉長不滿，竟於漢文帝前元六年（前174）策劃謀反，事泄後，大臣力主處以刑，文帝又赦其死罪，流徙蜀郡嚴道（今四川滎經縣）。劉長於途中絶食而亡。（見《漢書》卷四四《淮南厲王傳》）

　　[8] 吳芮：秦時爲番陽縣（今江西鄱陽縣東北）令。秦末義軍起，吳芮率百越響應，又從入關。項羽封諸侯，立芮爲衡山王。漢高祖劉邦滅項羽後，徙封芮爲長沙王，並制詔御史：“長沙王忠，其定著令。”吳芮徙封長沙僅一年而亡，而子孫世襲其爵。（《漢書》卷三四《吳芮傳》）

　　[9] 袁盎：西漢楚國人。漢文帝時爲中郎，直言敢諫。漢文帝曾與皇后、慎夫人至上林苑。因在宮中皇后與慎夫人常同席坐，當上林郎署長設席後，袁盎卻引慎夫人退後坐，慎夫人怒而不坐。漢文帝亦怒，不歡而回宮中。入宮後，袁盎進説曰：“臣聞尊卑有序則上下和。今陛下既已立后，慎夫人乃爲妾，妾主豈可同坐哉！適所以失尊卑矣。且陛下幸之，即厚賜。陛下所以爲慎夫人，適所以禍之。陛下獨不見‘人彘’乎？”漢文帝心悦，又召慎夫人解釋。慎夫人即賜袁盎金五十斤。（見《史記》卷一〇一《袁盎列傳》）人彘，指漢高祖之戚夫人。漢高祖寵愛戚夫人，戚夫人欲以其子如意代替太子，因大臣力爭及張良之策而未實現。及漢高祖死，惠帝即位，吕太后即囚禁戚夫人，毒殺趙王如意，後又命人斬斷戚夫人手足，並挖其眼，聾其耳，啞其聲，使居廁中，稱之曰“人彘”。（見《史記》卷九《吕太后本紀》）

　　[10] 長公主：即孫權步夫人所生長女魯班，字大虎。　衞將軍：官名。東漢時位次大將軍、驃騎將軍、車騎將軍，位亞三公，開府置官屬。曹魏沿置，位在諸名號將軍上。第二品。孫吳亦置。

　　[11] 壽春：縣名。治所在今安徽壽縣。

　　[12] 大都督：官名。最初，孫吳、曹魏於戰爭時臨時設置，作爲加官，爲統軍最高長官。後漸漸成爲常設官職，地位極高。

　　[13] 秦晃：各本皆作“秦兒”。錢大昕云：“‘兒’當作‘晃’。見《吳主傳》。”（《廿二史考異》卷一七）潘眉《考證》亦云：“‘秦兒’當爲‘秦晃’。見《吳主傳》赤烏四年。”校點本從錢説改“兒”爲“晃”。今從之。

　　[14] 雜號將軍：地位較低、置廢無常，無固定職掌的諸名號

將軍皆爲雜號將軍。

[15] 偏裨：即偏將軍、裨將軍。裨將軍亦雜號將軍之低級者。

[16] 搆會：進讒陷害。

[17] 新言：《隋書·經籍志》子部儒家類著録《顧子新語》十二卷，吴太常顧譚撰。《舊唐書·經籍志》則謂《顧子新語》五卷。《新唐書·藝文志》又作《顧子新論》五卷。姚振宗《三國藝文志》引馬國翰輯本序，謂《吴志》本傳云"新言"，隋、唐《志》作"新語""新論"，皆非原目。

[18] 交阯：盧弼《集解》云："'阯'當作'州'。"按交阯郡與交州治所皆龍編縣。作"交阯"亦通。

[19] 陸機爲譚傳：陸機《顧譚傳》，《隋書·經籍志》未著録。

[20] 宣太子：即孫登。孫登赤烏四年（241）死後，謚爲宣太子。

[21] 太傅：官名。東漢時爲上公，如兼録尚書事，則行使宰相職權。三國沿置，仍爲上公。按，當時諸葛恪未爲太傅，此按以後官名稱之。　以：百衲本作"以"，殿本、盧弼《集解》本、校點本作"等"。趙幼文《校箋》謂《册府元龜》卷七七六引作"以"。今從百衲本。

[22] 清識：百衲本無"識"字，殿本、盧弼《集解》本、校點本有，《册府元龜》卷七七六引亦有。今從殿本等。

[23] 太尉：官名。東漢時與司徒、司空並爲三公，共同行使宰相職能，位列三公之首，名位甚重。而孫吴之宰相乃丞相，則太尉、司徒、司空雖爲三公，實無具體職掌，僅名高位崇而已。又按，范慎爲太尉在孫晧建衡三年，此亦以後之官名稱之。　羊衜：百衲本、殿本、校點本作"羊徽"，盧弼《集解》本作"楊鑒"。盧弼《集解》云："《孫登傳》'謝景、范慎、刁玄、羊衜等皆爲賓客'，似作'羊衜爲是。'"按，"羊徽"在本書中僅此一見，是否有此人尚難確定；"楊鑒"則僅見於盧弼《集解》本一次，亦難確

定有無此人。盧氏之説有理有據，今從改。

　　[24] 徐詳：其事迹主要見本書卷六二《胡綜傳》。

　　[25] 意氣：情誼。如《文選》司馬遷《報任少卿書》"意氣勤勤懇懇"，劉良注："情切之辭。"

　　[26] 望：怨恨。梅膺祚《字彙·月部》："望，怨望，責望。"

　　[27] 大辟：死刑。

　　承字子直，嘉禾中與舅陸瑁俱以禮徵。權賜丞相雍書曰："貴孫子直，令問休休，[1]至與相見，過於所聞，爲君嘉之。"拜騎都尉，領羽林兵。後爲吳郡西部都尉，[2]與諸葛恪等共平山越，[3]別得精兵八千人，還屯軍章阬，[4]拜昭義中郎將，[5]入爲侍中。芍陂之役，拜奮威將軍，出領京下督。[6]數年，與兄譚、張休等俱徙交州，年三十七卒。

　　[1] 令問：令聞，美好的名聲。問，通"聞"。　休休：形容寬容，氣魄大。《尚書·秦誓》："其心休休焉。"孫星衍《尚書今古文疏證》引鄭康成曰："休休，寬容也。"

　　[2] 吳郡西部都尉：官名。其治所，趙一清《注補》云："吳郡西部都尉漢時未有，亦吳所置。沈約曰：吳時分吳郡無錫以西爲毗陵典農校尉。或先爲西部都尉，後乃更爲典農校尉耳。"毗陵縣治所在今江蘇常州市。

　　[3] 山越：漢末三國時期，居於南方山區的土著人民稱爲山越。因其在秦漢時稱越人，雖經三百餘年已與漢族相融合，但時人仍稱之爲越。(本唐長孺《孫吳建國及漢末江南的宗部與山越》)

　　[4] 章阬：地名。殿本、盧弼《集解》本作"章阮"，百衲本、校點本作"章阬"。今從百衲本等。盧弼《集解》謂章阬當在新都郡（治所在今浙江淳安縣西北）之北，丹陽郡（治所在今安

徽宣州市）之南。趙幼文《校箋》則謂錢儀吉曰："陸機《辨亡論》作'東坑'。"是。按，《辨亡論》所謂的東坑，乃陸抗屯兵之地。《辨亡論下》云："陸公以偏師三萬北據東坑。"李善注云："東坑在西陵步闡城東北，長十餘里；陸抗所築之城在東坑上而當闡城之北，其迹並存。"又按，步闡城所在之西陵，治所在今湖北宜昌市東南。而顧承與諸葛恪等共平山越後，得八千兵所屯之地，似不可能在西陵附近。

［5］昭義中郎將：官名。建安中孫權所置，領兵。吳沿之。

［6］京下督：官名。京口駐軍的長官。京口在今江蘇鎮江市。

諸葛瑾字子瑜，琅邪陽都人也。[一][1]漢末避亂江東。值孫策卒，孫權姊壻曲阿弘咨見而異之，薦之於權，與魯肅等並見賓侍，後爲權長史，轉中司馬。[2]建安二十年，[3]權遣瑾使蜀通好劉備，與其弟亮俱公會相見，[4]退無私面。

〔一〕《吳書》曰：其先葛氏，本琅邪諸縣人，[5]後徙陽都。陽都先有姓葛者，時人謂之諸葛，[6]因以爲氏。瑾少游京師，治《毛詩》《尚書》《左氏春秋》。遭母憂，居喪至孝，事繼母恭謹，甚得人子之道。

《風俗通》曰：葛嬰爲陳涉將軍，[7]有功而誅，孝文帝追録，[8]封其孫諸縣侯，因并氏焉。此與《吳書》所説不同。

［1］陽都：縣名。治所在今山東臨沂市南。

［2］中司馬：官名。此爲孫權車騎將軍府之中司馬。孫權車騎將軍府置左、中、右司馬皆參贊軍務。（本洪飴孫《三國職官表》）

［3］建安：漢獻帝劉協年號（196—220）。

［4］俱：趙幼文《校箋》謂《北堂書鈔》卷三七、《文選》袁彦

伯《三國名臣贊》李善注、《太平御覽》卷五一五引皆作"但"，是。

  ［5］諸縣：治所在今山東諸城市西南。

  ［6］諸葛：殿本《考證》云："《廣韻注》作'時人謂徙居者爲諸葛'。"

  ［7］葛嬰：《史記》卷四八《陳涉世家》謂陳涉起義後，"自立爲將軍，吳廣爲都尉。攻大澤鄉，收而攻蘄。蘄下，乃令符離人葛嬰將兵徇蘄以東"。陳涉至陳縣自立爲王。而"葛嬰至東城，立襄彊爲楚王。嬰後聞陳王已立，因殺襄彊，還報。至陳，陳王誅殺葛嬰"。

  ［8］孝文帝追録：何焯云："孝文時，侯者十人，無姓葛者。高祖封樂毅後於一鄉，嬰何功德，而其孫乃食一縣？此《風俗通》傳聞之謬也。"（《義門讀書記》卷二八《三國志‧吳志》）周壽昌《注證遺》亦云："葛嬰爲陳涉將有功，漢無與也，況亦被誅乎！孝文録封，必不寬濫至此。考《功臣表》內無之，應氏之言，恐未足信也。"

  與權談説諫喻，未嘗切愕，[1]微見風彩，粗陳指歸，如有未合，則捨而及他，徐復託事造端，以物類相求，於是權意往往而釋。吳郡太守朱治，權舉將也，[2]權曾有以望之，而素加敬，難自詰讓，忿忿不解。瑾揣知其故，而不敢顯陳，乃乞以意私自問，[3]遂於權前爲書，泛論物理，因以己心遥往忖度之。畢，以呈權，權喜，笑曰："孤意解矣。顔氏之德，[4]使人加親，豈謂此邪？"權又怪校尉殷模，[5]罪至不測。羣下多爲之言，權怒益甚，與相反覆，惟瑾默然，權曰："子瑜何獨不言？"瑾避席曰："瑾與殷模等遭本州傾覆，[6]生類殄盡。棄墳墓，攜老弱，披草萊，[7]歸聖化，在流隸之中，蒙生成之福，不能躬相督厲，[8]陳答萬一，至令模孤負恩惠，[9]自陷罪戾。臣謝過不暇，誠不敢有言。"權聞之愴然，乃曰："特爲君赦之。"

後從討關羽，封宣城侯，[10]以綏南將軍代吕蒙領南郡太守，[11]住公安。[12]劉備東伐吳，吳王求和，瑾與備牋曰："奄聞旗鼓來至白帝，[13]或恐議臣以吳王侵取此州，危害關羽，怨深禍大，不宜答和，此用心於小，未留意於大者也。試爲陛下論其輕重，及其大小。陛下若抑威損忿，蹔省瑾言者，計可立決，不復咨之於羣后也。[14]陛下以關羽之親何如先帝？[15]荊州大小孰與海内？俱應仇疾，誰當先後？若審此數，易於反掌。"〔一〕時或言瑾別遣親人與備相聞，權曰："孤與子瑜有死生不易之誓，子瑜之不負孤，猶孤之不負子瑜也。"〔二〕黄武元年，遷左將軍，[16]督公安，假節，[17]封宛陵侯。〔三〕[18]

〔一〕臣松之云：以爲劉后以庸蜀爲關河，[19]荊楚爲維翰，[20]關羽揚兵沔漢，[21]志陵上國，[22]雖匡主定霸，功未可必，要爲威聲遠震，有其經略。孫權潛包禍心，助魏除害，是爲翦宗子勤王之師，紓曹公移都之計，[23]拯漢之規，於兹而止。義旗所指，宜其在孫氏矣。瑾以大義責備，答之何患無辭；且備、羽相與，有若四體，股肱橫虧，憤痛已深，豈此奢闊之書所能迴駐哉？載之於篇，實爲辭章之費。

〔二〕《江表傳》曰：瑾之在南郡，人有密讒瑾者。此語頗流聞於外，陸遜表保明瑾無此，宜以散其意。[24]權報曰："子瑜與孤從事積年，恩如骨肉，深相明究，其爲人非道不行，非義不言。

玄德昔遣孔明至吳，孤嘗語子瑜曰：'卿與孔明同產，且弟隨兄，於義爲順，何以不留孔明？孔明若留從卿者，孤當以書解玄德，意自隨人耳。'[25]子瑜答孤言：'弟亮以失身於人，[26]委質定分，義無二心。弟之不留，猶瑾之不往也。'其言足貫神明。[27]今豈當有此乎？孤前得妄語文疏，即封示子瑜，并手筆與子瑜，即得其報，論天下君臣大節一定之分。孤與子瑜，可謂神交，非外言所間也。[28]知卿意至，輒封來表，以示子瑜，使知卿意。"

〔三〕《吳錄》曰：曹真、夏侯尚等圍朱然於江陵，[29]又分據中州，[30]瑾以大兵爲之救援。瑾性弘緩，推道理，任計畫，無應卒倚伏之術，兵久不解，權以此望之。及春水生，潘璋等作水城於上流，瑾進攻浮橋，真等退走。雖無大勳，亦以全師保境爲功。

[1] 愕：直言。《文選》卷四七袁彥伯《三國名臣贊序》："神情所涉，豈徒謇愕而已哉！"李善注："字書曰：愕，直言也。"

[2] 舉將：舉孝廉之郡太守。漢代以降，因郡太守兼領武事，故亦稱郡將。太守又有舉薦孝廉之職責，故可稱之爲舉將。

[3] 意私：趙幼文《校箋》謂蕭常《續後漢書》作"私意"。

[4] 顏氏：指顏回。孔子弟子，字子淵。梁章鉅《旁證》云："《史記·仲尼弟子列傳》孔子曰：'自吾有回，門人益親。'"

[5] 又怪：趙幼文《校箋》謂蕭常《續後漢書》"怪"字作"憒"。

[6] 本州：指徐州。琅邪郡屬徐州。

[7] 草萊：草莽，雜生的草，喻草野、民間。《漢書》卷六六《蔡義傳》載其疏曰："臣山東草萊之人。"

[8] 督屬：趙幼文《校箋》云："《文選集注》引《鈔》'屬'字作'屬'。"

[9] 至令模孤負恩惠：趙幼文《校箋》云："《文選集注》引《鈔》'至'下無'令'字，'恩惠'作'恩遇'，疑是。"

[10] 宣城：縣名。治所在今安徽南陵縣東青弋鎮。

[11] 綏南將軍：官名。建安末孫權所置。諸葛瑾爲之，領南郡太守。

[12] 公安：縣名。治所在今湖北公安縣西。

[13] 白帝：城名。在今重慶市奉節縣東白帝山上。

[14] 羣后：群臣。

[15] 先帝：指漢獻帝。魏文帝曹丕代漢後，蜀中傳言漢獻帝已死。

[16] 左將軍：官名。東漢時位如上卿，與前、後、右將軍掌京師兵衛和邊防屯警。魏、晉亦置，第三品。權位漸低，略高於一般雜號將軍，不典禁兵，不與朝政，僅領兵征戰。孫吳亦置。

[17] 假節：漢末三國時期，皇帝賜予臣下的一種權力。至晉代，此種權力明確爲因軍事可殺犯軍令者。

[18] 宛陵：縣名。治所在今安徽宣州市。

[19] 劉后：劉君。指劉備。　庸蜀：指益州。益州及其附近，古爲庸、蜀二國。　關河：盧弼《集解》引何焯曰："關河，謂關中、河内也。"即謂國家之腹心基地。

[20] 荆楚：指荆州。荆州古爲楚國之地。　維翰：《詩·大雅·板》："大邦維屏，大宗維翰。"鄭箋："爲藩屏垣幹。"

[21] 沔漢：即漢水。漢水古又稱沔水。

[22] 上國：指魏國。

[23] 紓：百衲本、盧弼《集解》本、校點本1959年12月第1版作"行"，殿本、校點本1982年7月第2版作"紓"。殿本《考證》李龍官曰："按當作'紓'，當日雲長威震華夏，孟德恐懼，欲遷都以避之。今荆州爲權所破，羽死而操安，遷都之計可以緩也。"今從殿本等。

[24] 表保明瑾無此：趙幼文《校箋》云："《通鑑》'無'上有'必'字，是。"按，《通鑑》此句卻無"保"字。　宜以：趙幼文《校箋》云："《通鑑》'宜'下有'有'字，是。"

[25] 意：意料，猜測。

〔26〕失身：百衲本作“生身”，殿本、盧弼《集解》本、校點本作“失身”。今從殿本等。

〔27〕其言：盧弼《集解》本作“此言”，百衲本、殿本、校點本作“其言”。今從百衲本等。

〔28〕所間：趙幼文《校箋》謂蕭常《續後漢書》“所”下有“能”字。

〔29〕江陵：縣名。治所在今湖北荆州市江陵區。

〔30〕中州：又稱百里洲，在今湖北枝江市南長江中。

虞翻以狂直流徙，惟瑾屢爲之説。翻與所親書曰：“諸葛敦仁，則天活物，比蒙清論，有以保分。[1]惡積罪深，見忌殷重，雖有祁老之救，[2]德無羊舌，[3]解釋難冀也。”

瑾爲人有容貌思度，于時服其弘雅，權亦重之，[4]大事咨訪。又別咨瑾曰：“近得伯言表，[5]以爲曹丕已死，毒亂之民，當望旌瓦解，而更静然。聞皆選用忠良，寬刑罰，布恩惠，薄賦省役，以悦民心，其患更深於操時。孤以爲不然。操之所行，其惟殺伐小爲過差，及離間人骨肉，以爲酷耳。至於御將，[6]自古少有。丕之於操，[7]萬不及也。今叡之不如丕，猶丕不如操也。其所以務崇小惠，必以其父新死，自度衰微，恐困苦之民一朝崩沮，故彊屈曲以求民心，欲以自安住耳，寧是興隆之漸邪！聞任陳長文、曹子丹輩，[8]或文人諸生，或宗室戚臣，寧能御雄才虎將以制天下乎？夫威柄不專，則其事乖錯，如昔張耳、陳餘，[9]非不敦睦，至於秉勢，自還相賊，乃事理使然也。又長文之

徒，昔所以能守善者，以操笮其頭，[10] 畏操威嚴，故
竭心盡意，不敢爲非耳。逮丕繼業，年已長大，承操
之後，以恩情加之，用能感義。今叡幼弱，隨人東西，
此曹等輩，必當因此弄巧行態，[11] 阿黨比周，各助所
附。如此之日，姦讒並起，更相陷懟，轉成嫌貳。自
爾已往，[12] 羣下爭利，主幼不御，其爲敗也焉得久乎？
所以知其然者，自古至今，安有四五人把持刑柄，而
不離刺轉相蹄齧者也！彊當陵弱，弱當求援，此亂亡
之道也。子瑜，卿但側耳聽之，伯言常長於計校，恐
此一事小短也。”〔一〕

〔一〕臣松之以爲魏明帝而時明主，[13] 政自己出，孫權此論，
竟爲無徵，而史載之者，將以主幼國疑，威柄不一，亂亡之形，
有如權言，宜其存録以爲鑒戒。或當以雖失之於明帝，而事著於
齊王，齊王之世，可不謂驗乎！不敢顯斥，抑足表之微辭。

[1] 清論：趙幼文《校箋》謂《册府元龜》卷八七〇引“論”
字作“諭”。　保分：殿本《考證》云：“《册府》作‘保全’。”
趙幼文《校箋》謂此見《册府元龜》卷八七〇引。

[2] 祁老：指春秋晋國大夫祁奚。虞翻以之比諸葛瑾。《左
傳・襄公二十一年》謂晋國執政范宣子聽信樂祁之言，殺了樂盈之
黨與箕遺、黃淵、羊舌虎等十人，並囚禁了伯華、籍偃及羊舌虎之
兄羊舌肸（即叔向）。此時晋大夫祁奚已告老在家，得知此事後，
即乘車往見范宣子，言叔向是國家之柱石，即使十代子孫有錯也應
赦免，怎能因羊舌虎而殺叔向？范宣子即與祁奚往見晋平公，赦免
了叔向。

[3] 羊舌：指羊舌肸。虞翻以之自比。

　　[4] 弘雅：趙幼文《校箋》謂《世説新語·品藻篇》注引"雅"字作"量"。按，《建康實録》、蕭常及郝經之《續後漢書》皆作"弘雅"。　　權亦：趙幼文《校箋》云："《文選集注》引《鈔》'亦'字作'甚'。"

　　[5] 伯言：陸遜字伯言。

　　[6] 御將：百衲本作"將御"，殿本、盧弼《集解》本、校點本作"御將"。郝經《續後漢書》亦作"御將"。今從殿本等。

　　[7] 丕之於操：百衲本、殿本、盧弼《集解》本作"比之於操"。殿本《考證》云："'比'疑作'丕'。"盧弼《集解》又云："何焯校改'比'作'丕'。"校點本正作"丕"，今從之。

　　[8] 陳長文：陳群字長文。　　曹子丹：曹真字子丹。

　　[9] 張耳陳餘：二人皆戰國末大梁（今河南開封市西北）人。張耳年長，陳餘年少，故陳餘以父輩之禮對待張耳，而相與爲刎頸之交。秦滅魏後，聞二人爲魏之名士，懸賞緝拿二人。二人變易姓名逃至陳縣爲里監門。及陳涉起兵至陳縣，二人即投陳涉。陳涉以武臣爲將軍，張耳、陳餘爲左右校尉，使北定趙地。趙地平定後，武臣自立爲趙王，陳餘爲大將軍，張耳爲右丞相。武臣被殺後，張耳、陳餘又立趙歇爲趙王。後秦將章邯引兵攻趙，張耳、趙王歇撤入鉅鹿城；陳餘北收常山兵，駐鉅鹿之北。章邯軍急攻鉅鹿，張耳召陳餘出兵解危，陳餘以不敵秦軍不願出兵，二人自此産生矛盾。項羽解鉅鹿之圍後，張耳收陳餘兵，陳餘與部下數百人外出。後張耳隨項羽入關，被立爲常山王。陳餘僅得南皮等三縣爲侯，大怒，乃以三縣兵襲擊常山王張耳。張耳敗走，投歸漢王劉邦。陳餘復收趙地，迎回趙歇爲趙王。漢使人告趙東向擊楚，陳餘曰："漢殺張耳乃從。"漢僞斬張耳，陳餘遣兵助漢，後發覺張耳仍在，又背叛漢。次年漢遣張耳與韓信擊破趙，斬陳餘。（見《史記》卷九八《張耳陳餘列傳》）

　　[10] 笮：梁章鉅《旁證》引沈欽韓曰："《一切經音義》：笮，猶壓也。"

[11] 行態：猶作態。故意做出某種姿態或表情。

[12] 自：百衲本、盧弼《集解》本、校點本作“一”，殿本作“自”。郝經《續後漢書》亦作“自”。今從殿本。

[13] 而時：殿本、盧弼《集解》本、校點本作“一時”，百衲本作“而時”，郝經《續後漢書》苟宗道注引作“當時”。按，“而時”與“當時”義同。吳昌瑩《經詞衍釋》卷七：“而，猶其也。”今從百衲本。

　　權稱尊號，拜大將軍、左都護，[1]領豫州牧。[2]及呂壹誅，權又有詔切磋瑾等，語在《權傳》。瑾輒因事以答，辭順理正。瑾子恪，名盛當世，權深器異之；然瑾常嫌之，謂非保家之（子）〔主〕，[3]每以憂戚。〔一〕赤烏四年，年六十八卒，遺命令素棺斂以時服，[4]事從省約。恪已自封侯，故弟融襲爵，攝兵業駐公安，〔二〕部曲吏士親附之。疆外無事，[5]秋冬則射獵講武，春夏則延賓高會，休吏假卒，或不遠千里而造焉。每會輒歷問賓客，各言其能，乃合榻促席，量敵選對，或有博弈，[6]或有掎蒱，[7]投壺弓彈，[8]部別類分，於是甘果繼進，[9]清酒徐行，融周流觀覽，終日不倦。融父兄質素，[10]雖在軍旅，身無采飾；而融錦罽文繡，[11]獨爲奢綺。孫權薨，徙奮威將軍。後恪征淮南，[12]假融節，令引軍入沔，以擊西兵。恪既誅，遣無難督施寬就將軍施績、孫壹、全熙等取融。融卒聞兵士至，惶懼猶豫，不能決計，兵到圍城，飲藥而死，三子皆伏誅。〔三〕

〔一〕《吳書》曰：初，瑾爲大將軍，而弟亮爲蜀丞相，二子恪、融皆典戎馬，督領將帥，族弟誕又顯名於魏，一門三方爲冠蓋，[13] 天下榮之。瑾才略雖不及弟，而德行尤純。妻死不改娶，有所愛妾，生子不舉，其篤慎皆如此。

〔二〕《吳書》曰：融字叔長，生於寵貴，少而驕樂，學爲章句，博而不精，性寬容，多技藝，數以巾褠奉朝請，[14] 後拜騎都尉。赤烏中，諸郡出部伍，新都都尉陳表、吳郡都尉顧承各率所領人會佃毗陵，[15] 男女各數萬口。表病死，權以融代表，後代父瑾領攝。

〔三〕《江表傳》曰：先是，公安有靈龜鳴，[16] 童謠曰：“白龜鳴，龜背平，南郡城中可長生，[17] 守死不去義無成。”及恪被誅，融果刮金印龜，服之而死。

[1] 大將軍：官名。東漢時常兼録尚書事，與太傅、太尉等共同主持政務。漢末位在三公上。三國時權任稍減。吳又別置上大將軍居其上。　左都護：官名。孫吳置，諸葛瑾以大將軍兼任，權任極重。

[2] 豫州：東漢末刺史治所譙縣，在今安徽亳州市。魏明帝時刺史移治所於項縣，在今河南沈丘縣。洪飴孫《三國職官表》謂孫權黃龍元年（229），“與蜀約，參分天下，以豫、青、徐、幽屬吳，故四州亦置州牧遥領之”。

[3] 保家之主：各本“主”字皆作“子”，郝經《續後漢書》亦作“子”。吳金華《〈三國志〉斟議》謂《通鑑》卷七六引作“主”，並引《左傳·襄公二十七年》、班彪《王命論》、本書卷一〇《荀彧傳》注引《三輔決録注》、本書卷一九《陳思王植傳》等爲例證，謂當從《通鑑》改。是北宋司馬光所見者爲“主”字。今從吳説改。

[4] 遺命令：趙幼文《校箋》謂《太平御覽》卷五五〇引無

"命"字，《建康實録》同。按，郝經《續後漢書》有"命"字，無"令"字。

［5］疆外無事：此句與上句"部曲吏士親附之"共十一字，百衲本、殿本、盧弼《集解》本皆作爲裴注引《吳書》之文，且"部曲"前有"融"字，共爲十二字。何焯云："此十二字疑當屬下'秋冬'，乃陳氏正文也。"（《義門讀書記》卷二八《三國志·吳志》）盧弼《集解》又云："此十二字作正文或作注文當衍'融'字。"趙幼文《校箋》謂《册府元龜》卷四三六引此十一字接"駐公安"句下，無"融"字，是今本誤混入注也，當據以訂正。按，校點本正以此十一字作正文，且無"融"字。今從校點本。

［6］博弈：六博與圍棋。六博，《文選》曹丕《與朝歌令吳質書》李善注引《藝經》曰："棋正彈法，二人對局，白黑棋各六枚，先列棋相當，更先控三彈，不得，各去控一棋，先補角。"

［7］摴（chū）蒱（pú）：又作"樗蒱""樗蒲"。古代的博戲。

［8］投壺：古人宴會時的遊戲。設特製之壺，賓主依次投矢其中，中多者爲勝，負者飲酒。　弓彈（tán）：以彈弓發射彈丸的遊戲。

［9］繼進：盧弼《集解》本作"經進"，百衲本、殿本、校點本作"繼進"。今從百衲本等。

［10］質素：樸實雅素。

［11］錦罽（jì）：絲織品與毛織品。

［12］淮南：郡名。治所壽春縣，在今安徽壽縣。

［13］冠蓋：指貴官。

［14］巾褐：頭巾與褐衣。普通人之裝束。

［15］新都：郡名。治所始新縣，在今浙江淳安縣西北。

［16］靈鼉（tuó）：即鼉龍。爬行動物，鰐魚之一種。趙幼文《校箋》謂《太平御覽》卷九三二、《册府元龜》卷八九四引"靈"字作"白"。《晉書·五行志》同。按，《太平御覽》引題曰《吳

志》。

[17] 南郡：孫吳之南郡治所即公安縣。

步騭字子山，臨淮淮陰人也。[一][1]世亂，避難江東，單身窮困，與廣陵衛旌同年相善，[2]俱以種瓜自給，晝勤四體，夜誦經傳。[二]

〔一〕《吳書》曰：晋有大夫揚食采於步，[3]後有步叔，[4]與七十子師事仲尼。秦漢之際有爲將軍者，以功封淮陰侯，[5]騭其後也。

〔二〕《吳書》曰：騭博研道藝，靡不貫覽，性寬雅沈深，能降志辱身。

[1] 臨淮：西漢郡名。治所徐縣，在今江蘇泗洪縣南大徐臺子。東漢明帝永平十五年（72）改爲下邳國，治所下邳縣，在今江蘇睢寧縣西北。此稱臨淮，係用舊名。　淮陰：縣名。治所在今江蘇淮陰市西南甘羅城。

[2] 廣陵：郡名。治所廣陵縣，在今江蘇揚州市西北蜀岡上。　相善：趙幼文《校箋》謂《事類賦》卷二七引"善"字作"友"。按，《太平御覽》卷八四七引又作"善"。

[3] 晋：指周朝時之晋國。　揚：殿本、盧弼《集解》本、校點本作"楊"，百衲本作"揚"，《左傳·僖公十五年》亦作"揚"。今從百衲本。《通志·氏族略三》云："步氏，姬姓，晋公族郄氏之後步揚，食采於步，遂以爲氏。"

[4] 步叔：《史記》卷六七《仲尼弟子列傳》："步叔乘字子車。"裴駰《集解》："鄭玄曰齊人。"

[5] 封淮陰侯：沈家本《瑣言》云："《漢功臣表》無姓步者。"

會稽焦征羌，[1]郡之豪族，〔一〕人客放縱。騭與旌求食其地，懼爲所侵，乃共脩刺奉瓜，[2]以獻征羌。征羌方在內臥，駐之移時，旌欲委去，騭止之曰："本所以來，畏其彊也；而今舍去，欲以爲高，祇結怨耳。"[3]良久，征羌開牖見之，身隱几坐帳中，[4]設席致地，坐騭、旌於牖外，旌愈恥之，[5]騭辭色自若。[6]征羌作食，身享大案，[7]殽膳重沓，[8]以小盤飯與騭、旌，惟菜茹而已。旌不能食，騭極飯致飽乃辭出。旌怒騭曰："何能忍此？"[9]騭曰："吾等貧賤，是以主人以貧賤遇之，固其宜也，當何所恥？"〔二〕

〔一〕《吳錄》曰：征羌名矯，嘗爲征羌令。[10]
〔二〕《吳錄》曰：衞旌字子旗，官至尚書。[11]

[1] 焦征羌：錢大昭《辨疑》謂史家叙事，例得稱名，"此又稱其官，更非史例"。

[2] 刺：名帖。相當於今之名片。《文心雕龍·書記》云："刺者，達也。《詩》人諷刺，《周禮》'三刺'，叙事相達，若針之通結矣。"所謂叙事相達，主要叙述自己的姓名爵里，故又稱爵里刺。《釋名·釋書契》云："又曰爵里刺，書其官爵及郡縣鄉里也。"1984 年 6 月安徽馬鞍山市郊發掘的孫吳朱然墓中有 14 枚刺，其書寫內容即如此。（見《文物》1986 年第 3 期所載發掘簡報）

[3] 祇：校點本作"祇"，百衲本、殿本、盧弼《集解》本作"祇"。今從百衲本等。

[4] 隱（yǐn）几：靠着几案。几案，古人坐時之憑依或放置物件的小桌，故又稱憑几。一般憑几爲長方形，四脚，類似今日之茶几。而 1984 年安徽馬鞍山市郊發掘的孫吳朱然墓中的憑几，卻

是扁平圓弧形几面，下有三個蹄形足，弦長 69.5 厘米，寬 12.9 厘米，高 26 厘米。（見《文物》1986 年第 3 期所載發掘簡報）據此形制看，更便於憑靠。

[5] 旌愈恥之：趙幼文《校箋》謂《太平御覽》卷三九三引作“旌忿恥”，下無“之”字。按，《太平御覽》卷八四七引又作“旌愈恥之”。

[6] 辭色：趙幼文《校箋》謂《太平御覽》卷三九三引“辭”字作“神”。按，《太平御覽》卷八四七引又作“辭”。

[7] 身享大案：趙幼文《校箋》謂《太平御覽》卷八四七引作“身自享大案”。《册府元龜》卷九〇〇引無“大”字，亦有“自”字。

[8] 重沓：豐盛重叠。

[9] 何能忍此：趙幼文《校箋》謂《太平御覽》卷八四七引作“寧能忍此乎”。按，《太平御覽》實無“寧”字。

[10] 征羌：縣名。治所在今河南郾城縣東南。

[11] 尚書：官名。東漢有六曹尚書，即三公曹、民曹、客曹、二千石曹、吏曹、中都官曹等。秩皆六百石，皆稱尚書，不加曹號。（本《晋書·職官志》）三國沿置，員數不等。

　　孫權爲討虜將軍，[1] 召騭爲主記，[一][2] 除海鹽長，[3] 還辟車騎將軍東曹掾。[二] 建安十五年，出領鄱陽太守。[4] 歲中，徙交州刺史、立武中郎將，[5] 領武射吏千人，便道南行。明年，追拜使持節、征南中郎將。[6] 劉表所置蒼梧太守吳巨陰懷異心，外附內違。騭降意懷誘，請與相見，因斬徇之，[7] 威聲大震。士燮兄弟，相率供命，南土之賓，自此始也。益州大姓雍闓等殺蜀所署太守正昂，[8] 與燮相聞，求欲內附。騭因承制遣使宣恩撫納，由是加拜平戎將軍，[9]封廣信侯。[10]

〔一〕《吳書》曰：歲餘，騭以疾免，與琅邪諸葛瑾、彭城嚴畯俱游吳中，並著聲名，爲當時英俊。

〔二〕《吳書》曰：權爲徐州牧，以騭爲治中從事，[11]舉茂才。

[1] 討虜將軍：官名。漢獻帝建安初置，爲雜號將軍。

[2] 主記：官名。此爲討虜將軍府之主記，爲長官親近之吏，掌記録、文書。

[3] 海鹽：縣名。治所在今浙江平湖市東南乍浦鎮。

[4] 鄱陽：郡名。孫權分豫章郡置，治所鄱陽縣，在今江西鄱陽縣東北。

[5] 立武中郎將：官名。建安中孫權置，爲統兵武職。

[6] 使持節：漢末、三國皇帝授予出征或出鎮之軍事長官的一種權力。至晉代，此種權力明確爲可誅殺二千石以下官員。若皇帝派遣大臣出巡或參加祭吊等事務時，加使持節，則表示權力和尊崇。 征南中郎將：建安中孫權置，領兵。

[7] 因斬徇之：步騭斬吳巨事，趙一清《注補》引《水經·浪水注》引王氏《交廣春秋》有較詳之記載。

[8] 益州：郡名。治所滇池縣，在今雲南晉寧縣東北晉城鎮。

[9] 平戎將軍：官名。孫吳置。

[10] 廣信：縣名。治所在今廣西梧州市。

[11] 治中從事：官名。州牧刺史的主要屬吏，居中治事，主衆曹文書。

延康元年，[1]權遣呂岱代騭，騭將交州義士萬人出長沙。[2]會劉備東下，武陵蠻夷蠢動，[3]權逆命騭上益陽。[4]備既敗績，而零、桂諸郡猶相驚擾，[5]處處阻兵，騭周旋征討，皆平之。黄武二年，遷右將軍、左護軍，[6]改封臨湘侯。五年，假節，徙屯漚口。[7]

　　權稱尊號，拜驃騎將軍，領冀州牧。[8]是歲，都督西陵，[9]代陸遜撫二境，頃以冀州在蜀分，解牧職。時權太子登駐武昌，愛人好善，與騭書曰：“夫賢人君子，所以興隆大化，佐理時務者也。受性闇蔽，不達道數，雖實區區欲盡心於明德，[10]歸分於君子，至於遠近士人，先後之宜，猶或緬焉，[11]未之能詳。《傳》曰：‘愛之能勿勞乎？忠焉能勿誨乎？’[12]斯其義也，豈非所望於君子哉！”騭於是條于時事業在荆州界者，[13]諸葛瑾、陸遜、朱然、（程普）〔程秉〕、潘濬、裴玄、夏侯承、衞旌、李肅、〔一〕周條、石幹十一人，[14]甄別行狀，[15]因上疏獎勸曰：“臣聞人君不親小事，百官有司各任其職。故舜命九賢，[16]則無所用心，彈五弦之琴，[17]詠南風之詩，不下堂廟而天下治也。齊桓用管仲，被髮載車，[18]齊國既治，又致匡合。近漢高祖擥三傑以興帝業，[19]西楚失雄俊以喪成功。[20]汲黯在朝，[21]淮南寢謀；郅都守邊，[22]匈奴竄迹。故賢人所在，折衝萬里，信國家之利器，崇替之所由也。方今王化未被於漢北，[23]河、洛之濱尚有僭逆之醜，[24]誠擥英雄拔俊任賢之時也。[25]願明太子重以經意，則天下幸甚。”

　　〔一〕《吳書》曰：肅字偉恭，南陽人。少以才聞，善論議，臧否得中，[26]甄奇録異，薦述後進，題目品藻，[27]曲有條貫，[28]

衆人以此服之。權擢以爲〔選曹尚書〕，[29]選舉號爲得才。求出補吏，爲桂陽太守，吏民悅服。徵爲卿。會卒，知與不知，並痛惜焉。

[1] 延康：漢獻帝劉協年號（220）。

[2] 長沙：郡名。治所臨湘縣，在今湖南長沙市。

[3] 武陵：郡名。治所臨沅縣，在今湖南常德市。

[4] 逆：殿本、校點本作"遂"，百衲本、盧弼《集解》本作"逆"。殿本《考證》云："遂，監本訛作'逆'，今改正。"盧弼《集解》引沈家本曰："上文云驚將交州義士萬人出長沙，是驚猶在道也，權遣使逆而命之，則作'逆'自通，不必改字。"今從百衲本等。　益陽：縣名。治所在今湖南益陽市東。

[5] 零：指零陵郡。　桂：指桂陽郡。治所郴縣，在今湖南郴州市。

[6] 右將軍：官名。東漢時位如上卿，與前、後、左將軍掌京師兵衞和邊防屯警。魏晉亦置，第三品。權位漸低，略高於一般雜號將軍，不典禁兵，不與朝政，僅領兵征戰。孫吳亦置。　左護軍：官名。建安中曹操置護軍，後改稱中護軍。掌禁兵，主武官選舉。孫權則置中、左、右護軍各一人。（本洪飴孫《三國職官表》）

[7] 漚口：地名。在今湖南茶陵縣東南。

[8] 冀州：魏冀州刺史治所信都縣，在今河北冀縣。按，冀州爲魏地，此乃空名遙領。

[9] 西陵：縣名。治所在今湖北宜昌市東南。

[10] 區區：百衲本作"驅驅"，殿本、盧弼《集解》本、校點本作"區區"。今從殿本等。按，盧弼《集解》云："宋本'區區'作'驅驅'誤。"其實"區區"正通"驅驅"，乃奔走盡力之意。如《漢書》卷五二《贊》曰："凶德參會，待時而發，藉福區區其間，惡能救斯敗哉！"

[11]緬：錢大昭《辨疑》云：“‘緬’猶‘泯’也。言泯泯焉未之能詳審。”泯泯，衆多貌。

[12]忠焉能勿誨乎：此句與上句乃《論語·憲問》孔子之語。

[13]事業：殿本、盧弼《集解》本無“業”字，百衲本、校點本有。今從百衲本等。事業，謂功業，功績。趙幼文《校箋》則謂《建康實錄》作“騭於是條於時建業人物在荆州界者”，疑“事業”當作“建業”，且奪“人物”二字，致語意不明。按，此見《建康實錄》卷二赤烏十一年，其字句實作“具條答於時建業人物在荆州界者”。

[14]程秉：各本皆作“程普”。陳景雲《辨誤》云：“騭所條上諸臣，皆當時有聲績於荆州者，程普之卒，在吳主稱尊號前，不應亦列其中，恐傳錄誤也。”趙幼文謂《建康實錄》卷二作“程秉”，據本書卷五三《程秉傳》，“秉時爲太子太傅，與登居武昌，則‘普’字當‘秉’字之訛，唐時尚未誤也”。（趙幼文《三國志集解辨證》）今從陳、趙說，據《建康實錄》改“普”爲“秉”。

[15]行狀：對被推薦人道德才能的綜述。

[16]舜命九賢：《史記》卷一《五帝本紀》謂舜命禹爲司空，契爲司徒，后稷爲農官，皋陶作士，垂爲共工，益爲朕虞，朱虎、熊羆爲佐（爲益之佐），夔爲典樂。

[17]五弦之琴：《禮記·樂記》云：“昔者舜作五弦之琴，以歌南風。”孔穎達疏：“南風，詩名，是孝子之詩。南風長養萬物，而孝子歌之，言己得父母生長，如萬物得南風生也。舜有孝行，故以此五弦之琴，歌南風之詩而教天下之孝也。此詩今無。”

[18]被髮載車：《韓非子·外儲說右下》蘇代曰：“昔桓公之霸也，內事屬鮑叔，外事屬（管）仲。桓公被髮而御婦人，日遊於市。”又曰：“昔者齊桓公愛管仲，置以爲仲父，內事理焉，外事斷焉，舉國而歸之，故一匡天下，九合諸侯。”

[19]三傑：錢大昭《辨疑》云：“漢三傑之稱始此，謂蕭何、

韓信、張良也。"

[20] 西楚：指項羽。項羽滅秦後，大封諸王，自立爲西楚霸王。　雄俊：指范增。項羽起兵後，部屬之雄俊者已失去韓信、張良等；而稱西楚霸王後，唯一之大謀士范增，又在楚漢滎陽之戰中因項羽之懷疑而離去。（見《史記》卷七《項羽本紀》）

[21] 汲黯：漢武帝時曾爲主爵都尉，在朝中直言敢諫。漢武帝曾説："古有社稷之臣，至如汲黯，近之矣。"淮南王安欲謀反，而憚懼汲黯曰："黯好直諫，守節死義，難惑以非。"（見《史記》卷一二〇《汲黯列傳》）

[22] 郅都：漢景帝時曾爲濟南太守，打擊不法豪强，郡中大治。又爲中尉，執法不避貴戚，列侯宗室皆忌之。後又爲雁門太守，郡近匈奴，"匈奴素聞郅都節，居邊，爲引兵去，竟郅都死不近雁門"。（見《史記》卷一二二《酷吏列傳》）

[23] 漢北：地區名。指漢水以北地區。

[24] 河洛：指黄河與洛水。

[25] 摯英雄：趙幼文《校箋》謂《建康實録》無"雄"字。

[26] 臧否：褒貶品評人物。

[27] 題目品藻：品評人物之簡要評語。

[28] 曲：全面。《荀子·非相》："曲得所謂焉，然而不折傷。"梁啓雄釋："荀卿書，'曲'字多有周遍之義。"

[29] 選曹尚書：各本皆無此四字。盧弼《集解》云："何焯曰：'以爲'下《御覽》有'選曹尚書'四字。"校點本即從何焯説增此四字。今從之。

後中書吕壹典校文書，[1]多所糾舉，驚上疏曰："伏聞諸典校摘抉細微，吹毛求瑕，重案深誣，輒欲陷人以成威福；[2]無罪無辜，横受大刑，是以使民跼天蹐地，[3]誰不戰慄？昔之獄官，惟賢是任，故皋陶作士，呂侯贖刑，[4]張、于廷尉，[5]民無冤枉，休泰之祚，實由此興。今之小臣，動與古異，獄以賄成，輕忽人命，歸咎于上，爲國速怨。夫一人吁嗟，王道爲虧，甚可仇疾。明德慎罰，[6]哲人惟刑，[7]書傳所美。自今蔽獄，都下則宜諮顧雍，武昌則陸遜、潘濬，平心專意，務在得情，騭黨神明，受罪何恨？”又曰：“天子父天母地，故宮室百官，動法列宿。[8]若施政令，欽順時節，官得其人，則陰陽和平，七曜循度。[9]至於今日，官寮多闕，雖有大臣，復不信任，如此天地焉得無變？故頻年枯旱，亢陽之應也。[10]又嘉禾六年五月十四日，赤烏二年正月一日及二十七日，地皆震動。地陰類，臣之象，陰氣盛故動，臣下專政之（故）〔應〕也。[11]夫天地見異，所以警悟人主，可不深思其意哉！”又曰：“丞相顧雍、上大將軍陸遜、太常潘濬，[12]憂深責重，志在竭誠，夙夜兢兢，寢食不寧，念欲安國利民，建久長之計，可謂心膂股肱，社稷之臣矣。宜各委任，不使他官監其所司，責其成效，課其負殿。[13]此三臣者，思慮不到則已，豈敢專擅威福欺負所天乎？”[14]又曰：“縣賞以顯善，設刑以威姦，任賢而使能，審明於法術，則何功而不成，何事而不辨，何聽而不聞，何視而不覩哉？若今郡守百里，[15]皆各得其人，共相經緯，如是，庶政豈不康哉！竊聞諸縣並有備吏，[16]吏多民煩，俗以之弊。但小人因緣銜命，不務奉公而作威福，無益視聽，更爲民害，愚以爲可一切罷省。”權亦覺悟，遂誅呂壹。騭前後薦達屈滯，救解患難，書

數十上。權雖不能悉納,[17]然時采其言,多蒙濟賴。〔一〕

〔一〕《吳録》云:騭表言曰:"北降人王潛等説,北相部伍,[18]圖以東向,多作布囊,欲以盛沙塞江,以大向荆州。[19]夫備不豫設,難以應卒,宜爲之防。"權曰:"此曹衰弱,何能有圖?必不敢來。若不如孤言,當以牛千頭,爲君作主人。"[20]後(有)〔見〕呂(範)〔岱〕、諸葛恪爲説騭所言,[21]云:"每讀步騭表,輒失笑。[22]此江與開闢俱生,[23]寧有可以沙囊塞理也!"[24]

[1] 中書:官名。孫權黄武中置,屬中書省,由中書郎充任,故稱中書典校、典校郎,負責審理諸官府及州郡文書,並監察羣臣過失,後還發展至控制大臣案件的刑訊及處理。

[2] 輒:百衲本、殿本、盧弼《集解》本作"趨"。盧氏又謂錢儀吉從《宋書・五行志》校作"輒"。校點本正作"輒"。今從之。

[3] 使民:趙幼文《校箋》謂《羣書治要》卷二七引"使"字作"吏"。 跼(jú)天蹐(jí)地:《詩・小雅・正月》:"謂天蓋高,不敢不局(跼)。謂地蓋厚,不敢不蹐。"後世因以"跼天蹐地"形容惶恐不安。

[4] 呂侯:一作甫侯。周穆王時爲司寇。穆王采其建議,制定刑律,布告四方。《尚書・呂刑序》:"呂命,穆王訓夏贖刑,作《呂刑》。"孔傳:"呂侯以穆王命作書,訓暢夏禹贖刑之法,更從輕以布告天下。"

[5] 張:指張釋之。漢文帝時曾爲廷尉(掌司法刑獄),以執法公允著稱。(見《漢書》卷五〇《張釋之傳》) 于:指于定國。漢宣帝時曾爲廷尉,亦以執法公允稱譽當時。朝廷稱之曰:"張釋之爲廷尉,天下無冤民;于定國爲廷尉,民自以不冤。"(見《漢

書》卷七一《于定國傳》）

〔6〕明德慎罰：努力於德政、德教而慎用刑罰。《尚書·康誥》：“惟乃丕顯考文王，克明德慎罰。”又《尚書·多方》：“以至于帝乙，罔不明德慎罰。”

〔7〕哲人惟刑：《尚書·呂刑》：“哲人惟刑，無疆之辭。”蔡沈《集傳》：“明哲之人，用刑而有無窮之譽。”

〔8〕列宿：衆星宿。特指二十八宿。古代星象家將星宿比擬宮室百官，故又稱之爲天官。《史記·天官書》司馬貞《索隱》云：“天文有五官。官者，星官也。星座有尊卑，若人之官曹列位，故曰天官。”

〔9〕七曜：指日、月及金、木、水、火、土五星。

〔10〕亢陽：盛極之陽氣。亦以形容人君驕橫寡恩。

〔11〕專政之應：各本“應”字作“故”。吳金華《〈三國志〉斠議》謂《宋書·五行志》《晋書·五行志》“故”字皆作“應”。今據兩《五行志》改。

〔12〕上大將軍：官名。孫吳置，與大將軍並置，位皆在三公上。而上大將軍又在大將軍上。　太常：官名。東漢時仍爲列卿之首，秩中二千石。掌禮儀祭祀，選試博士等。三國沿置。

〔13〕成效：趙幼文《校箋》謂《册府元龜》卷五三七引“成”字作“功”。　負殿：謂考課居後。

〔14〕天：指君主。

〔15〕百里：指縣令、長。

〔16〕備吏：梁章鉅《旁證》引沈欽韓曰：“此所謂散吏也。”散吏，指官府中無具體職掌的閑散吏員。

〔17〕悉納：百衲本無“悉”字，殿本、盧弼《集解》本、校點本皆有。蕭常《續後漢書》“悉”字作“盡”。今從殿本等。

〔18〕北相：百衲本“北”字作“此”，殿本、盧弼《集解》本、校點本作“北”。今從殿本等。趙幼文《校箋》則謂《藝文類聚》卷八引無“北”字。按，《藝文類聚》實有“北”字，全句作

"北多作布囊"；又上句"北降人"，《藝文類聚》作"此降人"。

［19］荆州：吴荆州刺史治所樂鄉縣，在今湖北鍾祥市西北。

［20］作主人：謂作爲東道主設宴請客。

［21］見：各本皆作"有"。殿本《考證》云："'有'疑作'與'。"盧弼《集解》又謂何焯校本改作"向"。趙幼文《校箋》謂《太平御覽》卷六〇、卷七〇四引"有"字作"見"。按文義，作"與"、作"向"、作"見"皆可通，作"有"不通。而趙所引兩卷《太平御覽》皆《吴録》之文，故據以改之。 吕岱：各本皆作"吕範"。趙幼文《校箋》謂《藝文類聚》卷八、《初學記》卷六、《太平御覽》卷六〇引俱作"吕岱"，是。按，本書卷五六《吕範傳》，吕範卒於黄武七年（228），裴注引《吴録》所載步騭表，雖未明確時間，而裴氏將《吴録》注於赤烏二年（239）之後，蓋步騭之表言當在此後，則吕範已早亡，故是後孫權所與言者，決非吕範。今從趙説改"範"爲"岱"。

［22］輒失笑：趙幼文《校箋》謂《藝文類聚》卷八、《太平御覽》卷七〇四引"輒"下有"獨"字。

［23］與開闢俱生：趙幼文《校箋》謂《藝文類聚》卷八、《初學記》卷八、《太平御覽》卷六〇引"與"字俱作"自"，"俱生"皆作"以來"。按，《太平御覽》卷七〇四引此句仍作"與開闢俱生"。

［24］寧有：趙幼文《校箋》謂《藝文類聚》卷八、《太平御覽》卷六〇引俱無"有"字。按，《太平御覽》卷七〇四引有"有"字。 塞理：殿本"理"字作"埋"，百衲本、盧弼《集解》本、校點本作"理"。今從百衲本等。

赤烏九年，代陸遜爲丞相，猶誨育門生，手不釋書，被服居處有如儒生。然門内妻妾服飾奢綺，頗以此見譏。在西陵二十年，鄰敵敬其威信。性寬弘得衆，喜怒不形於聲色，而外内肅然。

　　十（一）年卒，[1]子協嗣，統鷺所領，加撫軍將軍。[2]協卒，子璣嗣侯。協弟闡，繼業爲西陵督，加昭武將軍，[3]封西亭侯。鳳皇元年，[4]召爲繞帳督。[5]闡累世在西陵，卒被徵命，自以失職，又懼有讒禍，於是據城降晋。[6]遣璣（與）弟璿詣洛陽爲任，[7]晋以闡爲都督西陵諸軍事、衛將軍，儀同三司，[8]加侍中，假節領交州牧，封宜都公；[9]璣監江陵諸軍事、左將軍，加散騎常侍，[10]領廬陵太守，[11]改封江陵侯；璿給事中、宣威將軍，[12]封都鄉侯。命車騎將軍羊祜、荆州刺史楊肇往赴救闡。[13]孫晧使陸抗西行，祜等遁退。抗陷城，〔禽〕斬闡等，[14]步氏泯滅，惟璿紹祀。

　　潁川周昭著書稱步騭及嚴畯等曰：“古今賢士大夫所以失名喪身傾家害國者，其由非一也，然要其大歸，總其常患，四者而已。急論議一也，爭名勢二也，重朋黨三也，務欲速四也。急論議則傷人，爭名勢則敗友，重朋黨則蔽主，務欲速則失德，此四者不除，未有能全也。[15]當世君子能不然者，亦比有之，豈獨古人乎！然論其絶異，未若顧豫章、諸葛使君、步丞相、嚴衛尉、張奮威之爲美也。[16]《論語》言‘夫子恂恂然善誘人’，[17]又曰‘成人之美，不成人之惡’，[18]豫章有之矣。‘望之儼然，即之也温，聽其言也厲’，[19]使君體之矣。‘恭而安，威而不猛’，[20]丞相履之矣。學不求禄，心無苟得，衛尉、奮威蹈之矣。此五君者，雖德實有差，輕重不同，至於趨舍大檢，[21]不犯四者，俱一揆也。昔丁諝出於孤家,^[22]吾粲由於牧豎,豫章揚其善,^[23]以並陸、全之列,^[24]是以人無幽滯而風俗厚焉。使君、丞相、衛尉三君,昔以布衣俱相友善,諸論者因各敍其優劣。^[25]初,先衛尉,次丞相,而後(有)使君也;^[26]其後並事明主,經營世務,出處之才有不同,^[27]先後之名須反其初,此世常人所決勤薄也。^[28]至於三君分好,卒無虧損,豈非古人交哉!又魯橫江昔杖萬兵,^[29]屯據陸口,^[30]當世之美業也,能與不能,孰不願焉?而橫江既亡,衛尉應其選,自以才非將帥,深辭固讓,終於不就。後徙九列,^[31]遷典八座,^[32]榮不足以自曜,祿不足以自奉。至於二君,皆位爲上將,窮富極貴。衛尉既無求欲,二君又不稱薦,各守所志,保其名好。孔子曰:'君子矜而不爭,羣而不黨。'^[33]斯有風矣。又奮威之名,亦三君之次也,當一方之成,受上將之任,與使君、丞相不異也。然歷國事,論功勞,實有先後,故爵位之榮殊焉。而奮威將處此,決能明其部分,心無失道之欲,事無充詘之求,^[34]每升朝堂,循禮而動,辭氣謇謇,^[35]罔不惟忠。叔嗣雖親貴,^[36]言憂其敗,蔡文至雖疏賤,^[37]談稱其賢。女配太子,受禮若弔,慷愾之趨,^[38]惟篤人物,成敗得失,皆如所慮,可謂守道見機,好古之士也。若乃經國家,當軍旅,於馳騖之際,立霸王之功,此五〔君〕者未爲過人。^[39]至其純粹履道,求不苟得,升降當世,保全名行,邈然絕俗,實有所師。^[40]故粗論其事,以示後之君子。"周昭者字恭遠,與韋曜、薛瑩、華覈並述《吴書》，後爲中書郎，坐事下獄，覈表救之，孫休不聽，遂伏法云。

[1] 十年：各本皆作“十一年”。錢大昭《辨疑》云：“《吴主傳》，步騭卒於赤烏十年五月，‘一’字疑衍。”校點本從錢説删“一”字。今從之。

[2] 撫軍將軍：官名。蜀漢後主建興八年（230）置。孫吴亦置。

[3] 昭武將軍：官名。曹魏置，爲雜號將軍中權任較重者。第五品。孫吴亦置。

[4] 鳳皇：吴末帝孫皓年號（272—274）。

[5] 繞帳督：官名。吴置。統禁軍繞帳兵，負責宿衛侍從，地位頗重要。

[6] 降晋：吴金華《〈三國志集解〉箋記》謂敦煌晋寫本《步騭傳》殘卷“降”上有“請”字，應據補。

[7] 遣璣弟璿：吴金華《〈三國志集解〉箋記》謂敦煌晋寫本殘卷無“與”字，當據删。今從吴説删。　洛陽：縣名。治所在今河南洛陽市東北白馬寺東。時爲西晋京都。

[8] 都督西陵諸軍事：官名。統領西陵地區之軍事長官。

[9] 公：爵名。魏元帝咸熙元年（264）行公、侯、伯、子、男五等爵制。凡公爵，賜地七十五里，邑一千八百户，許置相一人，職如太守，又置郎中令等屬官。魏、晋以後，又依封國規模，分郡公、縣公、鄉公、開國公、開國郡公、開國縣公等名目。

[10] 散騎常侍：官名。秩比二千石，第三品，爲門下重職，侍從皇帝左右，諫諍得失，應對顧問，與侍中等共平尚書奏事，有異議得駁奏。

[11] 廬陵：郡名。治所廬陵縣，在今江西吉安市西南。按，時廬陵屬吴，與上之交州牧皆遥領。

［12］給事中：官名。位在散騎常侍下，給事黃門侍郎上，或爲加官，或爲正官，無定員。　宣威將軍：官名。曹魏置，爲雜號將軍。晉亦置。

［13］車騎將軍：官名。魏晉時位次驃騎將軍，在諸名號將軍上，多作爲軍府名號加授大臣、重要州郡長官，無具體職掌，第二品。開府者位從公，一品。　荆州：晉荆州刺史治所江陵縣。

［14］禽斬：各本皆無“禽”字。劉忠貴《敦煌寫本〈三國志·步騭傳〉殘卷考略》謂殘卷有“禽”字，又《晉書》卷三《武帝紀》及卷三四《羊祜傳》皆謂闡爲抗所禽。此當有“禽”字。今從劉説增。

［15］未有能全也：盧弼《集解》云：“《文類》‘也’上有‘者’字。”趙幼文《校箋》謂《太平御覽》卷四四五引有“者”字。

［16］顧豫章：顧邵，官爲豫章太守。　諸葛使君：諸葛瑾。瑾曾領南郡太守，又領豫州牧。漢晉間尊稱州郡長官爲使君。　步丞相：步騭，曾爲丞相。　嚴衛尉：嚴畯，曾爲衛尉。　張奮威：張承，曾爲奮威將軍。

［17］夫子恂恂然善誘人：此語見《論語·子罕》。恂恂，今傳本《論語》及日本正平本《論語集解》皆作“循循”，乃有次序、有步驟之義。劉寶楠《論語正義》謂“循循”或作“恂恂”。《後漢書》卷八○《趙壹傳》“失恂恂善有之德”注引《論語》：“夫子恂恂然善誘人。”又《李膺傳》注、本書卷五二《步騭傳》引文並同。其《趙壹傳》注先引《論語》，復云：“恂恂，恭順貌。”與鄭（玄）注《鄉黨》“恂恂，恭慎貌”同，則鄭本作“恂恂”矣。

［18］不成人之惡：《論語·顏淵》子曰：“君子成人之美，不成人之惡。小人反是。”

［19］聽其言也厲：《論語·子張》子夏曰：“君子有三變：望之儼然，即之也溫，聽其言也厲。”謂遠望時莊嚴可畏，靠近時溫

和可親，聽其言則嚴屬不苟。

[20] 威而不猛：《論語·述而》：“子溫而厲，威而不猛，恭而安。”謂孔子溫和而嚴屬，有威儀而不凶猛，莊嚴而又安詳。

[21] 趨舍：校點本作“趣舍”，百衲本、殿本、盧弼《集解》本作“趨舍”。今從百衲本等。 大檢：百衲本作“太檢”，殿本、盧弼《集解》本、校點本作“大檢”。今從殿本等。檢，檢束，約束。

[22] 孤家：孤寒人家。又稱單家，與豪族大姓相對而言。

[23] 善：趙幼文《校箋》謂《太平御覽》卷四四五引作“美”。

[24] 陸全：指陸遜、全琮。

[25] 諸論者因各：趙幼文《校箋》謂《太平御覽》卷四四五引無“諸”字，“各”字作“名”。

[26] 而後：“而後”下各本有“有”字。趙幼文《校箋》謂《太平御覽》引無“有”字。今從趙引刪。

[27] 出處之才：盧弼《集解》云：“《御覽》‘才’下有‘儀’字。”趙幼文《校箋》謂見《太平御覽》卷四四五。

[28] 此世：趙幼文《校箋》謂《太平御覽》卷四四五引“此”字作“比”。 勤薄：盧弼《集解》云：“《御覽》‘勤’下無‘薄’字。”按，勤薄，應爲相對比較之言，猶言厚薄，高低。

[29] 魯橫江：魯肅，曾爲橫江將軍。

[30] 陸口：地名。即今湖北蒲圻市西北之陸溪口，亦即陸水入長江處。

[31] 九列：即九卿。衛尉即九卿之一。

[32] 八座：東漢稱尚書令、僕射及六曹尚書爲八座。曹魏仍稱尚書令、左右僕射及五曹尚書爲八座。嚴畯曾爲尚書令，故謂之典八座。

[33] 君子矜而不爭羣而不黨：言見《論語·衛靈公》。“矜而不爭”，謂莊矜而不爭執。“羣而不黨”，謂合群而不結宗派。

[34] 充詘（qū）：得意忘形貌。《禮記·儒行》：“不充詘於富貴。”鄭玄注：“充詘，喜失節之貌。”

[35] 謇謇：忠貞，正直。

　　[36] 叔嗣：盧弼《集解》本作"元遜"，百衲本、殿本、校點本作"叔嗣"。今從百衲本等。叔嗣，張休字叔嗣。

　　[37] 蔡文至：疑即蔡穎。見本書卷五九《孫和傳》。

　　[38] 慷愾：盧弼《集解》本作"慷慨"，百衲本、殿本、校點本作"慷愾"。今從百衲本等。

　　[39] 五君者：盧弼《集解》云："何焯校'五'下增'君'字。"趙幼文《校箋》謂《太平御覽》卷四四五引"五"字下有"君"字。按，蕭常《續後漢書》亦有"君"字，今據《太平御覽》及蕭常書增"君"字。又按，五君即指上論之顧邵、諸葛瑾、步騭、嚴畯、張承等五人。

　　[40] 所師：盧弼《集解》疑作"可師"。按，"所""可"二字通，王引之《經傳釋詞》卷九："所，猶可也。"

　　評曰：張昭受遺輔佐，功勳克舉，忠謇方直，動不爲己，而以嚴見憚，以高見外，既不處宰相，又不登師保，[1]從容閭巷，養老而已，以此明權之不及策也。顧雍依杖素業，而將之智局，故能究極榮位。諸葛瑾、步騭並以德度規檢見器當世，[2]張承、顧邵虛心長者，好尚人物，周昭之論，稱之甚美，故詳録焉。[3]譚獻納在公，有忠貞之節。休、承脩志，咸庶爲善。愛惡相攻，流播南裔，哀哉！

　　[1] 師保：指太師、太保。輔弼國君之重臣。

　　[2] 規檢：謂循規矩，守法度。

　　[3] 詳録：百衲本"詳"字作"辭"，殿本、盧弼《集解》本、校點本作"詳"。盧弼《集解》云："元本'詳'作'辭'誤。"今從殿本等。

三國志 卷五三

吳書八

張嚴程闞薛傳第八

　　張紘字子綱，廣陵人〔也〕。[1]少游學京都，〔一〕[2]還本郡，舉茂才，[3]公府辟，皆不就，〔二〕避難江東。[4]孫策創業，遂委質焉。[5]表爲正議校尉，〔三〕[6]從討丹楊。[7]策身臨行陣，紘諫曰："夫主將乃籌謨之所自出，三軍之所繫命也，不宜輕脫，自敵小寇。願麾下重天授之姿，副四海之望，無令國內上下危懼。"

　　〔一〕《吳書》曰：紘入太學，事博士韓宗，[8]治京氏《易》、歐陽《尚書》，[9]又於外黃從濮陽闓受《韓詩》及《禮記》《左氏春秋》。[10]

　　〔二〕《吳書》曰：大將軍何進、太尉朱儁、司空荀爽三府辟爲掾，[11]皆稱疾不就。

　　〔三〕《吳書》曰：紘與張昭並與參謀，常令一人居守，一人從征討。後呂布襲取徐州，[12]因爲之牧，不欲令紘與策從事。追舉茂才，移書發遣紘。紘心惡布，恥爲之屈。策亦重惜紘，欲以自輔，答記不遣，曰：“海產明珠，所在爲寶，楚雖有才，晋實用之。[13]英偉君子，所游見珍，何必本州哉?”[14]

[1]廣陵：郡名。治所廣陵縣，在今江蘇揚州市西北蜀岡上。人也：各本皆無“也”字。趙幼文《校箋》謂《群書治要》卷二七、《太平御覽》卷二二七引“人”下俱有“也”字。今據趙引補。

[2]少游學京都：百衲本、校點本無“少”字，殿本、盧弼《集解》本有，《建康實録》卷二亦有。今從殿本等。

[3]茂才：即秀才。東漢時避光武帝劉秀諱改，爲漢代薦舉人材科目之一。東漢之制，州牧刺史歲舉一人。三國沿之，或稱秀才。

[4]江東：地區名。長江自西向東流，流至今安徽境，則偏北斜流，至今江蘇省鎮江市又東流而下，古稱這段江路東岸之地爲江東（今長江以南的蘇、浙、皖一帶），西岸之地爲江西（今皖北和淮河下游一帶）。

[5]委質：臣服，歸附。

[6]正議校尉：官名。漢末孫策置，參與謀議，地位頗高。

[7]丹楊：郡名。治所宛陵縣，在今安徽宣州市。

[8]博士：官名。掌經學教授。

[9]京氏易：西漢京房所傳之《易》學。京房學《易》於孟喜之門人焦延壽。依據陰陽五行之説，以自然災變附會世間人事吉凶，推衍禍福灾祥，宣揚“天人感應”。漢元帝時立於學官，置博士，爲漢代《易》學之一大流派。京房撰有《京氏易傳》三卷，孫吴陸績注。　歐陽尚書：西漢歐陽氏所傳之《尚書》學。西漢初，歐陽生從伏勝學《尚書》，遂世傳《尚書》學。其曾孫歐陽高、高孫歐陽地餘，直至裔孫歐陽歙，八世皆爲博士，教授《尚書》，爲漢代今文《尚書》三大流派之一。歐陽氏之著作早佚。

[10]外黄：縣名。治所在今河南民權縣西北。　韓詩：西漢

初燕人韓嬰所傳之《詩》。韓嬰於漢文帝時爲博士。其後，傳《韓詩》者有淮南賁生、蔡義等人。爲漢代今文《詩》三家之一。《漢書·藝文志》著録有《韓故》三六卷、《韓内傳》四卷、《韓外傳》六卷、《韓説》四一卷。西晋時，《韓詩》雖存，已無傳者。南宋以後，僅存《韓詩外傳》，其餘皆佚。

[11]　大將軍：官名。東漢時常兼録尚書事，與太傅、太尉等共同主持政務。漢末位在三公上。　太尉：官名。東漢時與司徒、司空並爲三公，共同行使宰相職能，而位列三公之首，名位甚重，或與太傅並録尚書事，綜理全國軍政事務。　司空：官名。東漢時與太尉、司徒並爲三公，共同行使宰相職能，而位列三公之末。本職掌土木營建與水利工程。　掾：官名。屬官之通稱。漢代三公府及其他重要官府皆置掾，分曹治事，掾爲曹長。

[12]　後：盧弼《集解》本無此字，百衲本、殿本、校點本皆有。今從百衲本等。　徐州：漢末刺史治所下邳縣，在今江蘇睢寧縣西北。

[13]　晋實用之：《左傳·襄公二十六年》："聲子通使于晋，還如楚。令尹子木與之語，問晋故焉，且曰：'晋大夫與楚孰賢？'對曰：'晋卿不如楚，其大夫則賢，皆卿材也。如杞梓、皮革，自楚往也。雖楚有材，晋實用之。'"按聲子之言的末兩句《國語·楚語上》作"雖楚有材，不能用也"。則"雖楚有材"爲聲子之原話。

[14]　本州：指徐州。東漢時廣陵郡屬徐州，故爲張紘之本州。

建安四年，[1]策遣紘奉章（至）〔詣〕許宮，[2]留爲侍御史。[3]少府孔融等皆與親善。[一][4]曹公聞策薨，欲因喪伐吳。紘諫，以爲乘人之喪，既非古義，若其不克，成讎棄好，不如因而厚之。曹公從其言，即表權爲討虜將軍，[5]領會稽太守。[6]曹公欲令紘輔權內

附，出紘爲會稽東部都尉。[二][7]

〔一〕《吳書》曰：紘至，與在朝公卿及知舊述策材略絕異，平定三郡，[8]風行草偃，加以忠敬款誠，乃心王室。[9]時曹公爲司空，欲加恩厚，以悅遠人，至乃優文褒崇，改號加封，辟紘爲掾，舉高第，[10]補侍御史，後以紘爲九江太守。[11]紘心戀舊恩，思還反命，以疾固辭。

〔二〕《吳書》曰：權初承統，春秋方富，太夫人以方外多難，深懷憂勞，數有優令辭謝，付屬以輔助之義。紘輒拜牋答謝，[12]思惟補察。每有異事密計及章表書記，與四方交結，常令紘與張昭草創撰作。紘以破虜有破走董卓，[13]扶持漢室之勳；討逆平定江外，[14]建立大業，宜有紀頌以昭公美。[15]既成，呈權，權省讀悲感，曰：「君真識孤家門閥閱也。」[16]乃遣紘之部。或以紘本受北任，嫌其志趣不止於此，權不以介意。初，琅邪趙昱爲廣陵太守，[17]察紘孝廉，[18]昱後爲笮融所殺，紘甚傷憤，而力不能討。昱門戶絕滅，及紘在東部，[19]遣主簿至琅邪設祭，[20]并求親戚爲之後，以書屬琅邪相臧宣，[21]宣以趙宗中五歲男奉昱祀，權聞而嘉之。及討江夏，[22]以東部少事，命紘居守，遙領所職。孔融遺紘書曰：「聞大軍西征，足下留鎮。不有居者，誰守社稷？深固折衝，亦大勳也。無乃李廣之氣，[23]倉髮益怒，[24]樂一當單于，以盡餘憤乎？南北並定，世將無事，（孫叔）〔叔孫〕投戈，[25]絳、灌俎豆，[26]亦在今日，但用離析，無緣會面，爲愁歎耳。道直途清，相見豈復難哉？」權以紘有鎮守之勞，欲論功加賞。紘厚自把損，不敢蒙寵，權不奪其志。每從容侍燕，微言密指，常有以規諷。

《江表傳》曰：初，權於群臣多呼其字，惟呼張昭曰張公，紘曰東部，所以重二人也。

［1］建安：漢獻帝劉協年號（196—220）。

［2］詣：各本作“至”。趙幼文《校箋》謂《太平御覽》卷四五三引作“詣”，是也。《通鑑考異》引作“遣紘奉章詣許”。足見司馬光所見本正作“詣”。今從趙説改。　　許宮：漢獻帝在許縣之皇宮。許縣在今河南許昌縣東。

［3］侍御史：官名。秩六百石，掌察舉非法，受公卿群吏奏事，有違失者則舉劾。

［4］少府：官名。漢列卿之一，秩中二千石。東漢時掌宮中御衣、寶貨、珍膳等。

［5］討虜將軍：官名。漢獻帝建安初置，爲雜號將軍。

［6］會稽：郡名。治所山陰縣，在今浙江紹興市。

［7］會稽東部都尉：官名。漢武帝平東越後置，職如太守。治所回浦縣，在今浙江臨海市東南章安鎮，後又徙治句章縣，在今浙江餘姚市東南；三國時又移治章安縣，即西漢之回浦縣。

［8］三郡：指丹楊、吳郡、會稽等郡。

［9］乃心王室：《尚書·康王之誥》：“身雖在外，乃心罔不在王室。”孔傳訓“乃”爲“汝”。但後世引用此語時，“乃”字無義。“乃心王室”謂忠心王室。

［10］高第：官吏考課成績第一者稱高第。

［11］九江：郡名。東漢末治所壽春縣，在今安徽壽縣。

［12］拜牋：趙幼文《校箋》謂《册府元龜》卷二〇〇引“牋”字作“版”。按，宋本《册府元龜》亦作“牋”。

［13］破虜：指孫堅。堅曾爲破虜將軍。

［14］討逆：指孫策。策曾爲討逆將軍。　　江外：亦稱江表。即江東、江南。以中原人觀之，江南在長江之外、之表。

［15］公美：百衲本作“公美”，殿本、盧弼《集解》本、校點本作“公義”。趙幼文《校箋》謂《册府元龜》卷一八九引作“公美”。按郝經《續後漢書》作“其美”。今從百衲本。

［16］閥閲：功績和經歷。

［17］琅邪：王國名。治所開陽縣，在今山東臨沂市北。

［18］孝廉：漢代選拔官吏的主要科目。孝指孝子，廉指廉潔之士。原本爲二科，後混同爲一科，也不再限於孝子和廉吏。東漢後期定制爲不滿四十歲者不得察舉；被舉者先詣公府課試，以觀其能。郡國每年要向中央推舉一人至二人。

［19］東部：指會稽東部都尉。

［20］主簿：官名。漢代中央及州郡官府皆置，以典領文書，辦理事務。會稽東部都尉相當於郡，故亦置主簿。

［21］相：官名。王國相由朝廷直接委派，執掌王國行政大權，相當於郡太守。

［22］江夏：郡名。東漢時治所西陵縣，在今湖北新洲縣西。漢末劉表以黃祖爲江夏太守，移治所沙羨，在今湖北武昌縣西南金口。

［23］李廣：西漢隴西成紀（今甘肅静寧縣西南）人。善騎射。漢景帝、武帝時，任隴西、北地、雁門、代郡、雲中等郡太守，屢次擊敗匈奴。後爲右北平太守，匈奴數年不敢攻擾，稱之爲“漢之飛將軍”。漢武帝元狩四年（前119），大將軍衛青出擊匈奴，時李廣已六十餘歲，堅請隨軍，武帝乃以李廣爲前將軍，而暗令衛青無使李廣當匈奴單于。衛青因令李廣與右將軍趙食其出東道，自引精兵向單于。李廣卻請曰：“臣部爲前將軍，今大將軍乃徙令臣出東道，且臣結髮而與匈奴戰，今乃一得當單于，臣願居前，先死單于。”衛青不許，李廣不得已，怒而與右將軍出東道。（見《史記》卷一〇九《李將軍列傳》）

［24］倉髮：殿本“倉”字作“循”，百衲本、盧弼《集解》本、校點本作“倉”。今從百衲本等。按，朱駿聲《説文通訓定聲·壯部》：“倉，叚借爲蒼。”

［25］叔孫投戈：各本作“孫叔投戈”。盧弼《集解》云：“何焯校改作‘叔孫投戈’。”今從何焯校。叔孫，指西漢初之叔孫通。《史記》卷九九《叔孫通列傳》謂叔孫通秦時爲博士，陳勝起兵

後，投奔項梁、項羽。後又歸降漢王劉邦。劉邦爲帝後，叔孫通爲之制訂朝儀制度。揚雄《解嘲》有云："叔孫通起於枹鼓之間，解甲投戈，遂作君臣之儀，得也。"

[26] 絳灌俎豆：謂絳、灌本武人而又爲俎豆之事（禮儀祭祀之事）。絳，指絳侯周勃。漢高祖劉邦之功臣。在楚漢戰爭中，以軍功爲將軍，後封絳侯。呂后時爲太尉。呂后死後，周勃與陳平等定計誅除諸呂，迎立文帝，任右丞相。《史記》卷五七《絳侯周勃世家》說周勃"不好文學，每召諸生說士，東向坐而責之：'趣爲我語。'其椎少文如此"。灌，指灌嬰。亦漢高祖劉邦之功臣。楚漢戰爭中屢立軍功。劉邦稱帝後，任車騎將軍，封潁陰侯。後與周勃、陳平等誅除諸呂，迎立文帝，任太尉、丞相。（見《史記》卷九五《灌嬰列傳》）

後權以紘爲長史，[1]從征合肥。[一][2]權率輕騎將往突敵，紘諫曰："夫兵者凶器，戰者危事也。今麾下恃盛壯之氣，[3]忽彊暴之虜，三軍之衆，莫不寒心，雖斬將搴旗，威震敵場，此乃偏將之任，非主將之宜也。願抑賁、育之勇，[4]懷霸王之計。"權納紘言而止。既還，明年將復出軍，紘又諫曰："自古帝王受命之君，雖有皇靈佐於上，文德播於下，亦賴武功以昭其勳。然而貴於時動，乃後爲威耳。今麾下值四百之厄，[5]有扶危之功，宜且隱息師徒，廣開播殖，任賢使能，務崇寬惠，順天命以行誅，可不勞而定也。"於是遂止不行。紘建計宜出都秣陵，[6]權從之。[二]令還吳迎家，[7]道病卒。臨困，授子靖留牋曰："自古有國有家者，咸欲脩德政以比隆盛世，至於其治，多不馨香。[8]非無忠臣賢佐闇於治體也，[9]由主不勝其情，弗能用耳。夫人情憚難而趨易，好同而惡異，與治道相反。《傳》曰'從善如登，從惡如崩'，[10]言善之難也。人君承奕世之基，據自然之勢，操八柄之威，[11]甘易同之歡，〔三〕無假取於人；而忠臣挾難進之術，吐逆耳之言，其不合也，不亦宜乎！（雖）〔離〕則有釁，[12]巧辯緣間，眩於小忠，戀於恩愛，賢愚雜錯，長幼失敍，其所由來，情亂之也。故明君悟之，[13]求賢如飢渴，受諫而不厭，抑情損欲，以義割恩，上無偏謬之授，下無希冀之望。宜加三思，含垢藏疾，以成仁覆之大。"時年六十卒。[14]權省書流涕。

〔一〕《吳書》曰：合肥城久不拔，紘進計曰："古之圍城，開其一面，以疑衆心。今圍之甚密，攻之又急，誠懼并命戮力。死戰之寇，固難卒拔，及救未至，可小寬之，以觀其變。"議者不同。會救騎至，數至圍下，馳騁挑戰。

〔二〕《江表傳》曰：紘謂權曰："秣陵，楚（武王）〔威王〕所置，[15]名爲金陵。地勢岡阜連石頭，[16]訪問故老，云昔秦始皇東巡會稽經此縣，望氣者云金陵地形有王者都邑之氣，故掘斷連岡，改名秣陵。今處所具存，[17]地有其氣，天之所命，[18]宜爲都邑。"權善其議，未能從也。後劉備之東，宿於秣陵，周觀地形，亦勸權都之。權曰："智者意同。"遂都焉。

《獻帝春秋》云：劉備至京，[19]謂孫權曰："吳去此數百里，即有警急，[20]赴救爲難，將軍無意屯京乎？"權曰："秣陵有小江百餘里，可以安大船，吾方理水軍，當移據之。"備曰："蕪湖近濡須，[21]亦佳也。"權曰："吾欲圖徐州，宜近下也。"

臣松之以爲秣陵之與蕪湖，道里所校無幾，[22]於北侵利便，亦有何異？[23]而云欲闚徐州，貪秣陵近下，非其理也。[24]諸書皆云劉備勸都秣陵，而此獨云權自欲都之，又爲虛錯。

〔三〕《周禮》太宰職曰：以八柄詔王馭群臣。一曰爵，以馭其貴。二曰禄，以馭其富。三曰予，以馭其幸。四曰置，以馭其行。五曰生，以馭其福。六曰奪，以馭其貧。七曰廢，以馭其罪。八曰誅，以馭其過。

[1] 長史：官名。將軍府幕僚之長，總理幕府事。

[2] 合肥：縣名。治所在今安徽合肥市西。

[3] 麾下：胡三省云：“以權在軍中，故稱麾下。”（《通鑑》卷六六漢獻帝建安十四年注）

[4] 賁（bēn）育：指孟賁、夏育，皆古之勇士。

[5] 四百之厄：謂漢朝之厄運。建安中，兩漢已四百餘年。《孝經中黄讖》即謂“四百之外，易姓而王”。（見本書卷二《文帝紀》裴注引《獻帝傳》載太史丞許芝上魏王書）

[6] 秣陵：縣名。治所在今江蘇江寧縣南秣陵鎮。建安十七年孫權改名建業，並移治所於今南京市。

[7] 吳：縣名。治所在今江蘇蘇州市。孫權徙治秣陵在建安十六年，次年建石頭城，始改秣陵爲建業，則張紘受命“還吳迎家”，當在建安十六年。而《通鑑》載張紘此事於魏明帝太和三年（229），盧弼《集解》已指其誤。

[8] 馨香：僞古文《尚書·君陳》：“至治馨香，感于神明。”馨香，喻善美。

[9] 闇：殿本《考證》云：“闇疑作‘諳’。”按，二字可通。《説文·言部》：“諳，悉也。”即熟悉，知曉，《抱朴子·任命》：“闇休咎者，觸强弩而不驚。”

[10] 從惡如崩：《國語·周語下》諺曰：“從善如登，從惡如崩。”韋昭注：“如登，喻難。如崩，喻易。”

[11] 八柄：古代帝王統馭臣下的八種手段。見下裴注引《周

禮·天官·太宰》。

[12] 離：各本皆作“雖”。《通鑑》卷七一魏明帝太和三年引此牋作“離”。校點本即據《通鑑》改“雖”爲“離”。今從之。胡三省對“離則有釁”注云：“言納忠而不合於上，則上下之情離，釁隙由此而生也。”

[13] 悟之：百衲本“悟”字作“寤”，殿本、盧弼《集解》本、校點本作“悟”。按，二字可通，今從殿本等。

[14] 六十卒：趙幼文《校箋》謂《建康實錄》作“六十一卒”。盧弼《集解》云：“前已書‘卒’，此‘卒’字爲贅。”吳金華《〈三國志集解〉箋記》則謂從《建康實錄》的“年六十一”看，“卒”可能是“壹”的殘訛。

[15] 楚威王：各本作“楚武王”。趙幼文《校箋》云：“《實錄》《六朝遺事類編》俱作‘楚威王’，《御覽》卷一百五十六引《江表傳》作‘楚成王’。”按，宋本《太平御覽》卷一五六引《吳錄》作“楚武王”，而注引《江表傳》則作“楚威王”。又按，《建康實錄》卷一謂建康，春秋時屬吳國。吳王夫差爲越王勾踐所滅，其地又屬越。至“周顯王三十六年（前333），越霸中國，與齊、楚爭引，爲楚威王所滅，其地又屬楚”。是金陵爲楚威王所置。故據《建康實錄》與《太平御覽》注引《江表傳》改作“楚威王”。楚威王熊商，在位十一年（前339—前329）。

[16] 石頭：地名。在今江蘇南京市西清凉山。本金陵邑故址，後孫權於此重築城，名曰石頭城。

[17] 具存：趙幼文《校箋》謂《太平御覽》卷一五六引《江表傳》“具”字作“見”。

[18] 天之所命：趙幼文《校箋》謂《太平御覽》引作“象天之所會”。

[19] 京：城名。在今江蘇鎮江市。

[20] 警急：百衲本作“驚急”，殿本、盧弼《集解》本、校點本作“警急”，郝經《續後漢書》苟宗道注引亦作“警急”。今

從殿本等。

[21] 蕪湖：縣名。治所在今安徽蕪湖市東。　濡須：地名。在今安徽無爲縣東北古濡須水畔。

[22] 道里：百衲本、殿本、盧弼《集解》本作“道理”。盧弼引朱邦衡曰：“‘理’當作‘里’。”校點本作“道里”。今從之。

[23] 何異：盧弼《集解》本作“何意”，百衲本、殿本、校點本作“何異”。今從百衲本等。

[24] 非其理也：錢大昕云：“秣陵與廣陵隔江相對，而廣陵屬徐州部，權意欲都秣陵以圖廣陵，故云欲圖徐州。裴氏譏之，殆未審於地理矣。”（《廿二史考異》卷一七）

　　紘著詩賦銘誄十餘篇。[一][1] 子玄，官至南郡太守、尚書。[二][2] 玄子尚，[三] 孫晧時爲侍郎，[3] 以言語辯捷見知，擢爲侍中、中書令。[4] 晧使尚鼓琴，尚對曰：“素不能。”敕使學之。後宴言次説琴之精妙，[5] 尚因道“晋平公使師曠作清角，[6] 曠言吾君德薄，不足以聽之”。晧意謂尚以斯喻己，不悦。後積他事下獄，皆追以此爲詰，[四] 送建安作船。[7] 久之，又就加誅。

〔一〕《吴書》曰：紘見柟榴枕，[8] 愛其文，爲作賦。[9] 陳琳在北見之，[10] 以示人曰：“此吾鄉里張子綱所作也。”後紘見陳琳作《武（庫）〔軍〕賦》《應機論》，[11] 與琳書深歎美之。琳答曰：“自僕在河北，與天下隔，此間率少於文章，易爲雄伯，故使僕受此過差之譚，非其實也。今景興在此，[12] 足下與子布在彼，[13] 所謂小巫見大巫，[14] 神氣盡矣。”紘既好文學，又善楷篆，[15] 嘗與孔融書，[16] 自書。融遺紘書曰：“前勞手筆，多篆書。每舉篇見字，欣然獨笑，如復觀其人也。”

〔二〕《江表傳》曰：玄清介有高行，而才不及紘。

〔三〕《江表傳》（曰）稱尚有俊才。[17]

〔四〕環氏《吳紀》曰：[18]晧嘗問：“《詩》云‘汎彼柏舟’，[19]惟柏中舟乎？”尚對曰：“《詩》言‘檜楫松舟’，[20]則松亦中舟也。”又問：“鳥之大者惟鶴，小者惟雀乎？”尚對曰：“大者有禿鶖，[21]小者有鷦鷯。”[22]晧性忌勝己，[23]而尚談論每出其表，積以致恨。後問：“孤飲酒以方誰？”[24]尚對曰：“陛下有百觚之量。”[25]晧云：“尚知孔丘之不王，[26]而以孤方之！”因此發怒收尚。尚書岑昬率公卿已下百餘人，詣宮叩頭請，尚罪得減死。[27]

[1] 十餘篇：《隋書·經籍志》著録有《張紘集》一卷，又謂梁有二卷，録一卷。

[2] 南郡：東漢時治所江陵縣，在今湖北荊州市江陵區。孫吳移治所於公安縣，在今湖北公安縣西北。　尚書：官名。東漢有六曹尚書，即三公曹、民曹、客曹、二千石曹、吏曹、中都官曹等。秩皆六百石，皆稱尚書，不加曹號。（本《晋書·職官志》）三國沿置，員數不等。

[3] 侍郎：官名。漢代爲皇帝的侍從官，爲郎官之一，隸光禄勳，宿衛宮禁，侍奉皇帝。東漢時五官、左、右、中郎將署皆置，名義上備宿衛，實爲後備官員。魏、晋省。又魏、晋時黃門侍郎、中書侍郎、散騎侍郎、尚書郎，皆可省稱侍郎。

[4] 侍中：官名。曹魏時爲門下侍中寺長官。職掌門下眾事，侍從左右，顧問應對，拾遺補闕，與散騎常侍、黃門侍郎等共平尚書奏事。孫吳亦置。　中書令：官名。孫吳仿西漢之制，置爲中書長官，主草擬詔令。

[5] 後宴言次：趙幼文《校箋》謂郝經《續後漢書》“後”下有“侍宴之次”四字。按，郝經書“後宴言次”作“後侍宴之次”。

　　[6] 師曠：春秋晋國樂師。生而目盲，善辨聲樂。《孟子·離婁上》：“師曠之聰，不以六律，不能正五音。”　清角：角是古代五音之一，古人認爲角音清，故稱清角。《韓非子·十過》云：“（晋）平公曰：‘清角可得而聞乎？’師曠曰：‘不可。昔者黄帝合鬼神於泰山之上，駕象車，而六蛟龍畢方並鎋，蚩尤居前，風伯進掃，雨師灑道，虎狼在前，鬼神在後，騰蛇伏地，鳳皇覆上，大合鬼神，作爲清角。今主君德薄，不足聽之，聽之將恐有敗。’平公曰：‘寡人老矣，所好者音也，願遂聽之。’師曠不得已而鼓之。一奏而有玄雲從西北方起，再奏之，大風至，大雨隨之，裂帷幕，破俎豆，隳廊瓦，坐者散走。平公恐懼，伏於廊室之間。晋國大旱，赤地三年。平公之身遂癃病。”

　　[7] 建安：郡名。治所建安縣，在今福建建甌市南松溪南岸。

　　[8] 柟榴：趙幼文《校箋》引朱珔《文選集釋》引段氏謂“榴”乃“瘤”之誤，楠瘤之木猶今云癭木也。癭木多楠樹所生，故曰楠瘤。四川癭木器物皆出於楠，想建安亦多有此也。趙幼文《校箋》又謂《太平御覽》卷五八七引“榴”字正作“瘤”，作“瘤”爲是。

　　[9] 賦：梁章鉅《旁證》云：“《藝文類聚》七十張紘《瑰材枕賦》疑即此篇也。”

　　[10] 見之：趙幼文《校箋》謂《太平御覽》卷七〇七引“見”字作“得”。

　　[11] 武軍賦：各本皆作“武庫賦”，《太平御覽》卷五八七亦引作“武庫賦”。趙幼文云：“考左氏宣公十二年傳：‘君盍築武軍。’杜預注：‘築軍營以章武功。’武軍之義蓋本此。《抱朴子·鈞世篇》：‘而《出軍（當作車）六月》之作，何如陳琳《武軍》之壯乎！’據此，則‘庫’字誤也。”（《三國志集解辨證》）《藝文類聚》卷五九亦作“武軍賦”。今從趙説，據《藝文類聚》改“庫”爲“軍”。　應機論：吳金華《〈三國志集解〉箋記》謂“機”當作“譏”。《藝文類聚》卷二十五引魏陳琳《應譏》。

［12］景興：王朗字景興。

［13］子布：張昭字子布。

［14］小巫見大巫：比喻相形見絀，遠遠不如。《太平御覽》卷七三五引《莊子》：“小巫見大巫，拔茅而棄，此其所以終身弗如。”

［15］楷篆：殿本、盧弼《集解》本作“楷篆書”，百衲本、校點本作“楷篆”。今從百衲本等。楷篆，即篆書。非後世所稱的楷書與篆書。

［16］嘗與孔融書：百衲本、盧弼《集解》本“與”上有“嘗”字，殿本、校點本無。郝經《續後漢書》亦有。趙幼文《校箋》謂《册府元龜》卷八六一引亦有“嘗”字。今從百衲本等。

［17］江表傳：各本“江表傳”下有“曰”字。殿本《考證》云：“‘曰’字疑衍。”校點本則從何焯說删“曰”字。今從之。

［18］吳紀：沈家本《三國志注所引書目》云：“案《隋志》，《吳紀》九卷，晋太學博士環濟撰。二唐志作十卷。隋入正史，唐入編年。《通志·校讐略》云《吳紀》，唐類於編年是，隋類於正史非。今案書以紀名，應入編年，茲從唐志。”

［19］汎彼栢舟：《詩·邶風·柏舟》之句。毛傳：“柏木所以宜爲舟也。”

［20］檜楫松舟：《詩·衛風·竹竿》之句。謂檜木做的槳，松木做的船。

［21］禿鶖：鳥名。《本草綱目·禽一·鶄鶖》：“禿鶖，水鳥之大者也，出南方有大湖泊處。其狀如鶴而大，青蒼色，張翼廣五六尺，舉頭高六七尺，長頸赤目，頭項皆無毛，其頂皮方二寸許，紅色如鶴頂。其喙深黃色而扁直，長尺餘。其嗉下亦有胡袋，如鵜鶘狀。其足爪如鷄，黑色。性極貪惡，能與人鬪，好啖魚、蛇及鳥雛。”

［22］鷦（jiāo）鷯（liáo）：鳥名。形小，體約三寸長。羽毛赤褐色，略有黑褐色斑點。尾羽短，略向上翹。以昆蟲爲主要

食物。

　　[23] 己：殿本、盧弼《集解》本作“已”，百衲本、校點本作“己”。今從百衲本等。

　　[24] 以：盧弼《集解》本作“可”，百衲本、殿本、校點本作“以”。趙幼文《校箋》謂郝經《續後漢書》作“可以”。今從百衲本等。

　　[25] 觚（gū）：古飲酒器。青銅製。長身侈口。口部與底部呈喇叭狀，細腰，圓足。盛行於殷代和西周初期。《儀禮·特牲饋食禮》鄭玄注：“舊説云：爵一升，觚二升。”

　　[26] 孔丘：《孔叢子·儒服》云：“平原君與子高飲，强子高酒曰：‘昔有遺諺：堯舜千鍾，孔子百觚。’”

　　[27] 尚罪得減死：殿本、盧弼《集解》本“罪”字在“尚”字前，與上句“請”字連讀。百衲本、校點本作“尚罪得減死”。今從百衲本等。

　　初，紘同郡秦松字文表，陳端字子正，並與紘見待於孫策，參與謀謨。各早卒。

　　嚴畯字曼才，彭城人也。[1] 少耽學，善《詩》、《書》、三《禮》，[2] 又好《説文》。避亂江東，與諸葛瑾、步騭齊名友善。性質直純厚，其於人物，忠告善道，[3] 志存補益。張昭進之於孫權，權以爲騎都尉、從事中郎。[4] 及横江將軍魯肅卒，[5] 權以畯代肅，督兵萬人，鎮據陸口。[6] 衆人咸爲畯喜，畯前後固辭〔曰〕：“（樸）〔僕〕素書生，[7] 不閑軍事，非才而據，咎悔必至。”[8] 發言慷慨，至於流涕，〔一〕權乃聽焉。世嘉其能以實讓。權爲吴王，及稱尊號，畯嘗爲衛尉，[9] 使至蜀，蜀相諸葛亮深善之。不畜禄賜，皆散之親戚知故，家常不充。廣陵劉穎與畯有舊，穎精學家巷，權聞徵之，以疾不就。其弟略爲零陵太守，[10]卒官，穎往赴喪，權知其詐病，急驛收録。畯亦馳語穎，使還謝權。權怒，廢畯，而穎得免罪。久之，以畯爲尚書令，[11]後卒。〔二〕

〔一〕《志林》曰：權又試畯騎，上馬墮鞍。

〔二〕《吳書》曰：畯時年七十八，二子凱、爽。凱官至升平少府。[12]

[1] 彭城：王國名。治所彭城縣，在今江蘇徐州市。

[2] 三禮：指《周禮》《儀禮》《禮記》。

[3] 善道：即善導。《左傳·隱公五年》：“請君釋憾于宋，敝邑爲道。”陸德明釋文：“道，本亦作導。”

[4] 騎都尉：官名。孫吳時統羽林兵，宿衛左右。　從事中郎：官名。東漢三公府及將軍府皆置，職參謀議，位在長史、司馬下。

[5] 橫江將軍：官名。漢獻帝建安十九年孫權置，領兵。

[6] 陸口：地名。在今湖北蒲圻市西北之陸溪口，亦即陸水入長江處。

[7] 前後固辭曰僕素書生：各本皆無“曰”字，“僕”字作“樸”。趙幼文《校箋》謂《藝文類聚》卷二一、《太平御覽》卷四二、《册府元龜》卷四〇八及卷八一四俱作“曰僕素書生”，是也。今從趙説補改。

[8] 咎悔：趙幼文《校箋》謂《太平御覽》卷四二四、《册府元龜》卷四〇八引作“殃咎”。按，《藝文類聚》卷二一、《册府元龜》卷八一四引亦作“咎悔”。又按，此卷《册府元龜》上句

“僕”字亦作“樸”。

[9] 衛尉：官名。東漢時秩中二千石，列卿之一，掌宫門及宫中警衛。三國沿置。

[10] 零陵：郡名。治所泉陵縣，在今湖南永州市。

[11] 尚書令：官名。孫吴時仍爲尚書臺長官。秩千石。掌奏、下尚書曹文書衆事，選用署置官吏；總典臺中綱紀法度，無所不統。

[12] 升平少府：官名。升平，孫晧何太后之宫名。少府，太后三卿之一，掌太后宫私府庫藏出納，皆冠太后宫號爲官名。地位與九卿相當。

　　畯著《孝經傳》《潮水論》，[1]又與裴玄、張承論管仲、季路，[2]皆傳於世。玄字彦黄，下邳人也，[3]亦有學行，[4]官至太中大夫。[5]問子欽齊桓、晋文、夷、惠四人優劣，[6]欽答所見，與玄相反覆，各有文理。欽與太子登游處，登稱其翰采。

[1] 孝經傳：《隋書》與《舊唐書》之《經籍志》、《新唐書·藝文志》皆未著録。侯康《補三國藝文志》云：“案《張昭傳》云‘權問衛尉嚴畯，寧念小時所闇書否？畯因誦《孝經》仲尼居’。則畯所習者今文也。” 潮水論：《隋書·經籍志》等亦未著録。姚振宗《三國藝文志》將其録入史類河渠之屬。

[2] 季路：即孔子弟子仲由。字子路。《史記》卷六七《仲尼弟子列傳》司馬貞《索隱》云：“《家語》一字季路。”

[3] 下邳：王國名。治所下邳縣，在今江蘇睢寧縣西北。

[4] 有學行：《隋書·經籍志》子部雜家類謂裴玄撰《新言》五卷，《舊唐書·經籍志》《新唐書·藝文志》亦同。

[5] 太中大夫：官名。東漢時秩千石，掌顧問應對，參謀議

政。三國沿置，魏定爲七品。

[6] 齊桓晉文：指春秋時齊桓公、晉文公。　　夷：指伯夷。殷
商末孤竹君之長子。孤竹君欲以次子叔齊繼位，及孤竹君死，叔齊
讓位與伯夷，伯夷不受。二人遂逃奔周。至周，遇周武王伐紂，二
人阻諫。周武王滅商後，二人逃入首陽山，不食周粟而死。（見
《史記》卷六一《伯夷列傳》）　　惠：指柳下惠。春秋魯國大夫。
本名展獲，字禽，亦稱展季。因食邑柳下，謚惠，故稱柳下惠。爲
官盡責，不以職位低而卑。《孟子·萬章下》：“柳下惠不羞污君，
不辭小官；進不隱賢，必以其道；遺佚而不怨，窮厄而不憫。”

　　程秉字德樞，汝南南頓人也。[1] 逮事鄭玄，[2] 後避
亂交州，[3] 與劉熙考論大義，[4] 遂博通五經。[5] 士燮命
爲長史。權聞其名儒，以禮徵秉，既到，拜太子太
傅。[6] 黄武四年，[7] 權爲太子登娉周瑜女，秉守太
常，[8] 迎妃於吳，權親幸秉船，深見優禮。既還，秉從
容進説登曰：“婚姻人倫之始，王教之基，是以聖王重
之，所以率先衆庶，風化天下，故《詩》美《關
雎》，[9] 以爲稱首。願太子尊禮教於閨房，存《周南》
之所詠，[10] 則道化隆於上，頌聲作於下矣。”登笑曰：
“將順其美，匡救其惡，誠所賴於傅君也。”

　　病卒官。著《周易摘》《尚書駁》《論語弼》，[11]
凡三萬餘言。秉爲傅時，率更令河南徵崇亦篤學立
行云。〔一〕[12]

　　〔一〕《吳録》曰：崇字子和，治《易》《春秋左氏傳》，兼
善内術。[13] 本姓李，遭亂更姓，遂隱於會稽，躬耕以求其志。好
尚者從學，所教不過數人輒止，欲令其業必有成也。所交結如丞

相步驚等，咸親焉。嚴畯薦崇行足以屬俗，學足以爲師。初見太子登，以疾賜不拜。[14]東宮官僚皆從諮詢。太子數訪以異聞。年七十而卒。

[1] 汝南：郡名。治所平輿縣，在今河南平輿縣北。　南頓：縣名。治所在今河南項城市西南南頓集。　也：百衲本無"也"字，殿本、盧弼《集解》本、校點本有。今從殿本等。

[2] 逮事：百衲本"逮"上有"後"字，殿本、盧弼《集解》本、校點本無。今從殿本等。　鄭玄：字康成，北海高密（今山東高密市西南）人。東漢末的大經學家。《後漢書》卷三五有傳。

[3] 交州：刺史治所建安八年在龍編縣，在今越南河内東天德江北岸；同年又移治廣信縣，在今廣西梧州市；建安十五年又移治番禺縣，在今廣東廣州市。

[4] 劉熙：字成國，漢末北海（治所在今山東昌樂縣西）人。陳振孫《直齋書録解題》謂《釋名》八卷，漢徵士北海劉熙成國撰。則劉熙未曾入仕。所撰《釋名》八卷二十七篇今尚傳。

[5] 五經：指《易》《書》《詩》《禮》《春秋》。

[6] 太子太傅：官名。東漢時秩中二千石。掌輔導太子，不領東宮官屬及庶務，諸屬官由太子少傅主之。太子對太傅執弟子禮，太傅不稱臣。孫吳亦置。

[7] 黄武：吳大帝孫權年號（222—229）。

[8] 太常：官名。東漢時仍爲列卿之首，秩中二千石。掌禮儀祭祀，選試博士等。三國沿置。

[9] 關雎：《詩經》之首篇。《詩序》云："《關雎》，后妃之德也，風之始也。所以風天下而正夫婦也，故用之鄉人焉，用之邦國焉。"

[10] 周南：《詩·國風》中編次最先者。《周南》有詩十一篇，首篇即《關雎》。其餘十篇，亦多言男女之事。

　　[11] 論語弼：以上三書，《隋書》《舊唐書》之《經籍志》、《新唐書·藝文志》均未著録。

　　[12] 率更令：官名。即太子率更令。東漢時主太子庶子、舍人值宿事，隷太子少傅。與太子家令、太子僕並號太子三卿。三國沿置。

　　[13] 内術：指讖緯之術。

　　[14] 以疾：百衲本無“以”字，殿本、盧弼《集解》本、校點本有。今從殿本等。

　　闞澤字德潤，會稽山陰人也。家世農夫，至澤好學，居貧無資，常爲人傭書，以供紙筆，所寫既畢，誦讀亦遍。追師論講，[1]究覽群籍，兼通曆數，由是顯名。察孝廉，除錢唐長，[2]遷郴令。[3]孫權爲驃騎將軍，[4]辟補西曹掾；[5]及稱尊號，以澤爲尚書。嘉禾中，[6]爲中書令，加侍中。赤烏五年，[7]拜太子太傅，領中書如故。

　　澤以經傳文多，難得盡用，乃斟酌諸家。刊約《禮》文及諸注説以授二宮，[8]爲制行出入及見賓儀，又著《乾象曆注》以正時日。[9]每朝廷大議，經典所疑，輒諮訪之。以儒學勤勞，封都鄉侯。[10]性謙恭篤慎，宮府小吏，[11]呼召對問，皆爲抗禮。人有非短，口未嘗及，容貌似不足者，然所聞少窮。[12]權嘗問：“書傳篇賦，[13]何者爲美？”澤欲諷喻以明治亂，因對賈誼《過秦論》最善，[14]權覽讀焉。初，以吕壹姦罪發聞，有司窮治，奏以大辟，[15]或以爲宜加焚裂，[16]用彰元惡。權以訪澤，澤曰：“盛明之世，不宜復有此刑。"權從之。又諸官司有所患疾，欲增重科防，以檢御臣下，澤每曰"宜依禮、律"，其和而有正，皆此類也。〔一〕六年冬卒，權痛惜感悼，食不進者數日。

〔一〕《吳録》曰：虞翻稱澤曰："闞生矯傑，蓋蜀之揚雄。"[17]又曰："闞子儒術德行，亦今之仲舒也。"[18]初，魏文帝即位，權嘗從容問群臣曰："曹丕以盛年即位，恐孤不能及之，諸卿以爲何如？"群臣未對，澤曰："不及十年，丕其没矣，大王勿憂也。"權曰："何以知之？"澤曰："以字言之，不十爲丕，此其數也。"文帝果七年而崩。

臣松之計孫權年大文帝五歲，其爲長幼也微耳。[19]

[1] 追師：盧弼《集解》本作"追思"，百衲本、殿本、校點本作"追師"。今從百衲本等。

[2] 錢唐：縣名。治所在今浙江杭州市。

[3] 郴：縣名。治所在今湖南郴州市。

[4] 驃騎將軍：官名。東漢時位比三公，地位尊崇。

[5] 西曹掾：官名。諸公府之僚屬。爲西曹長官，掌府吏署用事。

[6] 嘉禾：吳大帝孫權年號（232—238）。

[7] 赤烏：吳大帝孫權年號（238—251）。

[8] 二宮：指太子孫和及魯王孫霸。

[9] 乾象曆注：《晉書·律曆志中》謂漢靈帝時會稽東部都尉劉洪造《乾象曆》。"獻帝建安元年，鄭玄受其法，以爲窮幽極微，又加注釋焉"。"吳中書闞澤受劉洪《乾象法》於東萊徐岳，又加注解"。

[10] 都鄉侯：爵名。列侯食邑爲都鄉者，稱都鄉侯。位次於縣侯，高於鄉侯。

　　[11] 宮府：殿本、盧弼《集解》本作“官府”，百衲本、校點本作“宮府”。今從百衲本等。

　　[12] 少窮：周壽昌《注證遺》云：“少窮，言少能窮之。謂所聞之富也。”

　　[13] 書傳篇賦：趙幼文《校箋》謂《册府元龜》卷五二六引無“篇賦”二字。按，宋本《册府元龜》有“篇賦”二字。

　　[14] 賈誼：西漢政論家。漢文帝時曾任博士、太中大夫、長沙王太傅、梁懷王太傅。對時政多有批評及建議。其《過秦論》，旨在指責揭露秦朝政治之失，探究秦朝迅速滅亡之原因，以期爲漢王朝提供歷史教訓和鞏固統治之借鑒。因其揭露深刻，論説中肯，司馬遷遂引爲《史記》卷六《秦始皇本紀》之紀評。

　　[15] 大辟：死刑。

　　[16] 焚裂：胡三省云：“殷紂用炮烙之刑，項羽燒殺紀信，漢武帝焚蘇文於横橋，然未以爲刑名也。王莽作焚如之刑，後世不復遵用。裂，謂車裂，古之轘刑。”（《通鑑》卷七四魏明帝景初二年注）

　　[17] 揚雄：西漢蜀郡成都（今四川成都市）人。博學多識，善於辭賦。著作有《法言》《太玄》《訓纂編》《方言》等。辭賦之代表作有《甘泉》《河東》《校獵》《長楊》等。《漢書》卷八七有傳。

　　[18] 仲舒：指董仲舒。西漢廣川（今河北棗强縣東北）人。漢景帝時爲博士。武帝時，以賢良對策，提出君權神授説、天人感應説；要求罷黜百家，獨尊儒術，爲武帝采納，使儒學成爲正統之學。所著書，有《春秋繁露》等傳於世。《漢書》卷五六有傳。

　　[19] 耳：百衲本、殿本作“耳”，盧弼《集解》本、校點本作“矣”。今從百衲本等。

　　澤州里先輩丹楊唐固亦修身積學，稱爲儒者，著

《國語》《公羊》《穀梁傳》注，[1]講授常數十人。權爲吳王，拜固議郎，[2]自陸遜、張溫、駱統等皆拜之。黃武四年爲尚書僕射，[3]卒。〔一〕

〔一〕《吳錄》曰：固字子正，卒時年七十餘矣。

[1] 國語：《隋書·經籍志》經部春秋類著録《春秋外傳國語》二十一卷，唐固注。《舊唐書·經籍志》《新唐書·藝文志》亦同。　公羊：唐固《公羊傳注》，《隋書》《舊唐書》之《經籍志》、《新唐書·藝文志》皆未著録。　穀梁傳注：《隋書·經籍志》著録《春秋穀梁傳》十三卷，吳僕射唐固注。《舊唐書·經籍志》《新唐書·藝文志》皆作十二卷。

[2] 議郎：官名。東漢時屬光禄勳，秩六百石，主要職責是參與朝政議論。三國沿置。但魏、晋時不再參議諫諍，爲後備官員，第七品，品秩雖低，名義清高，即三品將軍、九卿亦有拜之者。

[3] 尚書僕射（yè）：官名。東漢爲尚書臺次官，秩六百石，職權重，若公爲之，增秩至二千石。職掌拆閱封緘章奏文書，參議政事，諫諍駁議，監察百官。令不在，則代理其職。漢獻帝建安四年（199）分置左右。

薛綜字敬文，沛郡竹邑人也。〔一〕[1]少依族人避地交州，從劉熙學。士燮既附孫權，召綜爲五官中郎〔將〕，[2]除合浦、交阯太守。[3]時交土始開，[4]刺史吕岱率師討伐，綜與俱行，越海南征，及到九真。[5]事畢還都，守謁者僕射。[6]（西）〔蜀〕使張奉於權前列尚書闞澤姓名以嘲澤，[7]澤不能答。綜下行酒，因勸酒曰：“蜀者何也？有犬爲獨，無犬爲蜀，橫目苟身，蟲入其腹。"〔二〕奉曰："不當復列君吳邪?"綜應聲曰："無口爲天，有口爲吳，君臨萬邦，天子之都。"於是衆坐喜笑，而奉無以對。其樞機敏捷，皆此類也。〔三〕

〔一〕《吳錄》曰：其先齊孟嘗君封於薛。[8]秦滅六國，而失其祀，[9]子孫分散。漢祖定天下，過齊，求孟嘗後，得其孫陵、國二人，欲復其封。陵、國兄弟相推，莫適受，乃去之竹邑，因家焉，故遂氏薛。[10]自國至綜，世典州郡，[11]爲著姓。綜少明經，善屬文，有秀才。

〔二〕臣松之見諸書本"苟身"或作"句身"，以爲既云"橫目"，則宜曰"句身"。

〔三〕《江表傳》曰：費禕聘于吳，陛見，公卿侍臣皆在坐。酒酣，禕與諸葛恪相對嘲難，言及吳、蜀。禕問曰："蜀字云何?"恪曰："有水者濁，無水者蜀。橫目苟身，蟲入其腹。"禕復問："吳字云何?"恪曰："無口者天，有口者吳，下臨滄海，天子帝都。"[12]與本傳不同。[13]

[1] 敬文：趙幼文《校箋》謂《太平御覽》卷四六三引"敬"字作"仲"。　沛郡：東漢時治所相縣，在今安徽濉溪縣西北；曹魏時移治所於沛縣，在今江蘇沛縣。　竹邑：縣名。治所在今安徽宿縣北符離集。

[2] 五官中郎將：各本皆作"五官中郎"。殿本《考證》云："元本'中郎'下有'將'字。"校點本則從何焯說增"將"字。今從之。五官中郎將，東漢時領五官郎，宿衛殿門，出充車騎。孫吳沿置，仍領郎署。

[3] 合浦：郡名。治所合浦縣，在今廣西合浦縣東北。　交阯：郡名。治所龍編縣，在今越南河内市東天德江北岸。

[4] 交：州名。呂岱爲刺史時治所番禺縣，在今廣東廣州市。

〔5〕九真：郡名。治所胥浦縣，在今越南清化省清化市西北東山縣陽舍村。

〔6〕謁者僕射（yè）：官名。東漢時秩比千石。爲謁者臺長官，名義上屬光禄勳。掌侍從左右，關通内外，職權頗重。三國沿置。魏定爲五品。

〔7〕蜀使：各本“蜀”字皆作“西”。趙幼文《校箋》謂《藝文類聚》卷二五、《太平御覽》卷四六三、《册府元龜》卷八〇〇引“西”字作“蜀”，《建康實録》同，當據改。今從趙説改。

〔8〕孟嘗君：戰國齊威王少子田嬰之子，名文。田嬰封於薛（今山東滕州市南）。田文襲之，稱薛公，號孟嘗君。曾一度入秦爲相，不久逃歸，齊湣王乃任之爲相。後爲齊湣王所忌，乃入魏。魏昭王以爲相。齊湣王死，襄王立，畏孟嘗君，復親薛公。（見《史記》卷七五《孟嘗君列傳》及司馬貞《索隱》）

〔9〕失其祀：《史記·孟嘗君列傳》云：“文卒，謚爲孟嘗君。諸子爭立，而齊、魏共滅薛。孟嘗君絶嗣無後也。”則孟嘗君失祀不在秦滅六國之後。至於“絶嗣無後”，當指孟嘗君無嫡子承其封邑，奉其祭祀，非謂其他諸子皆滅絶無遺。

〔10〕氏薛：何焯認爲此爲僞造，“果有之，則馬遷亦載之傳後矣”。（見《義門讀書記》卷二八《三國志·吳志》）

〔11〕典：盧弼《集解》本作“與”，百衲本、殿本、校點本作“典”。今從百衲本等。

〔12〕帝都：趙幼文《校箋》謂《册府元龜》卷八〇〇引“帝”字作“之”，是也。傳文“帝”亦作“之”，可證。按，宋本《册府元龜》亦作“帝”，與此同。

〔13〕與本傳不同：盧弼《集解》謂本書卷四四《費禕傳》則謂費禕至吳，諸葛恪、羊衜等才博果辯，論難鋒至，禕辭順義篤，據理以答，終不能屈。權甚器之，“蓋當時兩國記載，各自誇耀，遂互相岐異耳”。

　　呂岱從交州召出，綜懼繼岱者非其人，上疏曰：
"昔帝舜南巡，卒於蒼梧。[1]秦置桂林、南海、象
郡，[2]然則四國之內屬也，有自來矣。趙佗起番禺，[3]
懷服百越之君，珠官之南是也。[4]漢武帝誅呂嘉，[5]開
九郡，[6]設交阯刺史以鎮監之。山川長遠，習俗不齊，
言語同異，重譯乃通，民如禽獸，長幼無別，椎結徒
跣，[7]貫頭左衽，[8]長吏之設，雖有若無。自斯以來，
頗徙中國罪人雜居其間，稍使學書，粗知言語，使驛
往來，觀見禮化。及後錫光爲交阯、任延爲九真太
守，[9]乃教其耕犁，使之冠履；爲設媒官，始知聘娶；
建立學校，導之經義。由此已降，四百餘年，[10]頗有
似類。[11]自臣昔客始至之時，珠崖除州縣嫁娶，[12]皆
須八月引戶，[13]人民集會之時，男女自相可適，乃爲
夫妻，父母不能止。交阯麋泠、九真都龐二縣，[14]皆
兄死弟妻其嫂，世以此爲俗，長吏恣聽，[15]不能禁制。
日南郡男女倮體，[16]不以爲羞。由此言之，可謂蟲
豸，[17]有覭面目耳。然而土廣人衆，阻險毒害，易以
爲亂，難使從治。縣官羈縻，示令威服，田戶之租賦，
裁取供辦，貴致遠珍名珠、香藥、象牙、犀角、瑇瑁、
珊瑚、琉璃、鸚鵡、翡翠、孔雀、奇物，[18]充備寶玩，
不必仰其賦入，以益中國也。然在九甸之外，[19]長吏
之選，類不精覈。漢時法寬，多自放恣，故數反違
法。珠崖之廢，[20]起於長吏覩其好髮，髡取爲髲。[21]
及臣所見，南海黃蓋爲日南太守，[22]下車以供設不豐，
撾殺主簿，仍見驅逐。九真太守儋萌爲妻父周京作主

人，[23]并請大吏，酒酣作樂，功曹番歆起舞屬京，[24]京不肯起，歆猶迫彊，萌忿杖歆，亡於郡内。歆弟苗帥衆攻府，毒矢射萌，萌至物故。[25]交阯太守士燮遣兵致討，卒不能克。又故刺史會稽朱符，多以鄉人虞褒、劉彦之徒分作長吏，侵虐百姓，彊賦於民，黄魚一枚收稻一斛，百姓怨叛，山賊並出，攻州突郡。符走入海，流離喪亡。次得南陽張津，[26]與荆州牧劉表爲隙，[27]兵弱敵彊，歲歲興軍，諸將厭患，去留自在。津小檢攝，威武不足，爲所陵侮，遂至殺没。後得零陵賴恭，[28]先輩仁謹，不曉時事。表又遣長沙吳巨爲蒼梧太守。[29]巨武夫輕悍，不爲恭〔所〕服，[30]（所取）〔輒〕相怨恨，[31]逐出恭，求步騭。是時津故將夷廖、錢博之徒尚多，騭以次鉏治，綱紀適定，會仍召出。吕岱既至，有士氏之變。[32]越軍南征，平討之日，改置長吏，章明王綱，威加萬里，大小承風。由此言之，[33]綏邊撫裔，實有其人。牧伯之任，既宜清能，荒流之表，禍福尤甚。今日交州雖名粗定，尚有高凉宿賊；[34]其南海、蒼梧、鬱林、珠官四郡界未綏，依作寇盜，專爲亡叛逋逃之藪。若岱不復南，新刺史宜得精密，檢攝八郡，[35]方略智計，能稍稍以漸（能）治高凉者，[36]假其威寵，借之形勢，責其成效，庶幾可補復。如但中人，近守常法，無奇數異術者，則群惡日滋，久遠成害。故國之安危，在於所任，不可不察也。竊懼朝廷忽輕其選，故敢竭愚情，以廣聖思。”

黄龍三年，[37]建昌侯慮爲鎮軍大將軍，[38]屯半州，^[39]以綜爲長史，外掌衆事，內授書籍。慮卒，^[40]入守賊曹尚書，^[41]遷尚書僕射。時公孫淵降而復叛，權盛怒，欲自親征。綜上疏諫曰：“夫帝王者，萬國之元首，天下之所繫命也。是以居則重門擊柝以戒不虞，^[42]行則清道案節以養威嚴，^[43]蓋所以存萬安之福，鎮四海之心。昔孔子疾時，託乘桴浮海之語，^[44]季由斯喜，拒以無所取才。漢元帝欲御樓船，薛廣德請刎頸以血染車。^[45]何則？水火之險至危，非帝王所宜涉也。諺曰：‘千金之子，坐不垂堂。’^[46]況萬乘之尊乎？今遼東戎貊小國，^[47]無城池之固，備禦之術，器械銖鈍，^[48]犬羊無政，往必禽克，誠如明詔。然其方土寒埆，^[49]穀稼不殖，民習鞍馬，轉徙無常，卒聞大軍之至，自度不敵，鳥驚獸駭，長驅奔竄，一人匹馬，不可得見，雖獲空地，^[50]守之無益，此不可一也。加又洪流滉瀁，^[51]有成山之難，^[52]海行無常，風浪難免，倏忽之間，人船異勢。雖有堯舜之德，智無所施，賁育之勇，力不得設，此不可二也。加以鬱霧冥其上，鹹水蒸其下，善生流腫，^[53]轉相洿染，凡行海者，稀無斯患，此不可三也。天生神聖，顯以符瑞，當乘平喪亂，康此民物；嘉祥日集，海內垂定，逆虜凶虐，滅亡在近。中國一平，遼東自斃，但當拱手以待耳。今乃違必然之圖，尋至危之阻，忽九州之固，肆一朝之忿，既非社稷之重計，又開闢以來所未嘗有，斯誠群僚所以傾身側息，^[54]食不甘味，寢不安席者也。惟陛下抑雷霆之威，忍赫斯之怒，^[55]遵乘橋之安，^[56]遠履冰之險，^[57]則臣子賴祉，天下幸甚。”時羣臣多諫，權遂不行。

正月乙未，權勑綜祝祖不得用常文，^[58]綜承詔，卒造文義，信辭粲爛。權曰：“復爲兩頭，^[59]使滿三也。”綜復再祝，辭令皆新，衆咸稱善。赤烏三年，^[60]徙選曹尚書。^[61]五年，爲太子少傅，^[62]領選職如故。〔一〕六年春，卒。凡所著詩賦難論數萬言，名曰《私載》，^[63]又定《五宗圖述》《二京解》，^[64]皆傳於世。

〔一〕《吳書》曰：後權賜綜紫綬囊，綜陳讓紫色非所宜服，^[65]權曰：“太子年少，涉道日淺，君當博之以文，約之以禮，茅土之封，非君而誰？”是時綜以名儒居師傅之位，仍兼選舉，甚爲優重。

[1] 蒼梧：古地區名。指今湖南省南部、廣東省西北部及廣西省東北部的廣大地區。西漢武帝元鼎六年（前111）於此區內置蒼梧郡，治所廣信縣，在今廣西梧州市。《史記》卷一《五帝本紀》謂舜踐帝位三十九年，“南巡狩，崩於蒼梧之野。葬於江南九疑”。九疑，山名。亦名蒼梧山。在今湖南寧遠縣南。

[2] 桂林：郡名。秦置，治所在今廣西桂平縣西南古城。西漢於此置布山縣，又改郡名爲鬱林。　南海：郡名。秦置，治所番禺縣，在今廣東廣州市。　象郡：秦置，治所臨塵縣，在今廣西崇左縣。

[3] 趙佗：秦時爲南海龍川（今廣東龍川縣西南）令。秦二世時，南海尉任囂疾病將死，召趙佗代爲尉。故又稱趙佗爲尉佗。秦亡後，趙佗遂擊并桂林、象郡，自立爲南越武王。漢高帝定天下後，漢十一年遣陸賈入南，立趙佗爲南越王，“與剖符通使，和集

百越，毋爲南邊患害"。（《史記》卷一一三《南越列傳》）

[4] 珠官：郡名。孫權黃武七年（228）以合浦郡改名。治所合浦縣，在今廣西合浦縣東北。

[5] 呂嘉：南越王相，宗族爲官者七十餘人，勢力甚大。漢武帝元鼎五年（前112），呂嘉反，殺南越王、太后及漢使者，漢武乃遣伏波將軍路博德、樓船將軍楊僕等數路出兵，咸會番禺以討之。次年冬，破番禺城，呂嘉等逃入海，遣人追之，盡擒呂嘉等。（見《史記·南越列傳》）

[6] 九郡：《漢書·武帝紀》謂元鼎六年冬得呂嘉首，"遂定越地，以爲南海、蒼梧、鬱林、合浦、交阯、九真、日南、珠崖、儋耳郡"。

[7] 椎結：即椎髻。少數民族的一種髮型。將頭髮束於頭頂成椎形。

[8] 貫頭：少數民族的一種衣服。在布中央挖一圓洞，套入頭頸，披於身上作爲衣服。 左衽：衣襟向左的衣服。

[9] 任延：東漢初南陽宛（今河南南陽市）人。《後漢書》卷七六《任延傳》謂漢光武帝建武初，詔徵任延爲九真太守。"九真俗以射獵爲業，不知牛耕，民常告糴交阯，每致困乏。延乃令鑄作田器，教之墾闢。田疇歲歲開廣，百姓充給。又駱越之民無嫁娶禮法，各因淫好，無適對匹，不識父子之姓，夫婦之道。延乃移書屬縣，各使男年二十至五十，女年十五至四十，皆以年齒相配。其貧無禮娉，令長吏以下各省奉祿以賑助之。同時相娶者二千餘人。是歲風雨順節，穀稼豐衍。其産子者，始知種姓。咸曰：'使我有是子者，任君也。'多名子爲'任'。於是徼外蠻夷、夜郎等慕義保塞，延遂止罷偵候戍卒。初，平帝時，漢中錫光爲交阯太守，教導民夷，漸以禮義，化聲侔於延。"

[10] 四百餘年：何焯云："自錫光、任延至此尚未及三百年，'四'字恐'二'字之訛。"（《義門讀書記》卷二八《三國志·吳志》）

[11] 似類：盧弼《集解》謂郝經《續後漢書》“似”作“士”。趙幼文《校箋》謂《廣雅·釋詁二》：“似，續也。”“似”字或不誤。

[12] 珠崖：郡名。漢武帝元鼎六年（前111）置，治所瞫都縣，在今海南瓊山市東南。漢元帝初元三年（前46）廢。吳增僅《三國郡縣表附考證》云：“（朱崖郡）前漢舊郡，《晋志》吳赤烏五年復立。疑治徐聞。”徐聞縣治所在今廣東徐聞縣南。

[13] 引户：梁章鉅《旁證》云：“引户，即古之‘案比’。《周官·司徒》職注：鄭司農云‘漢時八月案比’。”案比，即案户比民。亦即清理户籍與人口。

[14] 麊泠：即“麊泠”，縣名。治所在今越南永富省安朗縣西夏雷村。　都龐：縣名。西漢置，東漢廢，孫吳復置。治所在今越南清化省石城附近。

[15] 長吏：指縣令、長。

[16] 日南郡：漢代治所西卷縣，在今越南廣治省甘露河與廣治河合流處。孫吳赤烏十一年（248）移治朱吾縣，在今越南廣平省美麗縣附近。

[17] 蟲豸：泛指蟲類小動物，比喻下賤人。

[18] 瑇瑁：亦作“玳瑁”。爬行動物，形似龜。甲殼黄褐色，有黑斑和光澤，可做裝飾品。甲片可入藥。　琉璃：一種半透明的玉石。　翡翠：鳥名。嘴長而直，生活在水邊，吃魚蝦之類。羽毛有藍、綠、赤、棕等色，可做裝飾品。

[19] 九甸：指邊遠郊外。相傳古代天子所住王畿以外之地，每五百里爲一區劃，稱爲服。共有九服，即侯服、甸服、男服、采服、衛服、蠻服、夷服、鎮服、藩服。

[20] 珠崖之廢：《漢書》卷九《元帝紀》初元三年云：“珠崖郡山南縣反，博謀群臣。待詔賈捐之以爲宜棄珠崖，救民饑饉。乃罷珠崖。”

[21] 覩其：趙幼文《校箋》謂《太平御覽》卷七一五引

"其"下有"人"字。 髴（bì）：假髮。

[22] 黄蓋：趙幼文《校箋》謂《北堂書鈔》卷七六引"蓋"字作"孟"。

[23] 儋萌：梁章鉅《旁證》云："錢大昭曰：以下文證之，'萌'當作'明'。"盧弼《集解》云："毛本'萌'作'明'，下仍作'明'。" 作主人：謂做東道主設宴請客。

[24] 功曹：官名。漢代郡太守下設功曹史，簡稱功曹，爲郡太守之佐吏，除分掌人事外，得參與一郡之政務。三國沿置。

[25] 物故：死亡。

[26] 南陽：郡名。治所宛縣，在今河南南陽市。

[27] 荆州：劉表爲州牧，治所襄陽縣，在今湖北襄陽市襄州區。

[28] 零陵：郡名。治所泉陵縣，在今湖南永州市。

[29] 長沙：郡名。治所臨湘縣，在今湖南長沙市。

[30] 所服：各本皆無"所"字，校點本從何焯説增。今從之。

[31] 輒相怨恨：各本皆作"所取相怨恨"。殿本《考證》云："《册府》'所'字衍，'取'作'輒'。"校點本據《册府元龜》改。今從之。

[32] 士氏：百衲本、殿本作"士民"，盧弼《集解》本、校點本作"士氏"。今從盧弼《集解》本等。士氏，指士變子士徽等。

[33] 由此：百衲本"由"字作"猶"，殿本、盧弼《集解》本、校點本作"由"。按，二字可通，《孟子·公孫丑上》"然而文王猶方百里起"，朱熹《集注》："猶與由通。"今從殿本等。

[34] 高涼：郡名。漢獻帝延康元年（220）孫權置，治所恩平縣，在今廣東恩平市北。

[35] 八郡：指南海、蒼梧、鬱林、珠官、交阯、九真、日南、高凉等郡。

[36] 治高涼者：各本"治"上有"能"字，校點本從何焯説删。今從之。

[37] 黃龍：吳大帝孫權年號（229—231）。

[38] 鎮軍大將軍：官名。魏文帝黃初六年（225）置，權任很重。孫吳亦置。

[39] 半州：地名。在今江西九江市西。孫吳曾于此築城。

[40] 慮卒：本書卷五九《孫慮傳》謂慮卒於嘉禾元年（232）。

[41] 賊曹尚書：官名。孫吳置，爲尚書臺諸曹尚書之一。

[42] 柝（tuò）：夜間巡夜人敲以報更的木梆。《易·繫辭下》："重門擊柝，以待暴客。"

[43] 清道：古制，帝王或大官出巡，必先清掃道路，禁止行人來往。《續漢書·百官志》"執金吾"下本注曰："本有式道、左右中候三人，六百石。車駕出，掌在前清道，還持麾至宮門，宮門乃開。中興但一人，又不常置，每出，以郎兼式道候，事已罷，不復屬執金吾。"

[44] 乘桴浮海：百衲本無"海"字，殿本、盧弼《集解》本、校點本皆有。今從殿本等。桴（fú），小的竹、木筏子。《論語·公冶長》："子曰：'道不行，乘桴浮於海。從我者，其由與？'子路聞之喜。子曰：'由也好勇過我，無所取材。'"日本正平本何晏《集解》："鄭玄曰：'子路信夫子欲行，故言好勇過我。無所取材者，言無所取桴材也。以子路不解微言，故戲之耳也。'一曰：'子路聞孔子欲浮海便喜，不復顧望，故孔子歎其勇曰，過我無所復取哉！言唯取於己也。古材、哉同。'"

[45] 薛廣德：西漢沛郡相縣（今安徽濉溪縣西北）人。漢元帝時爲御史大夫。《漢書》卷七一《薛廣德傳》云："上酎祭宗廟，出便門，欲御樓船，廣德當乘輿車，免冠頓首曰：'宜從橋。'詔曰：'大夫冠。'廣德曰：'陛下不聽臣，臣自刎，以血污車輪，陛下不得入廟矣！'上不説。先驅光祿大夫張猛進曰：'臣聞主聖臣

直。乘船危，就橋安，聖主不乘危。御使大夫言可聽。'上曰：'曉人不當如是邪！'乃從橋。"

[46] 坐不垂堂：垂堂，堂屋檐下。謂不坐在堂屋檐下，以免瓦片墮落打傷。《史記》卷一一七《司馬相如列傳》："故鄙諺曰：'家累千金，坐不垂堂。'"

[47] 遼東：郡名。治所襄平縣，在今遼寧遼陽市老城區。當時爲公孫淵所據。　戎貊：貊係古代東北之部族。此"戎貊"，泛指少數民族。

[48] 銖鈍：潘眉《考證》云："銖，亦鈍也。《淮南子·齊俗訓》云'其兵戈鈍而無刃'。高誘注：'楚人謂刃鈍爲銖。'"

[49] 寒埆（què）：謂土壤溫度低而瘠薄。

[50] 空地：殿本"地"字作"城"，百衲本、盧弼《集解》本、校點本作"地"。今從百衲本等。

[51] 滉（huàng）瀁（yàng）：形容水廣大無邊。

[52] 成山：山名。在今山東榮成市北海上。

[53] 流腫：胡三省云："流腫者，謂毒氣下流，足爲之腫。古人謂之重腿，今人謂之脚氣。"（《通鑑》卷七二魏明帝青龍元年注）

[54] 傾身側息：胡三省云："謂傾身而臥，側鼻而息，不得展布四體，安於偃仰也。"（《通鑑》卷七二魏明帝青龍元年注）

[55] 赫斯：《詩·大雅·皇矣》："王赫斯怒，爰整其旅。"鄭箋："赫，怒意。"斯，語助詞。後世因以"赫斯"形容帝王盛怒。

[56] 乘橋之安：即前謂漢元帝捨船而就橋。

[57] 履冰之險：《詩·小雅·小旻》："如臨深淵，如履薄冰。"

[58] 祝祖：祭祀祖宗之文辭。

[59] 兩頭：謂兩篇。

[60] 赤烏：吳大帝孫權年號（238—251）。

[61] 徙：百衲本無"徙"字，殿本、盧弼《集解》本、校點本有，郝經《續後漢書》亦有。今從殿本等。　選曹尚書：官名。孫吳置，主銓選官吏，職掌與吏部尚書相類。

[62] 太子少傅：官名。與太子太傅並稱太子二傅。東漢時秩中二千石，掌輔導太子及東宮衆務。曹魏以二傅並攝東宮事務，與尚書東曹並掌太子、諸侯官屬之選舉。孫吳亦置。

[63] 私載：《隋書·經籍志》謂梁有《薛綜集》三卷，録一卷，亡。《舊唐書·經籍志》則著録《薛綜集》二卷，《新唐書·藝文志》又著録《薛綜集》三卷。蓋唐初亡佚，後又復出。

[64] 五宗圖述：姚振宗《三國藝文志》云：“《隋書·經籍志》梁有《五宗圖》一卷，不著撰人，疑即是書。嚴可均《全三國文編》曰：《通典》卷七十三引薛綜述鄭氏《禮五宗圖》。余蕭客《古經解鈎沉叙録》曰：薛綜述鄭氏《禮五宗圖》，《通典》引之。” 二京解：姚振宗《三國藝文志》謂薛綜《二京賦解》二卷。《隋書·經籍志》梁有薛綜注張衡《二京賦》二卷亡；《舊唐書·經籍志》著録《二京賦音》二卷，《新唐書·藝文志》同；《通志·藝文略》著録張衡《二京賦》二卷，薛綜注並音。

[65] 讓紫色：春秋戰國時，國君之服用紫色，而秦漢之高官已用紫綬。《漢書·百官公卿表上》：“相國、丞相，皆秦官，金印紫綬。”此外，佩金印紫綬者，尚有太尉、太傅、太師、太保、前後左右將軍等。這些官或爲三公、上公，或位上卿，而太子少傅秩僅二千石，薛綜或以官階低讓之。又《續漢書·百官志》謂列侯亦金印紫綬。從下文孫權所言“茅土之封，非君而誰”觀之，薛綜之讓又在讓封爵。

　　子珝，官至威南將軍，[1]征交阯還，道病死。[一]珝弟瑩，字道言，初爲秘府中書郎，[2]孫休即位，爲散騎中常侍。[3]數年，以病去官。孫晧初，爲左執法，[4]遷選曹尚書，及立太子，又領少傅。建衡三年，[5]晧追歎瑩父綜遺文，且命瑩繼作。瑩獻詩曰：“惟臣之先，昔仕于漢，奕世絲綸，頗涉臺觀。[6]暨臣父綜，遭時之難，卯金失御，[7]邦家毀亂。適茲樂土，庶存孑遺，天啓其心，東南是歸。厥初流隸，困于蠻垂。[8]大皇開基，[9]恩德遠施。特蒙招命，拯擢泥汙，釋放巾褐，受職剖符。作守合浦，在海之隅，遷入京輦，遂升機樞。枯瘁更榮，絕統復紀，自微而顯，非願之始。亦惟寵遇，心存足止。重值文皇，[10]建號東宫。[11]乃作少傅，光華益隆。明明聖嗣，[12]至德謙崇，禮遇兼加，惟渥惟豐。哀哀先臣，[13]念竭其忠，洪恩未報，委世以終。嗟臣蔑賤，惟昆及弟，幸生幸育，託綜遺體。過庭既訓，[14]頑蔽難啓。堂構弗克，[15]志存耦耕。豈悟聖朝，仁澤流盈。追錄先臣，愍其無成，是濟是拔，被以殊榮。珝忝千里，受命南征，旌旗備物，金革揚聲。及臣斯陋，實闇實微，既顯前軌，[16]人物之機；復傅東宫，繼世荷輝，才不逮先，是忝是違。乾德博好，[17]文雅是貴，追悼亡臣，冀存遺類。如何愚胤，曾無髣髴！瞻彼舊寵，顧此頑虛，孰能忍媿，臣實與居。夙夜反側，克心自論，父子兄弟，累世蒙恩，死惟結草，[18]生誓殺身，[19]雖則灰隕，無報萬分。"

〔一〕《漢晉春秋》曰：孫休時，珝爲五官中郎將，遣至蜀求馬。及還，休問蜀政得失，對曰："主闇而不知其過，臣下容身以求免罪，入其朝不聞正言，經其野民皆菜色。臣聞燕雀處堂，[20]子母相樂，自以爲安也，突決棟焚，而燕雀怡然不知禍之將及，其是之謂乎！"

〔1〕官至：百衲本"至"字作"及"，殿本、盧弼《集解》

本、校點本作“至”。今從殿本等。　威南將軍：官名。孫吳置，領兵出征。

　　[2] 秘府中書郎：官名。孫吳置，秘府屬官，典秘府所藏圖籍，多選用文學之士，或作爲起家之職。

　　[3] 散騎中常侍：官名。孫吳置，多以才學之士擔任。

　　[4] 左執法：官名。孫吳置左、右、中執法各一員，共平諸官事。

　　[5] 建衡：吳末帝孫晧年號（269—271）。

　　[6] 臺觀：指尚書臺、謁者臺、御史臺、東觀等類官署。

　　[7] 卯金：指劉氏之漢朝。

　　[8] 困于蠻垂：指薛綜漢末流亡至交州。

　　[9] 大皇：指吳大帝孫權。

　　[10] 文皇：指孫和。孫晧元興元年（264）九月追謚其父孫和爲文皇帝。

　　[11] 建號東宮：孫權赤烏五年（242）立子孫和爲太子。薛綜爲少傅。

　　[12] 聖嗣：指孫晧。

　　[13] 先臣：指薛綜。

　　[14] 過庭：謂父訓。《論語・季氏》：陳亢問於伯魚曰：“子亦有聞乎？”對曰：“未也。嘗獨立，鯉趨而過庭。曰：‘學《詩》乎？’對曰：‘未也。’‘不學《詩》，無以言。’鯉退而學《詩》。他日，又獨立，鯉趨而過庭。曰：‘學《禮》乎？’對曰：‘未也。’‘不學《禮》，無以立。’鯉退而學《禮》。聞斯二者。”

　　[15] 堂構：比喻繼承先父遺業。《尚書・大誥》：“若考作室，既底法，厥子乃弗肯堂，矧肯構。”孔傳：“以作室喻治政也。父已致法，子乃不肯爲堂基，況肯構立屋乎？”

　　[16] 顯前軌：指薛綜曾任選曹尚書，薛瑩又任此職。

　　[17] 乾德：君德。

　　[18] 結草：謂報答。《左傳・宣公十五年》載：秦桓公攻晋

國，駐於輔氏（今陝西大荔縣東）。晉國魏顆在輔氏擊敗秦軍，俘虜秦力士杜回。以前魏顆之父魏武子有一愛妾，無子。魏武子病時，分付魏顆説：“我死後一定把她嫁了。”但魏武子病危時又説：“一定把她殉葬！”至魏武子死後，魏顆仍將她出嫁，説病人病重就昏亂，自己遵其清醒時的吩咐。及至輔氏之役，魏顆看到一老人結草絆倒杜回，故杜回被俘。夜裏，魏顆夢見老人説：“我，是你所嫁女人之父。你遵行先人清醒時之吩咐，我以此作爲報答。”

[19] 殺身：百衲本作“投身”，殿本、盧弼《集解》本、校點本作“殺身”。郝經《續後漢書》亦作“殺身”。今從殿本等。

[20] 燕雀處堂：《孔叢子·論勢》：“先人有言：燕雀處屋，子母相哺，煦煦然其相樂也，自以爲安矣；竈突炎上，棟宇將焚，燕雀顔不變，不知禍之將及己也。”

　　是歲，何定建議鑿聖谿以通江淮，[1]晧令瑩督萬人往，遂以多盤石難施功，罷還，出爲武昌左部督。[2]後定被誅，晧追聖谿事，下瑩獄，徙廣州。[3]右國史華覈上疏曰：[4]“臣聞五帝三王皆立史官，[5]敍録功美，垂之無窮。漢時司馬遷、班固，咸命世大才，所撰精妙，[6]與六經俱傳。[7]大吳受命，建國南土。大皇帝末年，命太史令丁孚、郎中項峻始撰《吳書》。[8]孚、峻俱非史才，其所撰作，不足紀録。至少帝時，[9]更差韋曜、周昭、薛瑩、梁廣及臣五人，訪求往事，所共撰立，備有本末。昭、廣先亡，曜負恩蹈罪，瑩出爲將，復以過徙，其書遂委滯，迄今未撰奏。臣愚淺才劣，適可爲瑩等記注而已，若使撰合，必襲孚、峻之跡，懼墜大皇帝之元功，損當世之盛美。瑩涉學既博，文章尤妙，同寮之中，瑩爲冠首。今者見吏，雖多經學，記述之才，如瑩者少，是以懍懍爲國惜之。[10]實欲使卒垂成之功，編於前史之末。奏上之後，退填溝壑，無所復恨。"晧遂召瑩還，爲左國史。頃之，選曹尚書同郡繆禕以執意不移，爲羣小所疾，左遷衡陽太守。[11]既拜，又追以職事見詰責，拜表陳謝。因過詣瑩，復爲人所白，云禕不懼罪，多將賓客會聚瑩許。乃收禕下獄，徙桂陽，[12]瑩還廣州。未至，召瑩還，復職。是時法政多謬，舉措煩苛，瑩每上便宜，陳緩刑簡役，以濟育百姓，事或施行。遷光禄勳。[13]天紀四年，[14]晋軍征晧，晧奉書於司馬伷、王渾、王濬請降，其文，瑩所造也。瑩既至洛陽，[15]特先見敍，爲散騎常侍，[16]答問處當，皆有條理。〔一〕太康三年卒。[17]著書八篇，名曰《新議》。〔二〕[18]

〔一〕干寶《晋紀》曰：武帝從容問瑩曰："孫晧之所以亡者何也？"瑩對曰："歸命侯臣晧之君吳也，[19]昵近小人，刑罰妄加，大臣大將，無所親信，人人憂恐，各不自保，危亡之釁，實由於此。"帝遂問吳士存亡者之賢愚，瑩各以狀對。

〔二〕王隱《晋書》曰：瑩子兼，字令長，清素有器宇，資望故如上國，不似吳人。歷位二宮丞相長史。[20]元帝踐阼，累遷丹楊尹、尚書，[21]又爲太子少傅。自綜至兼，三世傅東宮。

[1] 聖谿：吳增僅《三國郡縣表附考證》云："聖溪，疑即今盱眙縣東聖人山下禹王河，一名古河，南至六合，隱隱有河身可辨。六合人相傳，名爲聖人河，其下多石，似是興工而未成者，與《吳志·薛綜傳》合。"盱眙縣，即今江蘇盱眙縣。六合縣，亦即今江蘇六合縣。

［2］武昌左部督：官名。孫權赤烏八年，分長江中下游之軍事防務爲兩部，置武昌左部督與右部督統領之。武昌左部督掌管武昌以下防務，右部督掌管武昌以上至蒲圻的軍務。職權頗重。武昌縣治所在今湖北鄂州市。蒲圻縣治所在今湖北蒲圻市西梁湖南岸競江口。

［3］廣州：刺史治所番禺縣，在今廣東廣州市。

［4］右國史：官名。孫吳置，爲史官。與左國史同掌修國史。多以他官兼領。

［5］五帝：《史記》卷一《五帝本紀》以黃帝、顓頊、帝嚳、堯、舜爲五帝。　三王：指夏禹、商湯、周文王。

［6］所撰精妙：指司馬遷撰《史記》，班固撰《漢書》。

［7］六經：指《易》《書》《詩》《禮》《樂》《春秋》。而《樂》早佚。

［8］太史令：官名。東漢時秩六百石，屬太常。掌天時、星曆、歲終奏新曆，國祭、喪、嫁娶奏良日及時節禁忌，有瑞應、災異則記之。孫吳沿置，並兼撰史。　郎中：官名。東漢時分隸五官、左、右三署中郎將，名義上備宿衛，實爲後備官吏人材。三國沿置。

［9］少帝：指會稽王孫亮。

［10］慺（lóu）慺：形容勤懇，恭謹。

［11］左遷：降職。古以右爲尊，左爲卑，故左遷爲降職。衡陽：郡名。治所湘南縣，在今湖南湘潭縣南。

［12］桂陽：郡名。治所郴縣，在今湖南郴州市。

［13］光禄勳：官名。漢代列卿之一，秩中二千石。東漢時掌宿衛宮殿門户。三國沿置。

［14］天紀：吳末帝孫晧年號（277—280）。

［15］洛陽：縣名。西晉國都。治所在今河南洛陽市東北白馬寺東。

［16］散騎常侍：官名。曹魏初始置，西晉沿置，位比侍中，

秩比二千石，第三品。爲門下重職，散騎省長官。職掌侍從皇帝左右，諫諍得失，應對顧問，與侍中等共平尚書奏事，有異議得駁奏。亦常爲宰相、諸公等加官，得入宮禁議政。

[17] 太康：晋武帝司馬炎年號（280—289）。

[18] 新議：《隋書》《舊唐書》之《經籍志》與《新唐書·藝文志》皆未著録。姚振宗《三國藝文志》將其歸入子部雜家類。此外，《隋書·經籍志》著録薛瑩《後漢紀》六十五卷，又謂"本一百卷，梁有，今殘缺"。而《舊唐書·經籍志》《新唐書·藝文志》皆著録薛瑩《後漢紀》一百卷，蓋後出全者。《隋書·經籍志》又著録《薛瑩集》三卷，《舊唐書·經籍志》《新唐書·藝文志》則作二卷。

[19] 歸命侯：孫晧降晋後，晋封之爲歸命侯。

[20] 二宮：指帝宮與太子宮。《晋書》卷六八有《薛兼傳》。

丞相長史：官名。丞相府幕僚之長，協助丞相署理相府諸曹，監領府事。三國兩晋時期，丞相權位極重，相府僚屬地位亦重，長史多分置左、右；丞相出征，則置行軍長史掌軍旅事，留府長史掌留守事。

[21] 丹楊尹：官名。東晋丹楊尹治所建康縣，在今江蘇南京市。

評曰：張紘文理意正，爲世令器，孫策待之亞於張昭，誠有以也。嚴、程、闞生，一時儒林也。至峻辭榮濟舊，不亦長者乎！薛綜學識規納，爲吳良臣。及瑩纂蹈，允有先風，然於暴酷之朝，屢登顯列，君子殆諸。

三國志 卷五四

吳書九

周瑜魯肅呂蒙傳第九

周瑜字公瑾，廬江舒人也。[1]從祖父景，景子忠，皆爲漢太尉。〔一〕[2]父異，洛陽令。[3]

〔一〕謝承《後漢書》曰：景字仲嚮，少以廉能見稱，以明學察孝廉，[4]辟公府。[5]後爲豫州刺史，[6]辟汝南陳蕃爲別駕，[7]潁川李膺、荀緄、杜密、沛國朱㝢爲從事，[8]皆天下英俊之士也。稍遷至尚書令，[9]遂登太尉。

張璠《漢紀》曰：景〔祖〕父榮，[10]章、和世爲尚書令。初景歷位牧守，好善愛士，每歲舉孝廉，延請入，上後堂，與家人宴會，如此者數四。及贈送既備，又選用其子弟，常稱曰："移臣作子，於之何有？"[11]先是，司徒韓縯爲河內太守，[12]在公無私，所舉一辭而已，後亦不及其門戶，曰："我舉若可矣，不令恩偏稱一家也。"[13]當時論者，或兩譏焉。

[1]廬江：郡名。漢代治所舒縣，在今安徽廬江縣西南。漢獻

帝建安四年（199）劉勳爲太守，移治所皖縣，在今安徽潛山縣。

　　[2] 太尉：官名。東漢時與司徒、司空並爲三公，共同行使宰相職能，而位列三公之首，名位甚重，或與太傅並録尚書事，綜理全國軍政事務。據《後漢書》卷七《桓帝紀》與卷八《靈帝紀》、卷九《獻帝紀》，周景爲太尉在漢桓帝延熹九年（166）至漢靈帝建寧元年（168）之間，周忠爲太尉在漢獻帝初平三年（192）至四年。

　　[3] 洛陽：縣名。治所在今河南洛陽市東北白馬寺東。

　　[4] 孝廉：漢代選拔官吏的主要科目。孝指孝子，廉指廉潔之士。原本爲二科，後混同爲一科，也不再限於孝子和廉士。東漢後期定制爲不滿四十歲者不得察舉；被舉者先詣公府課試，以觀其能。郡國每年要向中央推舉一至二人。

　　[5] 辟公府：據《後漢書》卷四五《周榮附景傳》，周景被大將軍梁冀府所辟。

　　[6] 豫州：東漢刺史治所譙縣，在今安徽亳州市。

　　[7] 汝南：郡名。治所平輿縣，在今河南平輿縣北。　別駕：官名。別駕從事史之簡稱，爲州牧刺史之主要屬吏，州牧刺史巡行各地時，別乘傳車從行，故名別駕。

　　[8] 潁川：郡名。治所陽翟縣，在今河南禹州市。　沛國：王國名。治所相縣，在今安徽濉溪縣西北。　朱寓：校點本“寓”字作“寓”，百衲本、殿本、盧弼《集解》本作“寓”，《後漢書》亦作“寓”。今從百衲本等。　從事：官名。漢代州牧刺史的佐吏，有別駕從事史、治中從事史、兵曹從事史、部從事史等，均可簡稱爲從事。

　　[9] 尚書令：官名。東漢時爲尚書臺長官，秩千石。掌奏、下尚書曹文書衆事，選用署置官吏；總典臺中綱紀法度，無所不統。名義上仍隸少府。

　　[10] 景祖父榮：各本皆作“景父榮”。趙一清《注補》云：“據《後漢書·周榮傳》，當作‘景祖父榮’。榮字平孫，子興爲郎

中，興子景。"今從趙説據《後漢書》增"祖"字。

　　[11] 之：百衲本作"之"，殿本、盧弼《集解》本、校點本作"政"。《後漢書·周榮附景傳》此兩句作"臣子同貫，若之何不厚"。今從百衲本。

　　[12] 司徒：官名。東漢時與太尉、司空並爲三公，共同行使宰相職能，位次太尉。本職掌民政。　河内：郡名。治所懷縣，在今河南武陟縣西南。

　　[13] "我舉若可"二句：此二句《後漢書·周榮附景傳》作"我舉若可矣，豈可令遍積一門"。

　　瑜長壯有姿貌。初，孫堅興義兵討董卓，徙家於舒。堅子策與瑜同年，獨相友善，瑜推道南大宅以舍策，升堂拜母，[1]有無通共。瑜從父尚爲丹楊太守，[2]瑜往省之。會策將東渡，到歷陽，[3]馳書報瑜，瑜將兵迎策，策大喜曰："吾得卿，諧也。"遂從攻橫江、當利，[4]皆拔之。乃渡江擊秣陵，[5]破笮融、薛禮，轉下湖孰、江乘，[6]進入曲阿，[7]劉繇奔走，而策之衆已數萬矣。因謂瑜曰："吾以此衆取吳會平山越已足，[8]卿還鎮丹楊。"瑜還。頃之，袁術遣從弟胤代尚爲太守，而瑜與尚俱還壽春。[9]術欲以瑜爲將，瑜觀術終無所成，故求爲居巢長，[10]欲假塗東歸，術聽之。遂自居巢還吳。是歲，建安三年也。[11]策親自迎瑜，授建威中郎將，[12]即與兵二千人，騎五十匹。〔一〕瑜時年二十四，吳中皆呼爲周郎。以瑜恩信著於盧江，出備牛渚，[13]後領春穀長。[14]頃之，策欲取荊州，[15]以瑜爲中護軍，[16]領江夏太守，[17]從攻皖，[18]拔之。時得橋公兩女，皆國色也。策自納大橋，瑜納小橋。〔二〕復進尋

陽，[19] 破劉勳，討江夏，還定豫章、廬陵，[20] 留鎮巴丘。〔三〕[21]

〔一〕《江表傳》曰：策又給瑜鼓吹，爲治館舍，贈賜莫與爲比。策令曰：“周公瑾英儁異才，與孤有總角之好，[22] 骨肉之分。如前在丹楊，[23] 發衆及船糧以濟大事，論德酬功，此未足以報者也。”

〔二〕《江表傳》曰：策從容戲瑜曰[24]：“橋公二女雖流離，得吾二人作壻，亦足爲歡。”

〔三〕臣松之案：孫策于時始得豫章、廬陵，尚未能得定江夏。瑜之所鎮，應在今巴丘縣也，與後所（平）〔卒〕巴丘處不同。[25]

[1] 升堂拜母：古代友誼深厚的至交之友，方能進入後堂拜友之母。

[2] 丹楊：郡名。治所宛陵縣，在今安徽宣州市。

[3] 歷陽：縣名。治所在今安徽和縣。

[4] 橫江：即今安徽和縣與馬鞍市之間的長江。　當利：地名。即當利口。在今安徽和縣東當利水入長江處。

[5] 渡江：百衲本、殿本、校點本 1959 年 12 月第 1 版皆無“江”字，盧弼《集解》本、校點本 1982 年 7 月第 2 版有“江”字。今從盧弼《集解》本等。　秣陵：縣名。治所在今江蘇江寧縣南秣陵鎮。

[6] 湖孰：縣名。治所在今江蘇江寧縣東南湖熟鎮。　江乘：縣名。治所在今江蘇句容縣北。

[7] 曲阿：縣名。治所在今江蘇丹陽市。

[8] 吳：郡名。治所吳縣，在今江蘇蘇州市。　會：指會稽郡。治所山陰縣，在今浙江紹興市。　山越：漢末三國時期，居於

南方山區的土著人民稱爲山越。因其在秦漢時稱越人，雖經三百餘年已與漢族相融合，但時人仍稱之爲越。（本唐長孺《孫吳建國及漢末江南的宗部與山越》）

［9］壽春：縣名。治所在今安徽壽縣。

［10］居巢：縣名。治所在今安徽巢湖市東北。

［11］建安：漢獻帝劉協年號（196—220）。

［12］建威中郎將：官名。孫策置於建安三年，即以授周瑜。領兵。

［13］以瑜：趙幼文《校箋》謂蕭常《續後漢書》“以”上有“策”字。　牛渚：山名。在今安徽馬鞍山市西南。此山突出於江中，稱牛渚磯，又名采石磯。自古爲大江南北重要津渡，爲軍事上必爭之地。

［14］春穀：縣名。治所在今安徽繁昌縣西北。

［15］荆州：東漢末劉表爲刺史，治所襄陽縣，在今湖北襄樊市。

［16］中護軍：官名。東漢置，掌軍中參謀、協調諸部。漢獻帝建安十二年曹操又改護軍爲中護軍，掌武官選舉，並與領軍同掌禁軍。孫策亦置，職掌當同東漢。

［17］江夏：郡名。東漢時治所西陵縣，在今湖北新州縣西；建安初劉表以黃祖爲太守，移治所於沙羨縣，在今湖北武昌縣西南金口。

［18］皖：縣名。治所在今安徽潛山縣。

［19］尋陽：縣名。治所在今湖北黃梅縣西南。

［20］豫章：郡名。治所南昌縣，在今江西南昌市。　廬陵：郡名。治所廬陵縣，在今江西吉安市西南。

［21］巴丘：縣名。治所在今江西峽江縣北。

［22］總角：古時兒童束髮爲兩結，向上分開，形狀如角，故稱總角。因借以指童年。

［23］如前：趙幼文《校箋》謂《藝文類聚》卷六八引無

"如"字。

[24] 策從容：趙幼文《校箋》謂《建康實錄》"策"下有"嘗"字。

[25] 卒：各本皆作"平"。殿本《考證》盧明楷曰："按本傳後云'瑜還江陵爲行裝，而道於巴丘病卒'；裴注云，瑜所卒之處在今之巴陵，與瑜所鎮之巴丘，名同地異。據此，則'平'字當作'卒'。"校點本即從《考證》之説改。今從之。

五年，策薨，權統事，瑜將兵赴喪，遂留吳，以中護軍與長史張昭共掌衆事。〔一〕[1]十一年，督孫瑜等討麻、保二屯，[2]梟其渠帥，因俘萬餘口，還備（官亭）〔宮亭〕。[3]江夏太守黃祖遣將鄧龍將兵數千人入柴桑，[4]瑜追討擊，生虜龍送吳。十三年春，權討江夏，瑜爲前部大督。[5]

〔一〕《江表傳》曰：曹公新破袁紹，兵威日盛，建安七年，下書責權質任子。[6]權召群臣會議，張昭、秦松等猶豫不能決，權意不欲遣質，乃獨將瑜詣母前定議，瑜曰："昔楚國初封於荊山之側，[7]不滿百里之地，繼嗣賢能，廣土開境，立基於郢，[8]遂據荊揚，[9]至於南海，傳業延祚，九百餘年。今將軍承父兄餘資，兼六郡之衆，[10]兵精糧多，將士用命，鑄山爲銅，煮海爲鹽，境內富饒，人不思亂，汎舟舉帆，朝發夕到，土風勁勇，[11]所向無敵，有何偪迫，而欲送質？質一入，不得不與曹氏相首尾，與相首尾，則命召不得不往，便見制於人也。極不過一侯印，僕從十餘人，車數乘，馬數匹，豈與南面稱孤同哉？[12]不如勿遣，徐觀其變。若曹氏能率義以正天下，將軍事之未晚。若圖爲暴亂，兵猶火也，不戰將自焚。將軍韜勇抗威，以待天命，何送質之有！"權母曰："公瑾議是也。公瑾與伯符同年，[13]小一月耳，我視之如子也，汝其兄事之。”遂不送質。

[1] 長史：官名。將軍府幕僚之長，總理幕府事。

[2] 麻保二屯：均地名。麻屯在今湖北洪湖市東北長江北岸。保屯在洪湖市與嘉魚縣之間。

[3] 宮亭：各本皆作“官亭”。趙一清《注補》謂“官亭”當作“宮亭”，即宮亭湖也。詳說見《水經·廬江水注》。校點本即從趙說改。今從之。宮亭湖即彭蠡湖的別名。後專指今江西星子縣與南昌市之間的鄱陽湖。

[4] 柴桑：縣名。治所在今江西九江市西南。

[5] 前部大督：官名。孫權所置，爲軍隊之前部統帥。

[6] 質任子：以子爲人質。

[7] 荆山：即今湖北沮水、漳水發源之荆山。《史記》卷四〇《楚世家》云：“熊繹當周成王之時，舉文、武勤勞之後嗣，而封熊繹於楚蠻，封以子男之田，姓芈氏，居丹陽。”張守節《正義》引《輿地志》云：“秭歸縣東有丹陽城，周迴八里，熊繹始封也。”秭歸縣，即今湖北秭歸縣。

[8] 郢：楚國都名。春秋戰國時楚國都城雖多次遷移，但皆稱郢。春秋楚文王定都於郢，在今湖北荆州市江陵區西北紀南城；戰國楚昭王都於郢，在今湖北鍾祥縣西北；楚頃襄王都於陳，在今河南淮陽縣；楚考烈王最後都於壽春，在今安徽壽縣城東南。

[9] 荆揚：殿本作“荆陽”，百衲本、盧弼《集解》本、校點本作“荆揚”。今從百衲本等。荆、揚，指古荆州、揚州 。《爾雅·釋地》云：“漢南曰荆州”；“江南曰揚州”。

[10] 兼六郡：百衲本無“兼”字，殿本、盧弼《集解》本、校點本皆有。今從殿本等。六郡，指吳、會稽、丹楊、豫章、廬陵、廬江等郡。

[11] 土風：殿本作“土風”。百衲本、盧弼《集解》本、校點本作“士風”。吳金華《〈三國志集解〉箋記》謂《册府元龜》

卷四〇三作"土"，是。"土風勁勇"，指江東土著居民好武善鬬。今從吳説從殿本。

[12] 南面：古帝王、諸侯見其臣下，皆坐北面南。

[13] 伯符：孫策字伯符。

其年九月，曹公入荆州，劉琮舉衆降，曹公得其水軍，船步兵數十萬，將士聞之皆恐。[1]權延見羣下，[2]問以計策。議者咸曰："曹公豺虎也，然託名漢相，挾天子以征四方，動以朝廷爲辭，今日拒之，事更不順。且將軍大勢，可以拒操者，長江也。今操得荆州，奄有其地，劉表治水軍，蒙衝鬬艦，[3]乃以千數，操悉浮以沿江，兼有步兵，水陸俱下，此爲長江之險，已與我共之矣。[4]而勢力衆寡，又不可論。愚謂大計不如迎之。"瑜曰："不然，操雖託名漢相，其實漢賊也。將軍以神武雄才，兼仗父兄之烈，[5]割據江東，[6]地方數千里，[7]兵精足用，英雄樂業，[8]尚當橫行天下，爲漢家除殘去穢。況操自送死，而可迎之邪？請爲將軍籌之：今使北土已安，操無内憂，能曠日持久，來争疆場[9]，又能與我校勝負於船楫可（乎）〔也〕。[10]今北土既未平安，加馬超、韓遂尚在關西，[11]爲操後患。且舍鞍馬，仗舟楫，與吳越争衡，[12]本非中國所長。又今盛寒，馬無藁草，驅中國士衆遠涉江湖之間，不習水土，必生疾病。此數四者，用兵之患也，而操皆冒行之。將軍禽操，宜在今日。瑜請得精兵三萬人，進住夏口，[13]保爲將軍破之。"權曰："老賊欲廢漢自立久矣，[14]徒忌二袁、吕布、劉表

與孤耳。[15]今數雄已滅，惟孤尚存，孤與老賊，勢不兩立。君言當擊，甚與孤合，此天以君授孤也。"〔一〕

〔一〕《江表傳》曰：權拔刀斫前奏案曰："諸將吏敢復有言當迎操者，與此案同！"及會罷之夜，瑜請見曰："諸人徒見操書，言水步八十萬，而各恐懾，不復料其虛實，便開此議，甚無謂也。今以實校之，彼所將中國人，不過十五六萬，且軍已久疲，所得表眾，亦極七八萬耳，尚懷狐疑。夫以疲病之卒，御狐疑之眾，眾數雖多，甚未足畏。得精兵五萬，自足制之，願將軍勿慮。"權撫背曰："公瑾，卿言至此，甚合孤心。子布、文表諸人，[16]各顧妻子，挾持私慮，深失所望，獨卿與子敬與孤同耳，[17]此天以卿二人贊孤也。五萬兵難卒合，已選三萬人，船糧戰具俱辦，卿與子敬、程公便在前發，[18]孤當續發人眾，多載資糧，為卿後援。卿能辦之者誠（決）〔快〕，[19]邂逅不如意，[20]便還就孤，孤當與孟德決之。"

臣松之以為建計拒曹公，實始魯肅。于時周瑜使鄱陽，[21]肅勸權呼瑜，瑜使鄱陽還，但與肅闇同，故能共成大勳。本傳直云，權延見羣下，問以計策，瑜擺撥眾人之議，獨言抗拒之計，了不云肅先有謀，殆為攘肅之善也。[22]

[1] 恐：殿本、盧弼《集解》本作"恐懼"，百衲本、校點本作"恐"。蕭常《續後漢書》亦作"恐"。今從百衲本等。

[2] 權：殿本無此字，百衲本、盧弼《集解》本、校點本皆有。今從百衲本等。

[3] 蒙衝：戰船名。畢沅《釋名疏證》卷七："外狹而長曰艨衝，以衝突敵船也。"其形制，《通典·兵十三》云："以生牛皮蒙船覆背，兩廂開製棹孔，前後左右有弩窗、矛穴。" 鬪艦：大戰船。《通典》又云："鬪艦，船上設女墻，可高三尺，墻下開製棹

孔；船内五尺，又建棚，與女墻齊；棚上又建女墻，重列戰敵，上無覆背，前後左右樹牙旗、幡幟、金鼓。"

［4］共之矣：百衲本無"共"字，殿本、盧弼《集解》本、校點本有"共"字，蕭常《續後漢書》亦有。今從殿本等。

［5］兼仗：百衲、殿本、盧弼《集解》本"仗"字作"杖"，校點本作"仗"，蕭常《續後漢書》亦作"仗"。按，二字義同，皆憑倚之義，今從校點本。

［6］江東：地區名。長江自西向東流，流至今安徽境内，則偏北斜流，至今江蘇省鎮江市又東流而下，古稱這段江路東岸之地爲江東（今長江以南的蘇、浙、皖一帶），西岸之地爲江西（今皖北和淮河下游一帶）。

［7］數千里：趙幼文《校箋》謂《太平御覽》卷二九〇引《通典》無"數"字。

［8］樂業：百衲本無"業"字，殿本、盧弼《集解》本、校點本有。盧弼《集解》引胡三省曰："英雄之士猶樂其業，言無他志也。"今從殿本等。趙幼文《校箋》則謂蕭常《續後漢書》作"樂附"。

［9］疆場：百衲本、殿本作"疆埸"，盧弼《集解》本、校點本作"疆場"。按，疆埸有疆界、疆土、領土之義；疆場，乃戰場之義。今從盧弼《集解》本等。

［10］可也：各本皆作"可乎"。盧弼《集解》云："李安溪校改'可'作'閒'。李慈銘曰'乎'疑作'也'。"李安溪即李光地。校點本即從李光地説改"可"爲"閒"。吳金華《校詁》謂"可乎"當從李慈銘説作"可也"。此爲假設複句之後一分句。《太平御覽》卷二九〇、《重廣會史》卷四六"可乎"作"可也"。知宋人刻本尚有不誤者。趙幼文《校箋》亦謂《通典》引作"可也"。今從吳、趙説改。

［11］關西：地區名。指函谷關以西之地，又稱關右。

［12］吳越：指江東。江東爲古吳、越之地。

［13］夏口：地名。在今湖北武漢市原漢水入長江處。

［14］久矣：殿本、盧弼《集解》本無"久"字，百衲本、校點本有。今從百衲本等。

［15］二袁：指袁紹、袁術。

［16］子布：張昭字子布。 文表：百衲本"文"字作"元"，殿本、盧弼《集解》本、校點本作"文"。今從殿本等。秦松字文表。盧弼《集解》謂見本書卷五三《張紘傳》。

［17］子敬：魯肅字子敬。

［18］程公：胡三省云："程公，程普也。時江東諸將，程普最長，人皆呼程公。"（《通鑑》卷六五漢獻帝建安十三年注）

［19］誠快：百衲本、殿本、盧弼《集解》本、校點本1959年12月第1版皆作"誠決"，校點本1982年7月第2版作"誠快"。但未知何據而改。盧弼《集解》引胡三省曰："謂能辦操，則誠爲能決勝也。"趙幼文《校箋》謂"胡注望文生義，不可從"，"決"爲"快"之形誤，當作"快"。於後《朱桓附異傳》趙又謂，蓋快自是吳人贊美常語。今從趙說改。

［20］邂逅：意外，萬一。

［21］鄱陽：縣名。治所在今江西鄱陽縣東北。

［22］攘肅之善：周壽昌《注證遺》云："案松之此言未審史家互文見義之法。考肅本傳，亦未叙及瑜語，祇云召瑜還，豈亦攘瑜之美耶？《江表傳》明述權語'獨卿與子敬與孤同耳，此天以卿二人贊孤也'。皆是瑜與肅並舉。"

時劉備爲曹公所破，欲引南渡江，與魯肅遇於當陽，[1]遂共圖計，因進住夏口，遣諸葛亮詣權。權遂遣瑜及程普等與備并力逆曹公，遇於赤壁。[2]時曹公軍衆已有疾病，初一交戰，公軍敗退，[3]引次江北。瑜等在南岸。瑜部將黄蓋曰："今寇衆我寡，難與持久。然觀

操軍方連船艦首尾相接，[4]可燒而走也。”乃取蒙衝鬥
艦數十艘，實以薪草，膏油灌其中，[5]裹以帷幕，上建
牙旗，[6]先書報曹公，欺以欲降。〔一〕[7]又豫備走舸，[8]
各繫大船後，因引次俱前。曹公軍吏士皆延頸觀望，
指言蓋降。蓋放諸船，同時發火。時風盛猛，[9]悉延燒
岸上營落。頃之，（煙）〔燄〕炎張天，[10]人馬燒溺死
者甚眾，軍遂敗退，還保南郡。〔二〕[11]備與瑜等復共
追。曹公留曹仁等守江陵城，徑自北歸。

〔一〕《江表傳》載蓋書曰：“蓋受孫氏厚恩，常爲將帥，見
遇不薄。然顧天下事有大勢，用江東六郡山越之人，以當中國百
萬之衆，衆寡不敵，海内所共見也。東方將吏，無有愚智，皆知
其不可，惟周瑜、魯肅偏懷淺戇，意未解耳。今日歸命，是其實
計。瑜所督領，自易摧破。交鋒之日，蓋爲前部，當因事變化，
效命在近。”曹公特見行人，[12]密問之，口敕曰：“但恐汝詐耳。
蓋若信實，當授爵賞，超於前後也。”

〔二〕《江表傳》曰：至戰日，蓋先取輕利艦十舫，[13]載燥荻
枯柴積其中，灌以魚膏，赤幔覆之，建旌旗龍幡於艦上。時東南
風急，因以十艦最著前，中江舉帆，蓋舉火白諸校，[14]使衆兵齊
聲大叫曰：“降焉！”[15]操軍人皆出營立觀。去北軍二里餘，同時
發火，[16]火烈風猛，往船如箭，飛埃絶爛，[17]燒盡北船，延及岸
邊營柴。[18]瑜等率輕鋭尋繼其後，雷鼓大進，[19]北軍大壞，曹公
退走。

[1] 當陽：縣名。治所在今湖北荆門市西南。

[2] 赤壁：山名。在今湖北赤壁市西北長江邊。詳解見本書
《武帝紀》建安十三年注。

〔3〕敗退：趙幼文《校箋》謂《文選集注》引《鈔》、《通典·兵十三》引“敗”字俱作“披”。《文選》陸士衡《辨亡論》李善注引作“破”，疑“披”字之誤。《廣雅·釋詁二》：“披，散也。”

〔4〕方連船艦：百衲本、校點本無“方連”二字，殿本、盧弼《集解》本、《通鑑》皆有。今從殿本等。方連，並連。《儀禮·鄉射禮》“不方足”鄭玄注：“方，猶併也。”

〔5〕膏油：趙幼文《校箋》謂《藝文類聚》卷七一，《白孔六帖》卷五三，《太平御覽》卷三二一、卷四四九、卷七七〇引俱無“油”字，《通典·兵十三》“火攻”條引同。疑此應刪“油”字。

〔6〕牙旗：軍旗。

〔7〕欺：趙幼文《校箋》謂《太平御覽》卷四四九引作“期”，《通典·兵十三》同。按，《太平御覽》卷三二一引又作“欺”。

〔8〕走舸：輕便快速的戰船。《通典·兵十三》云：“走舸，舷上立女墻，置棹夫多，戰卒少，皆選勇力精鋭者，往返如飛鷗，乘人之不及，金鼓、旗幟列於上。”

〔9〕風盛猛：趙幼文《校箋》謂《藝文類聚》卷七一、《太平御覽》卷七七〇引作“風猛火盛”，此奪“火”字。按，《太平御覽》卷二八五、卷三三一、卷四四九引又作“風盛猛”，《通典·兵十三》、《册府元龜》卷三六二引同。

〔10〕熛炎：各本皆作“煙炎”。盧弼《集解》云：“何焯曰：煙，《御覽》作‘熛’。熛是飛火，作‘煙’誤。”趙幼文《校箋》謂《文選集注》引《鈔》作“熛炎張天”。《通典》作“熛烟張天地”，注：“熛音剽，火飛也。”（按中華書局1988年12月校本《通典·兵十三》已校勘爲“熛焰張天”，注：“熛音標，火飛也。”）“煙”疑爲“熛”之形誤。趙幼文《校箋》又謂《太平御覽》卷二八五作“熛炎張天”，卷三二一、卷四四九引“炎”字作“焰”，是“炎”即“焰”也。今從何、趙説據《太平御覽》卷二八五改。

張（zhàng）：盧弼《集解》本作"漲"，百衲本、校點本、《通鑑》作"張"。胡三省注："張，知亮翻。"今從百衲本等。張，即"漲"，彌漫之義。

［11］南郡：治所江陵縣，在今湖北荆州市江陵區。

［12］行人：此指遞降書使者。

［13］舫：泛指船。

［14］校：軍中小頭領。

［15］降焉：趙幼文《校箋》謂《册府元龜》卷三六二引"焉"字作"降"。按，宋本《册府元龜》亦作"焉"。

［16］發火：盧弼《集解》本作"舉火"，百衲本、殿本、校點本作"發火"。今從百衲本等。

［17］飛埃絶爛：殿本作"飛埃焲爛"，百衲本、盧弼《集解》本、校點本作"飛埃絶爛"。今從百衲本等。吳金華《校詁》謂"埃""焿"古通。而"焿"字或作"炫"，又作"烗"，亦作"炌"。《玉篇·火部》："炌，口介切，明火也。""爛"與"炌"義近，本爲火盛之稱，此指旺盛之火。則"飛埃絶爛"，指騰空之火。趙幼文《校箋》則謂《册府元龜》卷三六二引作"絶燼"。

［18］柴（zhài）：殿本、盧弼《集解》本作"砦"，百衲本、校點本作"柴"。按，"柴"通"寨"，"砦"爲"寨"之異體字。今從百衲本等。趙幼文《校箋》又謂《册府元龜》卷三六二引作"栅"，疑作"栅"字是。

［19］雷：擊鼓。《正字通·雨部》："雷，擊鼓曰雷，俗作'擂'。"也作"擂"。

　　瑜與程普又進南郡，與仁相對，各隔大江。兵未交鋒，〔一〕瑜即遣甘寧前據夷陵。[1]仁分兵騎別攻圍寧。寧告急於瑜，瑜用吕蒙計，留淩統以守其後，身與蒙上救寧。寧圍既解，乃渡屯北岸，克期大戰。瑜親跨馬擽陣，[2]會流矢中右脅，瘡甚，便還。後仁聞瑜臥未起，勒兵就陣。瑜乃自（興）〔輿〕，[3]案行軍營，激揚吏士，仁由是遂退。

〔一〕《吳録》曰，備謂瑜云："仁守江陵城，城中糧多，足爲疾害。使張益德將千人隨卿，[4]卿分二千人追我，相爲從夏水入截仁後，[5]仁聞吾入必走。"瑜以二千人益之。

[1] 夷陵：縣名。治所在今湖北宜昌市東南。

[2] 擽（lüè）：殿本、盧弼《集解》本作"櫟"，百衲本、校點本作"擽"。今從百衲本等。擽，衝擊。《廣雅·釋詁三》："擽，擊也。"趙幼文《校箋》則謂"擽"與"掠"同。《唐韻》："掠或作擽。"與略義近。《太平御覽》卷三七一引作"略"。《左傳·隱公五年》"吾將略地焉"注："略，總攝巡行之名。"此上文方云"克期大戰"，此時自無擊陣之舉。當以總攝巡行之義解之爲得。

[3] 自輿：各本作"自興"。趙幼文《校箋》謂《太平御覽》卷三七一、《册府元龜》卷三九四引"興"字作"輿"。按，《建康實録》卷一作"瑜乃自起輿行軍陣間"。今據諸書改作"輿"。

[4] 張益德：張飛字益德。

[5] 夏水：河流名。故道自今湖北荊州市沙市區南分長江東出，經今監利縣北，折東北至今仙桃市東北入漢水。

權拜瑜偏將軍，[1]領南郡太守。以下雋、漢昌、瀏陽、州陵爲奉邑，[2]屯據江陵。劉備以左將軍領荊州牧，[3]治公安。[4]備詣京見權，[5]瑜上疏曰："劉備以梟雄之姿，而有關羽、張飛熊虎之將，必非久屈爲人用者。愚謂大計宜徙備置吳，盛爲築宮室，多其美女玩好，以娛其耳目，分此二人，各置一方，使如瑜者得挾與攻戰，大事可定也。今猥割土地以資業之，聚此三人，俱在疆場，[6]恐蛟龍得雲雨，終非池中物也。”權以曹公在北方，當廣攬英雄，又恐備難卒制，故不納。

是時劉璋爲益州牧，[7]外有張魯寇侵，瑜乃詣京見權曰：“今曹操新折衄，方憂在腹心，[8]未能與將軍連兵相事也。[9]乞與奮威俱進取蜀，[10]得蜀而并張魯，[11]因留奮威固守其地，（好）〔北〕與馬超結援。[12]瑜還與將軍據襄陽以蹙操，北方可圖也。”權許之。瑜還江陵，爲行裝，而道於巴丘病卒，[一][13]時年三十六。權素服舉哀，感動左右。喪當還吳，又迎之蕪湖，[14]衆事費度，一爲供給。後著令曰：“故將軍周瑜、程普，其有人客，[15]皆不得問。”初瑜見友於策，太妃又使權以兄奉之。是時權位爲將軍，諸將賓客爲禮尚簡，而瑜獨先盡敬，便執臣節。性度恢廓，大率爲得人，惟與程普不睦。[二]

〔一〕臣松之案，瑜欲取蜀，還江陵治嚴，所卒之處，應在今之巴陵，與前所鎮巴丘，名同處異也。

〔二〕《江表傳》曰：普頗以年長，數陵侮瑜。瑜折節容下，終不與校。普後自敬服而親重之，乃告人曰：“與周公瑾交，若飲醇醪，[16]不覺自醉。”時人以其謙讓服人如此。初曹公聞瑜年少有美才，謂可游説動也，乃密下揚州，[17]遣九江蔣幹往見瑜。[18]幹有儀容，以才辯見稱，獨步江、淮之間，莫與爲對。乃布衣葛巾，自託私行詣瑜。瑜出迎之，立謂幹曰：“子翼良苦，[19]遠涉江湖爲曹氏作説客邪？”幹曰：“吾與足下州里，[20]中間別隔，遙聞芳烈，故來敍闊，并觀雅規，而云説客，無乃逆詐乎？”[21]瑜曰：“吾雖不及夔、曠，[22]聞弦賞音，足知雅曲也。”因延幹入，爲設酒食。畢，遣之曰：“適吾有密事，且出就館，事了，別自相請。”後三日，瑜請幹與周觀營中，行視倉庫軍資器杖訖，[23]還宴飲，示之侍者服飾珍玩之物，因謂幹曰：“丈夫處世，遇知己之主，外託君臣之義，內結骨肉之恩，言行計從，禍福共之，假使蘇、張更生，[24]酈叟復出，[25]猶撫其背而折其辭，豈足下幼生所能移乎？”幹但笑，終無所言。幹還，稱瑜雅量高致，非言辭所閒。[26]中州之士，亦以此多之。劉備之自京還也，權乘飛雲大船，與張昭、秦松、魯肅等十餘人共追送之，大宴會敍別。昭、肅等先出，權獨與備留語，因言次，歎曰：“公瑾文武籌略，萬人之英，顧其器量廣大，恐不久爲人臣耳。”瑜之破魏軍也，曹公曰：“孤不羞走。”後書與權曰：“赤壁之役，值有疾（病）〔疫〕，[27]孤燒船自退，橫使周瑜虛獲此名。”瑜威聲遠著，故曹公、劉備咸欲疑譖之。及卒，權流涕曰：“公瑾有王佐之資，今忽短命，孤何賴哉！”後權稱尊號，謂公卿曰：“孤非周公瑾，不帝矣。”

[1] 偏將軍：官名。雜號將軍中地位較低者。

[2] 下雋：縣名。治所在今湖北通城縣西北。　漢昌：縣名。治所在今湖南平江縣東南故縣市。　瀏陽：盧弼《集解》本、校點本“瀏”字作“劉”，百衲本、殿本作“瀏”。今從百衲本等。瀏陽，縣名。治所在今湖南瀏陽市東北官渡。　州陵：縣名。治所在今湖北洪湖市東北。　奉邑：潘眉《考證》云：“奉邑，字見《史記·河渠書》，謂官所食，與封邑異。”

[3] 左將軍：官名。位如上卿，與前、後、右將軍掌京師兵衛與邊防屯警。

[4] 公安：縣名。治所在今湖北公安縣西。

[5] 京：城名。即京口城，在今江蘇鎮江市。

[6] 疆場：百衲本、殿本"場"字作"埸"，盧弼《集解》本、校點本作"場"，蕭常《續後漢書》亦作"場"。今從盧弼《集解》本等。

[7] 益州：州牧治所成都縣，在今四川成都市舊東、西城區。

[8] 憂在腹心：胡三省云："謂操以赤壁之敗，威望頓損，中國之人或欲因其敗而圖之，是憂在腹心。"（《通鑑》卷六六漢獻帝建安十五年注）

[9] 連兵相事：百衲本"連"字作"道"，殿本、盧弼《集解》本、校點本作"連"，蕭常《續後漢書》亦作"連"。今從殿本等。連兵相事，謂兵戎相接，從事攻戰。

[10] 奮威：沈家本《琐言》謂指孫瑜。孫瑜時爲奮威將軍。趙幼文《校箋》則云："本志《周泰傳》：'後權破關羽，欲進圖蜀，拜泰漢中太守，奮威將軍。'此奮威即周泰也。"按，孫權破關羽在建安二十四年，亦即周泰爲奮威將軍在建安二十四年後，而周瑜卒於建安十五年，不得謂周瑜請與周泰"俱進取蜀"。

[11] 蜀：地區名。指今四川成都平原一帶。因戰國以前爲蜀國地。

[12] 北與：各本作"好與"。趙幼文《校箋》謂《通鑑》、蕭常《續後漢書》俱無"好"字。《建康實録》"好"字作"北"是。今從趙説改。

[13] 巴丘：山名。在今湖南岳陽市西南部。《水經·湘水注》謂湘水至巴丘山入江，山在湘水右岸，有吳之巴丘邸閣，西晉初在此置巴陵縣。

[14] 蕪湖：縣名。治所在今安徽蕪湖市東。

[15] 人客：大姓豪強之依附民。孫吳施行復客制度，凡依附豪強大姓之客，皆免除其徭役。

[16] 醇醪：厚味的美酒。

[17] 揚州：東漢時刺史治所歷陽縣，在今安徽和縣；漢末移

治所於壽春縣，在今安徽壽縣。

［18］九江：郡名。東漢時治所陰陵縣，在今安徽定遠縣西北；漢末移治所於壽春縣。

［19］子翼：蔣幹字子翼。

［20］州里：九江郡與廬江郡同屬揚州，故稱州里。

［21］逆詐：預先懷疑別人欺詐。《論語・憲問》子曰："不逆詐，不億信。"

［22］夔：舜時樂官。《吕氏春秋・慎行論・察傳》孔子謂舜以夔爲樂正，"夔於是正六律，和五聲，以通八風，而天下大服"。

曠：指師曠。春秋晋國樂師，善於辨音。《孟子・離婁上》："師曠之聰，不以六律，不能正五音。"

［23］杖：百衲本作"杖"，殿本、盧弼《集解》本、校點本作"仗"。今從百衲本。

［24］蘇：指蘇秦。戰國縱橫家，東周洛陽人，善言辯。曾赴燕遊説，得燕昭王之信任。後入齊爲相，又遊説韓、趙、魏、燕與齊合縱攻秦，使秦不敢東向。（見《史記》卷六九《蘇秦列傳》）

張：指張儀。亦戰國縱橫家，魏國人，善言辯。入秦遊説，得秦惠王之信任，任以爲相。因遊説各國，使之從秦，是爲連橫。（見《史記》卷七〇《張儀列傳》）

［25］酈叟：指酈食（yì）其（jī）。秦末陳留高陽（今河南杞縣）人。本爲里監門吏。秦末戰争中投歸劉邦，獻計克陳留，封爲廣野君。楚漢戰争中，常爲説客，馳使諸侯。因説齊王田廣歸漢，而韓信又乘機襲齊，齊王疑其與信通謀，乃烹之。（見《史記》卷九七《酈生列傳》）

［26］所聞：趙幼文《校箋》謂蕭常《續後漢書》"所"下有"能"字。

［27］疾疫：各本作"疾病"。趙幼文《校箋》謂《太平御覽》卷七七〇、《事類賦》卷一六引"病"字作"疫"，《建康實録》同。今從趙説改。

　　瑜少精意於音樂，雖三爵之後，其有闕誤，[1]瑜必知之，知之必顧，故時人謠曰："曲有誤，[2]周郎顧。"

　　瑜兩男一女。女配太子登。男循尚公主，[3]拜騎都尉，[4]有瑜風，早卒。循弟胤，初拜興業都尉，[5]妻以宗女，授兵千人，屯公安。黃龍元年，[6]封都鄉侯，[7]後以罪徙廬陵郡。赤烏二年，[8]諸葛瑾、步騭連名上疏曰："故將軍周瑜子胤，昔蒙粉飾，受封爲將，不能養之以福，思立功效，至縱情欲，招速罪辟。臣竊以瑜昔見寵任，入作心膂，出爲爪牙，銜命出征，身當矢石，盡節用命，視死如歸，故能摧曹操於烏林，[9]走曹仁於郢都，[10]揚國威德，華夏是震，蠢爾蠻荆，[11]莫不賓服，雖周之方叔，[12]漢之信、布，[13]誠無以尚也。夫折衝扞難之臣，自古帝王莫不貴重，故漢高帝封爵之誓曰'使黃河如帶，[14]太山如礪，國以永存，[15]爰及苗裔'；申以丹書，[16]重以盟詛，藏于宗廟，傳於無窮，欲使功臣之後，世世相踵，非徒子孫，乃關苗裔，報德明功，勤勤懇懇，如此之至，欲以勸戒後人，用命之臣，死而無悔也。況於瑜身没未久，[17]而其子胤降爲匹夫，益可悼傷。竊惟陛下欽明稽古，隆於興繼，爲胤歸訴，乞匄餘罪，還兵復爵，使失旦之雞，[18]復得一鳴，抱罪之臣，展其後效。"權答曰："腹心舊勳，與孤協事，公瑾有之，誠所不忘。昔胤年少，初無功勞，[19]橫受精兵，爵以侯將，蓋念公瑾以及於胤也。而胤恃此，酗淫自恣，前後告喻，曾無悛改。孤於公瑾，義猶二君，樂胤成就，豈有已哉？迫胤罪惡，未宜便還，且欲苦之，使自知耳。今二君勤勤援引漢高河山之誓，孤用悵然。雖德非其疇，猶欲庶幾，事亦如爾，故未順旨。以公瑾之子，而二君在中閒，苟使能改，亦何患乎！"瑾、騰表比上，朱然及全琮亦俱陳乞，權乃許之。會胤病死。

　　瑜兄子峻，亦以瑜元功爲偏將軍，領吏士千人。峻卒，全琮表峻子護爲將。權曰："昔走曹操，拓有荆州，皆是公瑾，常不忘之。初聞峻亡，仍欲用護，聞護性行危險，用之適爲作禍，故便止之。孤念公瑾。豈有已乎？"[20]

　　[1] 其有：百衲本無"有"字，殿本、盧弼《集解》本、校點本皆有。今從殿本等。

　　[2] 有誤：趙幼文《校箋》謂《藝文類聚》卷一九、《太平御覽》卷五六四引《吳録》"有"字俱作"復"。

　　[3] 公主：即孫權步夫人之長女魯班。

　　[4] 騎都尉：官名。孫吳時統羽林兵，宿衞左右。

　　[5] 興業都尉：官名。孫吳置，領兵。

　　[6] 黄龍：吳大帝孫權年號（229—231）。

　　[7] 都鄉侯：爵名。列侯食邑爲都鄉者，稱都鄉侯。位次於縣侯，高於鄉侯。

　　[8] 赤烏：吳大帝孫權年號（238—251）。

　　[9] 烏林：地名。在今湖北洪湖市鄔林磯。

　　[10] 郢都：此郢都指漢代江陵縣，在今湖北荆州市江陵區。

　　[11] 蠻荆：指荆州人。《詩·小雅·采芑》："蠢爾蠻荆，大邦爲讎。"

　　[12] 方叔：周宣王的大臣，曾任征荆蠻的主帥。《詩·小

雅·采芑》：“方叔元老，克壯其猶。方叔率止，執訊獲醜。”“顯允方叔，征伐玁狁，蠻荆來威。”

[13] 信布：指韓信、黥布。秦末戰爭中，皆投歸劉邦，信任大將，布任將領；楚漢戰爭中，皆有大功。漢初俱封王。（見《史記》卷九一《黥布列傳》、卷九二《淮陰侯列傳》）

[14] 封爵之誓：此誓辭見《史記·高祖功臣侯者年表序》及《漢書·高惠高后文功臣表序》，而“黃河如帶”，《史記》無“黃”字，《漢書》有。盧弼《集解》引王念孫說，謂西漢以前無稱河爲黃河者，《漢書》之有“黃”字，乃後人誤加；《吳志·周瑜傳》之有“黃”字，係依誤本《漢書》加之。

[15] 永存：《史記》作“永寧”，《漢書》作“永存”。又《漢書》顏師古注引應劭曰：“封爵之誓，國家欲使功臣傳祚無窮也。帶，衣帶也；礪，砥礪石也。河當何時如衣帶，山當何時如礪石。言如帶礪，國猶永存，以及後世之子孫也。”

[16] 丹書：帝王賜予功臣世襲的享有免罪等特權的證件。又因此種證件多用丹書寫於鐵板上，又稱“丹書鐵契”或“丹書鐵券”。《漢書》卷一下《高帝紀下》云：“又與功臣剖符作誓，丹書鐵契，金匱石室，藏之宗廟。”

[17] 未久：百衲本、殿本、盧弼《集解》本“未久”上有“而”字。盧弼謂馮本無“而”字。校點本亦無“而”字。今從校點本。

[18] 失旦之雞：誤了報曉的雞。比喻做官失職。

[19] 初：完全。

[20] 乎：盧弼《集解》本作“也”，百衲本、殿本、校點本作“乎”。今從百衲本等。

魯肅字子敬，臨淮東城人也。[1] 生而失父，與祖母居。家富於財，性好施與。爾時天下已亂，肅不治家事，大散財貨，摽賣田地，[2]以賑窮弊結士爲務，其得鄉邑歡心。

周瑜爲居巢長，將數百人故過候肅，并求資糧。肅家有兩囷米，[3]各三千斛，[4]肅乃指一囷與周瑜，瑜益知其奇也，遂相親結，定僑、札之分。[5]袁術聞其名，就署東城長。肅見術無綱紀，不足與立事，乃攜老弱將輕俠少年百餘人，南到居巢就瑜。瑜之東渡，因與同行，〔一〕留家曲阿。會祖母亡，還葬東城。

〔一〕《吳書》曰：肅體貌魁奇，少有壯節，好爲奇計。天下將亂，乃學擊劍騎射，招聚少年，給其衣食，往來南山中射獵，[6]陰相部勒，講武習兵。父老咸曰：“魯氏世衰，乃生此狂兒！”後雄傑並起，中州擾亂，肅乃命其屬曰：“中國失綱，寇賊橫暴，淮、泗間非遺種之地，吾聞江東沃野萬里，民富兵彊，可以避害，寧肯相隨俱至樂土，以觀時變乎？”其屬皆從命。乃使細弱在前，彊壯在後，男女三百餘人行。州追騎至，肅等徐行，勒兵持滿，謂之曰：“卿等丈夫，當解大數。今日天下兵亂，有功弗賞，不追無罰，何爲相偪乎？”又自植盾，引弓射之，矢皆洞貫。騎既嘉肅言，且度不能制，乃相率還。肅渡江往見策，[7]策亦雅奇之。

[1] 臨淮：西漢郡名。治所徐縣。東漢明帝永平十五年（72）改爲下邳國，治所下邳縣，在今江蘇睢寧縣西北。此稱臨淮，係用舊名。　東城：縣名。治所在今安徽定遠縣東南。

[2] 摽賣：即拋賣，謂賤價出賣。《詩·召南·摽有梅》：“摽有梅，其實七分。”毛傳：“摽，落也。”聞一多《古典新義·詩經新義》：“摽即古拋字。”《集韻·爻韻》：“拋，棄也。或作摽。”

[3] 囷：圓形倉庫。

[4] 斛：漢代十斗爲一斛。

[5] 定僑札之分：謂定朋友之名分。僑，指春秋鄭國之公孫僑子產；札，指春秋吳國公子延陵季札。《左傳·襄公二十九年》："（季札）聘于鄭，見子產，如舊相識。與之縞帶，子產獻紵衣焉。"

[6] 南山：當指東城縣附近之南山。

[7] 往見策：梁章鉅《旁證》云："（本傳）下文云：'還曲阿，欲北行。會瑜已徙肅母到吳，肅具以狀語瑜。時孫策已薨。'是肅先未渡江，亦未嘗見策也。"

劉子揚與肅友善，[1]遺肅書曰："方今天下豪傑並起，吾子姿才，尤宜今日。急還迎老母，無事滯於東城。近鄭寶者，[2]今在巢湖，[3]擁衆萬餘，處地肥饒，廬江閒人多依就之，況吾徒乎？觀其形勢，又可博集，時不可失，足下速之。"肅答然其計。葬畢還曲阿，欲北行。會瑜已徙肅母到吳，肅具以狀語瑜。時孫策已薨，權尚住吳，瑜謂肅曰："昔馬援答光武云'當今之世，[4]非但君擇臣，臣亦擇君'。今主人親賢貴士，納奇錄異，且吾聞先哲秘論，承運代劉氏者，[5]必興于東南，推步事勢，當其曆數，[6]終搆帝基，以協天符，是烈士攀龍附鳳馳騖之秋。[7]吾方達此，足下不須以子揚之言介意也。"肅從其言。瑜因薦肅才宜佐時，當廣求其比，以成功業，不可令去也。

權即見肅，與語甚悅之。衆賓罷退，肅亦辭出，乃獨引肅還，合榻對飲。[8]因密議曰："今漢室傾危，四方雲擾，孤承父兄遺業，思有桓、文之功。[9]君即惠顧，何以佐之？"蕭對曰："昔高帝區區欲尊事義帝而不獲者，[10]以項羽爲害也。今之曹操，猶昔項羽，將軍何由得爲桓、文乎？蕭竊料之，漢室不可復興，曹操不可卒除。爲將軍計，惟有鼎足江東，[11]以觀天下之釁。規模如此，[12]亦自無嫌。何者？北方誠多務也。因其多務，剿除黃祖，進伐劉表，竟長江所極，據而有之，然後建號帝王以圖天下，此高帝之業也。"權曰："今盡力一方，冀以輔漢耳。此言非所及也。"張昭非蕭謙下不足，頗訾毀之，云蕭年少麤疎，未可用。權不以介意，益貴重之，賜蕭母衣服幃帳，居處雜物，富擬其舊。

劉表死，蕭進説曰："夫荊楚與國鄰接，水流順北，外帶江漢，內阻山陵，有金城之固，沃野萬里，士民殷富，若據而有之，此帝王之資也。今表新亡，二子素不輯睦，[13]軍中諸將，各有彼此。加劉備天下梟雄，與操有隙，寄寓於表，表惡其能而不能用也。若備與彼協心，上下齊同，則宜撫安，與結盟好；如有離違，[14]宜別圖之，以濟大事。蕭請得奉命弔表二子，并慰勞其軍中用事者，及説備使撫表衆，同心一意，共治曹操，備必喜而從命。如其克諧，天下可定也。今不速往，恐爲操所先。"權即遣蕭行。到夏口，聞曹公已向荊州，晨夜兼道。比至南郡，而表子琮已降曹公，備惶遽奔走，欲南渡江。蕭徑迎之，到當陽長阪，[15]與備會，宣騰權旨，及陳江東彊固，勸備與權併力。備甚歡悦。時諸葛亮與備相隨，蕭謂亮曰

"我子瑜友也",[16]即共定交。備遂到夏口，遣亮使權，肅亦反命。[一]

〔一〕臣松之案：劉備與權併力，共拒中國，皆肅之本謀。又語諸葛亮曰"我子瑜友也"，則亮已亟聞肅言矣。而《蜀書·亮傳》云[17]："亮以連橫之略説權，權乃大喜。"如似此計始出於亮。若二國史官，各記所聞，競欲稱揚本國容美，各取其功。今此二書，同出一人，而舛互若此，非載述之體也。

[1] 劉子揚：百衲本"揚"字作"楊"，殿本、盧弼《集解》本、校點本作"揚"，本書卷一四《劉曄傳》亦作"揚"。今從殿本等。劉曄字子揚。

[2] 鄭寶：建安初在江淮間擁有私人武裝之豪強。見本書《劉曄傳》。梁章鉅《旁證》云："《通鑑考異》云：'劉子揚招肅往依鄭寶，肅將從之，瑜以權可輔止肅。案劉曄殺鄭寶以其衆與劉勳，勳爲策所滅，寶安得及權時也？'案子揚即劉曄之字，據《曄傳》，曄爲鄭寶所逼，欲赴江表，曄謀殺之。是曄本非鄭寶黨與，豈有勸魯肅從鄭寶之事？宜爲温公所不取也。"

[3] 巢湖：湖名。即今安徽巢湖。

[4] 馬援：東漢初扶風茂林（今陝西興平縣東北）人。新莽末，爲新成大尹（漢中太守）。後依附割據隴西的隗囂。漢光武帝建武四年（28），隗囂使援奉書至洛陽。援對光武帝曰："當今之世，非獨君擇臣也，臣亦擇君矣。"後援歸光武帝，成爲光武帝之功臣。（見《後漢書》卷二四《馬援傳》）

[5] 運：世運，曆運。

[6] 曆數：古謂帝王代天治民的順序。

[7] 烈士：有壯志氣節之士。

[8] 合榻：胡三省云："榻，牀也。有坐榻，有卧榻。今江東

又呼几案之屬爲卓牀。卓，高也。以其比坐榻、臥榻爲高也。合榻，猶言合卓也。”（《通鑑》卷六三漢獻帝建安五年注）

　　[9] 遺業：殿本、盧弼《集解》本、校點本“遺”字作“餘”，百衲本作“遺”。趙幼文《校箋》謂《文選集注》引《鈔》“餘”字作“遺”，《册府元龜》卷三四三引同，《建康實錄》引亦同。今從百衲本。　桓文之功：指春秋時齊桓公、晉文公的霸業之功。

　　[10] 區區：本形容人之心小，後引申謂真情摯意。如《文選》李陵《答蘇武書》：“區區之心，竊慕此耳。”　義帝：即戰國末楚懷王之孫心。秦末，項梁、項羽起兵後，立心爲楚懷王。及劉邦入關滅秦後，項羽不滿懷王，乃佯尊懷王心爲義帝，大封諸侯王，劉邦爲漢王，自立爲西楚霸王。不久，項羽又遷義帝往長沙郴縣，並使人殺之江中。漢王劉邦聞義帝之死，“袒而大哭。遂爲義帝發喪，臨三日。發使者告諸侯曰：‘天下共立義帝，北面事之。今項羽放殺義帝於江南，大逆無道。寡人親爲發喪，諸侯皆縞素。悉發關内兵，收三河士，南浮江、漢以下，願從諸侯擊楚之殺義帝者。’”楚漢之爭自此始。（見《史記》卷八《高祖本紀》與卷七《項羽本紀》）

　　[11] 鼎足江東：鼎足，《通鑑》卷六三漢獻帝建安五年載魯肅此語作“保守”。盧弼《集解》引何焯曰：“此時何緣便知鼎足乎？亦事後附會之辭。”

　　[12] 規模：百衲本“模”字作“摸”，殿本、盧弼《集解》本、校點本作“模”。今從殿本等。

　　[13] 二子：指劉琦、劉琮。

　　[14] 離違：胡三省云：“離違，言人有離心，互相違異也。”（《通鑑》卷六五漢獻帝建安十三年）

　　[15] 長阪：地名。在今湖北荆門市西南。

　　[16] 子瑜：諸葛亮兄瑾，字子瑜。

　　[17] 云：校點本作“曰”，百衲本、殿本、盧弼《集解》本

作"云"。今從百衲本等。

　　會權得曹公欲東之問，[1]與諸將議，皆勸權迎之，而肅獨不言。權起更衣，[2]肅追於宇下，[3]權知其意，執肅手曰："卿欲何言？"肅對曰："向察眾人之議，專欲誤將軍，[4]不足與圖大事。今肅可迎操耳，如將軍，不可也。何以言之？今肅迎操，操當以肅還付鄉黨，品其名位，[5]猶不失下曹從事，[6]乘犢車，[7]從吏卒，交游士林，累官故不失州郡也。將軍迎操，欲安所歸？[8]願早定大計，莫用眾人之議也。"權歎息曰："此諸人持議，甚失孤望；今卿廓開大計，正與孤同，此天以卿賜我也。"〔一〕

　　〔一〕《魏書》及《九州春秋》曰：曹公征荊州，孫權大懼，魯肅實欲勸權拒曹公，[9]乃激說權曰："彼曹公者，實嚴敵也，新并袁紹，兵馬甚精，乘戰勝之威，伐喪亂之國，[10]克可必也。不如遣兵助之，且送將軍家詣鄴；不然，將危。"權大怒，欲斬肅，肅因曰："今事已急，即有他圖，何不遣兵助劉備，而欲斬我乎？"權然之，乃遣周瑜助備。
　　孫盛曰：《吳書》及《江表傳》，魯肅一見孫權便說拒曹公而論帝王之略，劉表之死也，又請使觀變，無緣方復激說勸迎曹公也。又是時勸迎者眾，而云獨欲斬肅，非其論也。

　　[1]　問：音訊。
　　[2]　更衣：古時大小便之婉辭。
　　[3]　宇：屋檐。
　　[4]　專欲：全將。劉淇《助字辨略》卷二："專，猶云全也。"

又楊樹達《詞詮》卷九：“欲，將也。言未來之事用之。”

　　〔5〕品：評價，衡量。東漢末年名士對鄉里人物的評價，對政府的選舉用人，起着決定性作用。後至延康元年（220）便形成九品中正制。

　　〔6〕下曹從事：胡三省云：“下曹從事，諸曹從事之最下者。”（《通鑑》卷六五漢獻帝建安十三年注）。

　　〔7〕犢車：牛車。《晉書·輿服志》云：“古之貴者不乘牛車，漢武帝推恩之末，諸侯寡弱，貧者至乘牛車，其後稍見貴之。自靈、獻以來，天子至士遂以爲常乘。”

　　〔8〕欲安所歸：百衲本“欲”字作“將”，殿本、盧弼《集解》本、校點本作“欲”，《通鑑》及蕭常《續後漢書》亦作“欲”，郝經《續後漢書》則作“將”。按，二字義同，今從殿本等。又趙幼文《校箋》謂《通鑑》“歸”下有“乎”字，應據補。按，蕭常及郝經之《續後漢書》亦無“乎”字。

　　〔9〕實欲：盧弼《集解》本無“實”字，百衲本、殿本、校點本皆有。今從百衲本等。

　　〔10〕喪亂之國：指荆州。時劉表死亡，故稱之“喪亂”。

　　時周瑜受使至鄱陽，肅勸追召瑜還。遂任瑜以行事，以肅爲贊軍校尉，[1]助畫方略。曹公破走，肅即先還，權大請諸將迎肅。肅將入閤拜，權起禮之，因謂曰[2]：“子敬，孤持鞍下馬相迎，足以顯卿未？”肅趨進曰：“未也。”眾人聞之，無不愕然。就坐，徐舉鞭言曰：“願至尊威德加乎四海，[3]總括九州，克成帝業，更以安車輭輪徵肅，[4]始當顯耳。”權撫掌歡笑。

　　後備詣京見權，求都督荆州，惟肅勸權借之，[5]共拒曹公。〔一〕曹公聞權以土地業備，[6]方作書，落筆於地。

〔一〕《漢晉春秋》曰：呂範勸留備，肅曰："不可。將軍雖神武命世，然曹公威力實重，初臨荆州，恩信未洽，宜以借備，使撫安之。多操之敵，而自爲樹黨，計之上也。"權即從之。

[1] 贊軍校尉：官名。建安中孫權置，主參贊軍謀，助畫方略。

[2] 因謂：趙幼文《校箋》謂《太平御覽》卷三五八、卷三五九引俱無"因"字。按，《太平御覽》卷四六七引又有"因"字。

[3] 至尊：劉咸炘《知意》云："何遂稱'至尊'？他傳多有，皆吳人追爲之詞。"

[4] 安車輭輪：古代乘車爲立乘，可以坐乘的小車稱安車，通常用一馬，禮尊者則用四馬，供年老的高官及貴婦人乘用。又在安車的車輪上包裹蒲草，以防顛簸，稱爲"安車蒲輪"或"安車輭輪"，用以迎送德高望重的人，表示優禮。趙幼文《校箋》謂《太平御覽》卷三五八、卷四六七引"輭"字俱作"蒲"，蕭常《續後漢書》同。按，《太平御覽》卷三五九、郝經《續後漢書》亦作"輭"。

[5] 借之：趙翼《廿二史札記·借荆州之非》謂"借荆州之説，出自吳人事後之論，而非當日情事也"，"夫借者，本我所有之物而假與人也。荆州本劉表地，非孫氏故物。當操南下時，孫氏江東六郡方恐不能自保，諸將咸勸權迎操，權獨不願，會備遣諸葛亮來結好，權遂欲藉備共拒操，其時但求敵操，未敢冀得荆州也"。及孫劉共同破曹操於赤壁後，"備即表琦爲荆州刺史，權未嘗有異詞，以荆州本琦地也"。"琦死，群下推備爲荆州牧。備即遣亮督零陵、桂陽、長沙三郡，收其租賦以供軍實"，又遣關羽爲襄陽太守，

駐江北；張飛爲宜都太守，在南郡；趙雲領桂陽太守。“遣將分駐，惟備所指揮，初不關白孫氏，以本非權地，故備不必白權，權亦不來阻備也。迨其後三分之勢已定，吳人追思赤壁之役，實借吳兵力，遂謂荆州應爲吳有，而備據之，始有借荆州之説”。

[6] 以土地業備：趙幼文《校箋》謂《太平御覽》卷六〇五、《事類賦》卷一五引作“以荆州資劉備”，《建康實錄》同。按，蕭常及郝經之《續後漢書》皆作“以土地業昭烈”。

周瑜病困，[1]上疏曰：“當今天下，方有事役，是瑜乃心夙夜所憂，願至尊先慮未然，然後康樂。今既與曹操爲敵，劉備近在公安，邊境密邇，百姓未附，宜得良將以鎮撫之。魯肅智略足任，乞以代瑜。瑜隕踣之日，[2]所懷盡矣。”〔一〕即拜肅奮武校尉，[3]代瑜領兵。瑜士兵四千餘人，奉邑四縣，皆屬焉。令程普領南郡太守。肅初住江陵，後下屯陸口，[4]威恩大行，衆增萬餘人，[5]拜漢昌太守、偏將軍。[6]十九年，從權破皖城，[7]轉橫江將軍。[8]

〔一〕《江表傳》載：初瑜疾困，與權牋曰：“瑜以凡才，昔受討逆殊特之遇，[9]委以腹心，遂荷榮任，統御兵馬，志執鞭弭，[10]自效戎行。規定巴蜀，[11]次取襄陽，[12]憑賴威靈，謂若在握。至以不謹，道遇暴疾，昨自醫療，日加無損。人生有死，修短命矣，誠不足惜，但恨微志未展，不復奉教命耳。方今曹公在北，疆場未靜，[13]劉備寄寓，有似養虎，天下之事，未知終始，[14]此朝士旰食之秋，[15]至尊垂慮之日也。魯肅忠烈，臨事不苟，可以代瑜。人之將死，其言也善，[16]儻或可採，瑜死不朽矣。”案此牋與本傳所載，[17]意旨雖同，其辭乖異耳。[18]

[1] 困：殿本、盧弼《集解》本作“因”，百衲本、校點本作“困”。郝經《續後漢書》亦作“困”。今從百衲本等。

[2] 隕踣（bó）：謂死亡。

[3] 奮武校尉：官名。漢獻帝建安初孫策所置，孫權沿之。趙幼文《校箋》則謂《册府元龜》卷三七七引“校尉”作“將軍”，《建康實録》同。

[4] 初住江陵：百衲本“住”字作“作”，殿本、盧弼《集解》本、校點本作“住”，郝經《續後漢書》亦作“住”，蕭常《續後漢書》作“駐”。今從殿本等。　陸口：地名。在今湖北蒲圻市西北之陸溪口，亦即陸水入長江處。

[5] 衆增：趙幼文《校箋》謂蕭常《續後漢書》“增”下有“至”字。

[6] 漢昌：郡名。治所即漢昌縣。

[7] 皖城：即皖縣城。皖縣治所在今湖北潛山縣。

[8] 橫江將軍：官名。孫權始置於此年。

[9] 討逆：指孫策。孫策曾爲討逆將軍。

[10] 執鞭弭：謂執鞭持弓駕車。表示爲差役。

[11] 巴蜀：指益州。巴郡與蜀郡是益州的主要郡。巴郡治所江州縣，在今重慶市渝中區；蜀郡治所即成都縣。

[12] 襄陽：郡名。治所即襄陽縣。

[13] 疆場：百衲本、殿本“場”字作“場”，盧弼《集解》本、校點本作“場”，郝經《續後漢書》苟宗道注引亦作“場”。今從盧弼《集解》本等。

[14] 未知：百衲本“未知”上有“而”字，殿本“而”又作“尚”，盧弼《集解》本、校點本均無二字。今從盧弼《集解》本等。

[15] 旰（gàn）食：晚食。指事務繁忙不能按時吃飯。

[16] 人之將死其言也善：《論語·泰伯》曾子言曰：“鳥之將死，其鳴也哀；人之將死，其言也善。”

[17] 本傳：百衲本、殿本無“傳”字，盧弼《集解》本、校點本有。郝經《續後漢書》苟宗道注引亦有。今從盧弼《集解》本等。

[18] 乖異耳：殿本《考證》云：“乖，《册府》作‘微’。”趙幼文《校箋》謂見《册府元龜》卷四一三。按，宋本《册府元龜》亦作“乖”。殿本“耳”字作“矣”，百衲本、盧弼《集解》本、校點本作“耳”。今從百衲本等。

先是，益州牧劉璋綱維頹弛，周瑜、甘寧並勸權取蜀，權以咨備，備内欲自規，乃僞報曰：[1]“備與璋託爲宗室，冀憑英靈，以匡漢朝。今璋得罪左右，[2]備獨竦懼，非所敢聞，願加寬貸。若不獲請，備當放髮歸於山林。”[3]後備西圖璋，留關羽守，權曰：“猾虜乃敢挾詐！”及羽與肅隣界，數生狐疑，疆埸紛錯，[4]肅常以歡好撫之。備既定益州，權求長沙、零、桂，[5]備不承旨，[6]權遣呂蒙率眾進取。備聞，自還公安，遣羽爭三郡。肅住益陽，[7]與羽相拒。肅邀羽相見，各駐兵馬百步上，但諸將軍單刀俱會。[8]肅因責數羽曰：“國家區區本以土地借卿家者，卿家軍敗遠來，無以爲資故也。今已得益州，既無奉還之意，但求三郡，又不從命。”語未究竟，坐有一人曰：“夫土地者，惟德所在耳，何常之有！”肅厲聲呵之，辭色甚切。羽操刀起謂曰：“此自國家事，是人何知！”目使之去。〔一〕備遂割湘水爲界，[9]於是罷軍。

〔一〕《吳書》曰：肅欲與羽會語，[10]諸將疑恐有變，[11]議不可往。肅曰："今日之事，宜相開譬。劉備負國，[12]是非未決，羽亦何敢重欲干命！"乃趨就羽。[13]羽曰："烏林之役，左將軍身在行間，[14]寢不脫介，勠力破（魏）〔敵〕，[15]豈得徒勞，無一塊壤，而足下來欲收地邪？"肅曰："不然。始與豫州觀於長阪，[16]豫州之衆不當一校，[17]計窮慮極，志勢摧弱，圖欲遠竄，望不及此。主上矜愍豫州之身，無有處所，不愛土地士人之力，使有所庇蔭以濟其患，而豫州私獨飾情，愆德隳好。今已藉手於西州矣，[18]又欲翦并荆州之土，斯蓋凡夫所不忍行，而況整領人物之主乎！肅聞貪而棄義，必爲禍階。吾子屬當重任，曾不能明道處分，以義輔時，而負恃弱衆以圖力爭，[19]師曲爲老，[20]將何獲濟？"羽無以答。

[1] 乃：校點本 1959 年 12 月第 1 版作"仍"，1982 年 7 月第 2 版作"乃"，百衲本、殿本、盧弼《集解》本亦作"乃"。今從之。

[2] 左右：對對方之敬稱。意爲不敢直稱對方，而稱其左右之執事。

[3] 放髮：披散頭髮。

[4] 疆場：百衲本、殿本"場"字作"場"，盧弼《集解》本、校點本作"場"，郝經《續後漢書》亦作"場"。今從《集解》本等。

[5] 長沙：郡名。治所臨湘縣，在今湖南長沙市。　零：即零陵，郡名。治所泉陵縣，在今湖南永州市。　桂：即桂陽，郡名。治所郴縣，在今湖南郴州市。

[6] 承旨：劉咸炘《知意》云："'承旨'字亦沿吳人言語而未及刪改。"

[7] 益陽：縣名。治所在今湖南益陽市東。

[8] 諸將軍：校點本"諸"字作"請"，百衲本、殿本、盧弼

《集解》本作"諸"，今從百衲本等。

　　［9］湘水：即今湖南湘江。按本書卷三二《先主傳》與卷四七《吳主傳》，此次分割以湘水爲界，湘水以東之桂陽郡、長沙郡及其相連的江夏郡屬孫權，湘水以西之零陵郡、武陵郡及其相連的南郡屬劉備。

　　［10］與羽：百衲本無"羽"字，殿本、盧弻《集解》本、校點本皆有。今從殿本等。

　　［11］有變：百衲本"變"字作"不"，殿本、盧弻《集解》本、校點本作"變"。今從殿本等。

　　［12］宜相開譬劉備負國：殿本、盧弻《集解》本、校點本及郝經《續後漢書》皆如此，百衲本作"宜相開以有備負國"。今從殿本等。

　　［13］趨：百衲本作"自"，殿本、盧弻《集解》本、校點本作"趨"。今從殿本等。

　　［14］左將軍：指劉備。劉備曾爲左將軍。

　　［15］勠力破敵：百衲本"勠"字作"自"，殿本、盧弻《集解》本、校點本作"勠"。今從殿本等。敵，各本皆作"魏"。盧弻《集解》云："《通鑑》'魏'作'敵'是，此時尚不得曰魏也。"按，郝經《續後漢書》亦作"敵"，今從改。

　　［16］豫州：指劉備。劉備曾爲豫州刺史。　覲：殿本、盧弻《集解》本、校點本作"覲"，百衲本作"觀"，《通志》、郝經《續後漢書》亦作"觀"。今從百衲本。《爾雅·釋詁上》："覲，見也。"

　　［17］一校：軍隊之一部稱一校。

　　［18］西州：指益州。

　　［19］弱衆：殿本《考證》云："元本作'强衆'。"

　　［20］師曲爲老：謂軍隊不義必然士氣低落而衰敗。《左傳·僖公二十八年》子犯曰："師直爲壯，曲爲老。"

　　肅年四十六，建安二十二年卒。權爲舉哀，又臨其葬。諸葛亮亦爲發哀。〔一〕權稱尊號，臨壇，顧謂公卿曰：“昔魯子敬嘗道此，可謂明於事勢矣。”

　　〔一〕《吳書》曰：肅爲人方嚴，寡於玩飾，内外節儉，不務俗好。治軍整頓，禁令必行，雖在軍陣，手不釋卷[1]。又善談論，能屬文辭，思度弘遠，有過人之明。周瑜之後，肅爲之冠。

　　[1]手不釋卷：盧弼《集解》云：“《御覽》‘卷’字作‘書’。”趙幼文《校箋》謂《北堂書鈔》卷一一五、《藝文類聚》卷五九、《太平御覽》卷二七七引“卷”字俱作“書”，惟卷六一一引作“卷”，漢魏人謂“釋書”，不曰“釋卷”，當以“書”字爲是。按，蕭常及郝經之《續後漢書》《建康實錄》皆作“手不釋卷”。本書卷二《文帝紀》裴松之注引《典論·自叙》有云：“上雅好詩書文籍，雖在軍旅，手不釋卷。”又本卷《吕蒙傳》裴松之注引《江表傳》孫權謂漢光武帝“當兵馬之務，手不釋卷”。是漢魏人亦言“釋卷”。

　　肅遺腹子淑既壯，濡須督張承謂終當到至。[1]永安中，[2]爲昭武將軍、都亭侯、武昌督。[3]建衡中，[4]假節，[5]遷夏口督。所在嚴整，有方幹。鳳皇三年卒。[6]子睦襲爵，領兵焉。[7]

　　[1]濡須督：官名。濡須駐軍之長官。濡須，地名。在今安徽無爲縣東北古濡須水畔。　到至：盧弼《集解》云：“‘到’上疑脱一‘遠’字。”趙幼文《校箋》謂盧君所疑是。蕭常《續後漢書》作“終當遠到”，無“至”字（按郝經《續後漢書》亦同），“到”“至”義同。然考《魏書·崔琰傳》“終必遠至”，疑此當作“遠至”，而“到”字或衍文。吳金華《校詁》則云：“‘到至’‘至到’

係魏晉六朝之語，猶今語‘飛黃騰達’之類。”

[2] 永安：吳景帝孫休年號（258—264）。

[3] 昭武將軍：官名。曹魏置，爲雜號將軍中權任較重者。第五品。孫吳亦置。 都亭侯：爵名。位在鄉侯下，食禄於都亭。都亭，城郭附近之亭。 武昌督：官名。武昌駐軍之長官。武昌縣治所在今湖北鄂州市。

[4] 建衡：吳末帝孫晧年號（269—271）。

[5] 假節：漢末三國時期，皇帝賜予臣下的一種權力。至晉代，此種權力明確爲因軍事可殺犯軍令者。

[6] 鳳皇：吳末帝孫晧年號（272—274）。

[7] 領兵焉：殿本、盧弼《集解》本、校點本“焉”字作“馬”，百衲本作“焉”。趙幼文《校箋》謂馮夢楨本作“馬”。又按，孫吳有世襲領兵制，今從百衲本。

呂蒙字子明，汝南富陂人也。[1]少南渡，[2]依姊夫鄧當。當爲孫策將，數討山越。蒙年十五六，竊隨當擊賊，當顧見大驚，呵叱不能禁止。[3]歸以告蒙母，母恚欲罰之。蒙曰：“貧賤難可居，脱誤有功，[4]富貴可致。且不探虎穴，安得虎子？”[5]母哀而舍之。時當職吏以蒙年小輕之，曰：“彼豎子何能爲？此欲以肉餧虎耳。”他日與蒙會，又蚩辱之。蒙大怒，引刀殺吏，出走，逃邑子鄭長家。出因校尉袁雄自首，[6]承閒爲言，策召見奇之，引置左右。

數歲，鄧當死，張昭薦蒙代當，拜別部司馬。[7]權統事，料諸小將兵少而用薄者，欲并合之。蒙陰賒貰，爲兵作絳衣行縢，[8]及簡日，陳列赫然，兵人練習，權見之大悦，增其兵。從討丹楊，所向有功，拜平北都尉，[9]領廣德長。[10]

從征黃祖，祖令都督陳就逆以水軍出戰。[11]蒙勒
前鋒，親梟就首，將士乘勝，進攻其城。祖聞就死，
委城走，兵追禽之。權曰：“事之克，由陳就先獲也。”
以蒙爲橫野中郎將，[12]賜錢（千）〔十〕萬。[13]

是歲，又與周瑜、程普等西破曹公於烏林，圍曹仁
於南郡。益州將襲肅舉軍來附，[14]瑜表以肅兵益蒙，蒙盛
稱肅有膽用，且慕化遠來，於義宜益不宜奪也。權善其
言，還肅兵。瑜使甘寧前據夷陵，曹仁分衆圍寧，[15]寧困
急，使使請救。諸將以兵少不足分，蒙謂瑜、普曰：[16]
“留淩公績，[17]蒙與君行，解圍釋急，勢亦不久，蒙保公
績能十日守也。”又説瑜分遣三百人柴斷險道，[18]賊走可
得其馬。瑜從之。軍到夷陵，即日交戰，所殺過半。敵
夜遁去，行遇柴道，騎皆舍馬步走。兵追蹙擊，[19]獲馬三
百匹，[20]方船載還。[21]於是將士形勢自倍，乃渡江立屯，
與相攻擊，曹仁退走，遂據南郡，撫定荆州。還，拜偏
將軍，領尋陽令。

魯肅代周瑜，當之陸口，過蒙屯下。肅意尚輕蒙，
或説肅曰：“吕將軍功名日顯，不可以故意待也，君宜顧
之。”遂往詣蒙。酒酣，蒙問肅曰：“君受重任，與關羽
爲鄰，將何計略，以備不虞？”肅造次應曰：[22]“臨時施
宜。”蒙曰：“今東西雖爲一家，而關羽實熊虎也。計安
可不豫定？”因爲肅畫五策。[23]肅於是越席就之，拊其背
曰：“吕子明，吾不知卿才略所及乃至於此也。”遂拜蒙
母，結友而别。〔一〕

〔一〕《江表傳》曰：初，權謂蒙及蔣欽曰："卿今並當塗掌事，[24]宜學問以自開益。"蒙曰："在軍中常苦多務，恐不容復讀書。"權曰："孤豈欲卿治經爲博士邪?[25]但當令涉獵見往事耳。[26]卿言多務孰若孤，孤少時歷《詩》《書》《禮記》《左傳》《國語》[27]，惟不讀《易》。至統事以來，省三史、諸家兵書，[28]自以爲大有所益[29]。如卿二人，意性朗悟，學必得之，寧當不爲乎? 宜急讀《孫子》《六韜》《左傳》《國語》及三史。[30]孔子言'終日不食，[31]終夜不寢，以思，無益，不如學也'。光武當兵馬之務，[32]手不釋卷。孟德亦自謂老而好學。[33]卿何獨不自勉勖邪?"蒙始就學，篤志不倦，其所覽見，舊儒不勝。後魯肅上代周瑜，過蒙言議，常欲受屈。肅拊蒙背曰："吾謂大弟但有武略耳，至於今者，學識英博，非復吳下阿蒙。"蒙曰："士別三日，即更刮目相待。大兄今論，何一稱穰侯乎。[34]兄今代公瑾，既難爲繼，且與關羽爲鄰。斯人長而好學，讀《左傳》略皆上口，梗亮有雄氣，然性頗自負，好陵人。今與爲對，當有單複以（卿）〔鄉〕待之。"[35]密爲肅陳三策，肅敬受之，秘而不宣。權常歎曰："人長而進益，如呂蒙、蔣欽，蓋不可及也。富貴榮顯，更能折節好學，耽悅書傳，輕財尚義，所行可迹，[36]並作國士，不亦休乎!"

[1] 富陂：《續漢書·郡國志》作"富波"。惠棟《補注》云："富波漢舊縣，建武中并省汝陰，和帝復舊也。酈元曰縣多陂塘以溉稻，故曰富陂。案《孫叔敖碑》，'波'與'陂'古通。"富陂縣治所在今安徽阜陽市東南。

[2] 少南渡：趙幼文《校箋》謂蕭常《續後漢書》"少"下有"隨母"二字。

[3] 禁止：趙幼文《校箋》謂《冊府元龜》卷八四八引無"禁"字。

[4] 脫誤：劉淇《助字辨略》卷五云："脫，或辭，猶儻也。"

吳金華《校詁》又謂"脱誤"猶言偶然、萬一。"脱誤"連文，乃同義之字平列。

[5] 不探虎穴安得虎子：《後漢書》卷四七《班超傳》班超曰："不入虎穴，不得虎子。"

[6] 校尉：官名。漢代軍職之稱。東漢末位次於中郎將。魏、晋沿置，而名號繁多，品秩亦高低不等。

[7] 別部司馬：官名。東漢時大將軍領營五部，部有軍司馬一人，秩比千石。其別營領屬稱別部司馬。後雖非大將軍者，亦或有置。

[8] 絳衣：深紅色衣服。古代軍服常用絳色。　行縢(téng)：綁腿布。《詩·小雅·采菽》："赤芾在股，邪幅在下。"鄭箋："邪幅，如今行縢也。偪束其脛，自足至膝，故曰在下。"

[9] 平北都尉：官名。建安中孫權置，即以吕蒙任之。

[10] 廣德：縣名。治所在今安徽廣德縣西南。

[11] 都督：官名。此爲統兵將領。

[12] 横野中郎將：官名。建安中孫權置，領兵。

[13] 十萬：各本作"千萬"。殿本《考證》云："元本作'十萬'。"趙幼文《校箋》謂《册府元龜》卷三七七引同，蕭常《續後漢書》亦作"十萬"。今從趙説改。

[14] 襲肅：殿本《考證》云："元本作'龔肅'。"趙幼文《校箋》謂《册府元龜》卷四〇三引亦作"龔肅"。按，《通鑑》卷六五《漢紀》建安十三年亦作"襲肅"，胡三省注云："襲，姓；肅，名。"

[15] 圍寧：盧弼《集解》本、校點本"圍"字作"攻"，百衲本、殿本作"圍"。今從百衲本等。

[16] 瑜普：盧弼《集解》本作"諸將"，百衲本、殿本、校點本作"瑜普"。今從百衲本等。

[17] 凌公績：凌統字公績。

[18] 柴(zhài)斷：阻塞堵斷。

［19］兵迫：趙幼文《校箋》謂《太平御覽》卷二八五引"兵"上有"蒙"字，《通典·兵十四》同。

［20］三百匹：趙幼文《校箋》謂《通典·兵十四》"匹"上有"餘"字。

［21］方船：兩船相並。

［22］造次：輕率，隨便。

［23］五策：趙幼文《校箋》云："本傳裴注引《江表傳》作'三策'。"

［24］當塗：當道。

［25］博士：官名。掌經學教授。

［26］但當令：趙幼文《校箋》謂《白孔六帖》卷五一、《太平御覽》卷六〇七引無"當"字。按，蕭常《續後漢書》有"當"字無"令"字。

［27］孤少時歷：趙幼文《校箋》謂蕭常《續後漢書》"歷"下有"讀"字。按，歷有閱覽之義。《爾雅·釋詁下》："歷，相也。"又《禮記·郊特牲》"歷其卒伍"王引之《經義述聞》："歷，謂閱視也。"

［28］三史：指《史記》《漢書》《東觀漢記》。

［29］以爲：百衲本無"以"字，殿本、盧弼《集解》本、校點本有。今從殿本等。

［30］六韜：書名。戰國秦漢間人采掇舊説，假託呂尚編寫的兵書，記周文王、武王問太公（呂尚）兵戰之事。全書分《文韜》《武韜》《龍韜》《虎韜》《豹韜》《犬韜》六部分，故稱《六韜》。

［31］終日不食：趙幼文《校箋》謂《太平御覽》卷六〇七引"終"上有"吾嘗"二字。孔子這幾句話，見《論語·衛靈公》。

［32］光武：指漢光武帝劉秀。

［33］孟德：曹操字孟德。

［34］何一：猶言何乃。《吕氏春秋·季秋紀·知士》："靜郭君之於寡人，一至此乎！"高誘注："一，猶乃也。"　穰侯：指穰

侯魏冉。戰國時秦昭王母宣太后之異父弟，有才幹，曾任秦相。見
《史記》卷七二《穰侯列傳》。

［35］單複：古代戰術之一種。猶奇正。古代做戰以對陣交鋒
爲正，設伏掩襲等爲奇。　鄉：各本皆作“卿”。盧弼《集解》云
“‘卿’當作‘鄉’，同‘嚮’。”校點本即從盧説改。今從之。

［36］可迹：趙幼文《校箋》謂《册府元龜》卷一九六引
“迹”字作“述”，蕭常《續後漢書》同。按，宋本《册府元龜》
亦作“迹”。蕭常書作“述”。

　　時蒙與成當、宋定、徐顧屯次比近，三將死，子
弟幼弱，權悉以兵并蒙。蒙固辭，陳啓顧等皆勤勞國
事，子弟雖小，不可廢也。[1]書三上，權乃聽。蒙於是
又爲擇師，使輔導之，其操心率如此。[2]
　　魏使廬江謝奇爲蘄春典農，[3]屯皖田鄉，[4]數爲邊
寇。蒙使人誘之，不從，則伺隙襲擊，奇遂縮退，其
部伍孫子才、宋豪等，皆攜負老弱，詣蒙降。後從權
拒曹公於濡須，數進奇計，又勸權夾水口立塢，[5]所以
備御甚精，〔一〕曹公不能下而退。

〔一〕《吳録》曰：權欲作塢，諸將皆曰：“上岸擊賊，洗足
入船，何用塢爲？”呂蒙曰：“兵有利鈍，戰無百勝，如有邂逅，
敵步騎蹙人，不暇及水，其得入船乎？”權曰：“善。”遂作之。

［1］不可廢也：孫吳施行世襲領兵制，兵成了將領之私兵，將
領死後，其子孫可以世襲統領。故呂蒙説“子弟雖小，不可廢也”。
［2］率如此：趙幼文《校箋》謂《册府元龜》卷四一七引
“率”下有“直”字。

〔3〕謝奇：趙幼文《校箋》謂《太平御覽》卷一六九引“奇”字作“寄”。　蘄春：郡名。治所蘄春縣，在今湖北蘄春縣西南。

典農：官名。曹魏施行屯田制，在郡國設置典農中郎將或典農校尉，諸縣則置典農都尉，管理該屯田區的農業生産、民政和田租，地位相當於郡太守和縣令長，並直屬中央大司農。

〔4〕皖田鄉：百衲本“鄉”字作“卿”，今從殿本、盧弼《集解》本、校點本作“鄉”。趙幼文《校箋》則謂蕭常《續後漢書》無“鄉”字。

〔5〕立塢：塢，小型城堡。梁章鉅《旁證》云：“《元和郡縣志》云：初，呂蒙守濡須，聞曹公將來，夾水築塢，形如偃月，名曰偃月塢。”

曹公遣朱光爲廬江太守，屯皖，大開稻田，又令閒人招誘鄱陽賊帥，使作内應。蒙曰：“皖田肥美，若一收熟，[1]彼衆必增，如是數歲，操態見矣，宜早除之。”乃具陳其狀。於是權親征皖，引見諸將，問以計策。〔一〕蒙乃薦甘寧爲升城督，[2]督攻在前，蒙以精鋭繼之。侵晨進攻，[3]蒙手執枹鼓，士卒皆騰踊自升，食時破之。既而張遼至夾石，[4]聞城已拔，乃退。權嘉其功，即拜廬江太守，所得人馬皆分與之，別賜尋陽屯田六百户，[5]官屬三十人。蒙還尋陽，未期而廬陵賊起，諸將討擊不能禽，權曰：“鷙鳥累百，[6]不如一鶚。”[7]復令蒙討之。蒙至，誅其首惡，餘皆釋放，復爲平民。

〔一〕《吳書》曰：諸將皆勸作土山，添攻具，蒙趨進曰：“治攻具及土山，必歷日乃成，[8]城備既脩，外救必至，不可圖也。且乘雨水以入，若留經日，水必向盡，還道艱難，蒙竊危之。[9]今觀此城，不能甚固，以三軍銳氣，四面並攻，不移時可拔，及水以歸，全勝之道也。"權從之。

[1]收孰：胡三省云："收孰，謂稻成熟而收之也。有糧則可以增衆。孰，古'熟'字通。"（《通鑑》卷六七漢獻帝建安十九年）

[2]升城督：官名。孫吳作戰時置，非常制。

[3]侵晨：拂曉，天快亮時。

[4]夾石：殿本作"夾口"，百衲本、盧弼《集解》本、校點本作"夾石"。今從百衲本等。夾石，地名。在今安徽桐城縣北。

[5]六百户：校點本作"六百人"，百衲本、殿本、盧弼《集解》本皆作"六百户"。今從百衲本等。按，孫權在南方亦實施屯田制，分民屯與軍屯兩類。民屯自然由民户從事屯田勞動，即使軍屯的士兵，其家屬也要隨軍參加屯田勞動。此所賜予吕蒙之尋陽屯田户，屬於民屯。

[6]鷙鳥：凶猛的鳥。如鷹、鷂之類。

[7]鶚（è）：殿本作"鴞"，百衲本、盧弼《集解》本、校點本作"鶚"。今從百衲本等。鶚，鳥名。雕屬。性凶猛，嘴短脚長，趾具銳爪，栖息水邊，捕魚爲食，俗稱魚鷹。《文選》孔融《薦禰衡表》："鷙鳥累百，不如一鶚。"李善注："《史記》趙簡子曰：鷙鳥累百，不如一鶚。"

[8]日：殿本、盧弼《集解》本作"月"，百衲本、校點本作"日"。今從百衲本等。

[9]竊：百衲本作"切"，殿本、盧弼《集解》本、校點本作"竊"。今從殿本等。

是時劉備令關羽鎮守，專有荆土，權命蒙西取長沙、零、桂三郡。蒙移書二郡，望風歸服，惟零陵太守郝普城守不降。而備自蜀親至公安，遣羽爭三郡。權時住陸口，使魯肅將萬人屯益陽拒羽，[1]而飛書召蒙，使捨零陵，急還助肅。初，蒙既定長沙，當之零陵，過酃，[2]載南陽鄧玄之，[3]玄之者郝普之舊也，欲令誘普。及被書當還，蒙秘之，夜召諸將，授以方略，晨當攻城，顧謂玄之曰：「郝子太聞世間有忠義事，[4]亦欲爲之，而不知時也。左將軍在漢中，爲夏侯淵所圍。關羽在南郡，今至尊身自臨之。近者破樊本屯，[5]救酃，逆爲孫規所破。此皆目前之事，君所親見也。彼方首尾倒懸，救死不給，豈有餘力復營此哉？今吾士卒精銳，人思致命，至尊遣兵，相繼於道。今子太以旦夕之命，[6]待不可望之救，猶牛蹄中魚，[7]冀賴江漢，其不可恃亦明矣。若子太必能一士卒之心，保孤城之守，尚能稽延旦夕，以待所歸者，可也。今吾計力度慮，而以攻此，曾不移日，而城必破，城破之後，身死何益於事，而令百歲老母，戴白受誅，[8]豈不痛哉？度此家不得外問，[9]謂援可恃，故至於此耳。君可見之，爲陳禍福。」玄之見普，具宣蒙意，普懼而聽之。玄之先出報蒙，普尋後當至。蒙豫敕四將，各選百人，普出，便入守城門。須臾普出，蒙迎執其手，與俱下船。語畢，出書示之，因拊手大笑，普見書，知備在公安，而羽在益陽，慚恨入地。蒙留（孫河）〔孫皎〕，[10]委以後事，即日引軍赴益陽。劉備請盟，權乃歸普等，[11]割湘水，以零陵還之。以尋陽、陽新爲蒙奉邑。[12]

師還，（遂）〔從〕征合肥，[13]既徹兵，爲張遼等所襲，蒙與淩統以死扞衛。後曹公又大出濡須，權以蒙爲督，據前所立塢，置彊弩萬張於其上，以拒曹公。曹公前鋒屯未就，蒙攻破之，曹公引退。拜蒙左護軍、虎威將軍。[14]

魯肅卒，蒙西屯陸口，肅軍人馬萬餘盡以屬蒙。又拜漢昌太守，食下雋、劉陽、漢昌、州陵。與關羽分土接境，知羽驍雄，有并兼心，且居國上流，其勢難久。初，魯肅等以爲曹公尚存，禍難始構，宜相輔協，與之同仇，不可失也，蒙乃密陳計策曰[15]：“（今）〔令〕征虜守南郡，[16]潘璋住白帝，[17]蔣欽將游兵萬人，循江上下，應敵所在，蒙爲國家前據襄陽，如此，何憂於操，何賴於羽？且羽君臣，矜其詐力，所在反覆，不可以腹心待也。今羽所以未便東向者，以至尊聖明，蒙等尚存也。今不於彊壯時圖之，一旦僵仆，[18]欲復陳力，其可得邪？”權深納其策，又聊復與論取徐州意，[19]蒙對曰：“今操遠在河北，新破諸袁，[20]撫集幽、冀，未暇東顧。徐土守兵，聞不足言，[21]往自可克。[22]然地勢陸通，驍騎所騁，至尊今日得徐州，操後旬必來爭，雖以七八萬人守之，猶當懷憂。不如取羽，全據長江，形勢益張。”權尤以此言爲當。及蒙代肅，初至陸口，外倍修恩厚，與羽結好。

後羽討樊，留兵將備公安、南郡。蒙上疏曰：“羽討樊而多留備兵，必恐蒙圖其後故也。蒙常有病，乞分士衆還建業，[23]以治疾爲名。羽聞之，必撤備兵，盡赴襄陽。大軍浮江，晝夜馳上，襲其空虛，則南郡可下，而羽可禽也。”遂稱病篤，權乃露檄召蒙還，陰與圖計。羽果信之，稍撤兵以赴樊。魏使于禁救樊，羽盡禽禁等，人馬數萬，託以糧乏，擅取湘關米。[24]權聞之，遂行，先遣蒙在前。蒙至尋陽，盡伏其精兵䑨䑦中，[25]使白衣搖櫓，[26]作商賈（人）服，[27]晝夜兼行，至羽所置江邊屯候，[28]盡收縛之，是故羽不聞知。遂到南郡，士仁、麋芳皆降。〔一〕蒙入據城，盡得羽及將士家屬，皆撫慰，[29]約令軍中不得干歷人家，[30]有所求取。蒙麾下士，是汝南人，取民家一笠，以覆官鎧，官鎧雖公，[31]蒙猶以爲犯軍令，不可以鄉里故而廢法，遂垂涕斬之。於是軍中震慄，道不拾遺。蒙旦暮使親近存恤耆老，問所不足，疾病者給醫藥，飢寒者賜衣糧。羽府藏財寶，皆封閉以待權至。羽還，在道路，數使人與蒙相聞，蒙輒厚遇其使，周游城中，[32]家家致問，或手書示信。羽人還，私相參訊，咸知家門無恙，[33]見待過於平時，故羽吏士無鬬心。會權尋至，羽自知孤窮，乃走麥城，[34]西至漳鄉，[35]衆皆委羽而降。權使朱然、潘璋斷其徑路，即父子俱獲，荆州遂定。

〔一〕《吳書》曰：將軍士仁在公安拒守，蒙令虞翻説之。翻至城門，謂守者曰：“吾欲與汝將軍語。”仁不肯相見。乃爲書曰：“明者防禍於未萌，智者圖患於將來，知得知失，可與爲人，知存知亡，足別吉凶。大軍之行，斥候不及施，烽火不及舉，此非天命，必有內應。將軍不先見時，時至又不應之，獨守縈帶之城而不降，[36]死戰則毀宗滅祀，爲天下譏笑。呂虎威欲徑到南郡，[37]斷絕陸道，生路一塞，案其地形，將軍爲在箕舌上耳，[38]奔走不得免，降則失義，竊爲將軍不安，幸熟思焉。”仁得書，流涕而降。翻謂蒙曰：“此譎兵也，當將仁行，留兵備城。”遂將仁至南郡。南郡太守麋芳城守，蒙以仁示之，遂降。

《吳錄》曰：初，南郡城中失火，頗焚燒軍器。羽以責芳，芳內畏懼，權聞而誘之，芳潛相和。及蒙攻之，乃以牛酒出降。

[1] 魯肅將萬人：百衲本“魯”字作“普”，殿本、盧弼《集解》本、校點本作“魯”。今從殿本等。又百衲本、殿本無“將”字，盧弼《集解》本、校點本有。今從盧弼《集解》本等。

[2] 酃（líng）：縣名。治所在今湖南衡陽市東。

[3] 南陽：郡名。治所宛縣，在今河南南陽市。

[4] 郝子太：郝普字子太。

[5] 樊：趙幼文《校箋》謂《册府元龜》卷三六二引作“焚”。按，宋本《册府元龜》亦作“樊”。樊，城名。在當時之襄陽縣北，與襄陽隔水相對。在今湖北襄陽市。按，關羽圍曹仁於樊城，乃建安二十四年之事，而劉備率軍至公安，遣關羽爭長沙等三郡、並入益陽與魯肅相持，係建安二十年之事。此數語有誤。

[6] 子太：百衲本作“予”，殿本、盧弼《集解》本作“子”。殿本《考證》陳皓云：“‘子’下疑脫‘太’字。”盧弼《集解》又謂元本作“子太”。校點本正作“子太”。今從之。

[7] 牛蹄中魚：謂牛蹄所踩坑中之魚，水極少，喻危急。《淮南子·氾論訓》：“夫牛蹏之涔，不能生鱣鮪。”

[8] 戴白：頭生白髮，形容老。《漢書》卷六四上《嚴助傳》：“戴白之老。”顏師古注：“戴白，言白髮在首。”

[9] 此家：指郝普。

[10] 孫皎：各本皆作“孫河”。《通鑑》卷六七漢獻帝建安二十年《考異》曰：“按孫河已死，或他人同姓名耳。”盧弼《集解》引朱邦衡曰：“‘河’疑作‘皎’，《通鑑考異》不得其人而强爲之説也。”校點本即從朱説改“河”爲“皎”。今從之。

[11] 權乃歸普等：趙一清《注補》云：“郝普入吴，仕至廷尉，以隱蓄事見責自殺，見《胡綜傳》；而《楊戲傳》以麋芳、士仁、郝普、潘濬四叛同贊，其不歸蜀可知矣。此云權歸普等，恐未實也。”

[12] 陽新：縣名，治所在今湖北陽新縣西南陽新鎮。

[13] 從征合肥：各本“從”字作“遂”。趙幼文《校箋》謂蕭常《續後漢書》“遂”字作“從”。考張紘、蔣欽、凌統等傳俱云“從征合肥”，《甘寧傳》作“從攻合肥”可證。今從趙説改。合肥，縣名。治所在今安徽合肥市西。

[14] 左護軍：官名。建安中曹操、孫權皆置，統軍。　虎威將軍：官名。建安中曹操置。孫權亦置。魏、晋沿襲，定爲五品。

[15] 蒙乃：殿本“乃”字作“又”，百衲本、盧弼《集解》本、校點本作“乃”。今從百衲本等。

[16] 令：各本皆作“今”，校點本據上下文義改爲“令”。今從之。　征虜：指孫皎。孫皎時爲征虜將軍。

[17] 白帝：城名。在今重慶市奉節縣東白帝山上。

[18] 僵仆：倒下。謂死亡。

[19] 徐州：東漢時刺史治所郯縣，在今山東郯城縣；漢末移治下邳縣，在今江蘇睢寧縣西北。

[20] 新破諸袁：周壽昌《注證遺》云：“操之破袁，距此已前十年，何云新破？此時操方駐軍居巢，何云遠在河北？縱敵國傳聞不實，而幽、冀久定，天下皆知，何撫集之有？不知陳氏何忽，有此誤語。”又趙幼文《校箋》謂《太平御覽》卷四五二（當作四五三)、《册府元龜》卷四〇七引“諸”字俱作“二”。

[21] 徐土守兵：趙幼文《校箋》謂《太平御覽》《册府元龜》

引作"今徐州將守"。　聞不足言：趙幼文《校箋》謂《太平御覽》《册府元龜》引作"惡足言也"。

［22］往自可克：趙幼文《校箋》謂《太平御覽》《册府元龜》引作"往必克之"。

［23］建業：縣名。治所在今江蘇南京市。

［24］湘關：趙一清《注補》云："《方輿記要》卷七十五：吳蜀分荆州，以湘水爲界，置關水上，以通商旅，謂之湘關。又八十一卷：湘口關在永州府北十里，瀟、湘二水合流處也。"永州府治即今湖南永州市。

［25］盡：趙幼文《校箋》謂《太平御覽》卷七七〇、卷七七一引俱作"晝"。　艜（gōu）䑦（lù）：吳地的一種大船。

［26］白衣：穿便衣的士兵。

［27］商賈服：各本作"商賈人服"。趙幼文《校箋》謂《太平御覽》卷七七〇、卷七七一引俱無"人"字。今從趙説删"人"字。

［28］屯候：即斥候。軍事哨所之哨兵。

［29］撫慰：趙幼文《校箋》謂《册府元龜》卷三四三、卷四〇一引"慰"下有"之"字。

［30］干歷：騷擾。

［31］官鎧雠公：趙幼文《校箋》謂《太平御覽》卷二九六、《册府元龜》卷四〇一引作"鎧雠公物"，無"官"字。

［32］周游：趙幼文《校箋》謂《太平御覽》卷三二四引"游"字作"旋"。按，《太平御覽》引題曰《蜀志》。

［33］家門：趙幼文《校箋》謂《太平御覽》卷三二四、《册府元龜》卷三九七引"門"字作"問"。按，宋本《册府元龜》作"間"。

［34］麥城：舊城名。在今湖北當陽市東南沮、漳二水之間。

［35］漳鄉：地名。在今湖北荆門市西。

［36］縈帶：環繞，包圍。

　　[37] 呂虎威：即呂蒙。呂蒙時爲虎威將軍。

　　[38] 箕舌：箕，星宿名。二十八宿之一，有星四顆，聯成梯形，形似簸箕，故名。其箕口外伸的部分即稱舌。《詩·小雅·大東》："維南有箕，載翕其舌。"鄭玄箋："翕猶引也。引舌者，謂上星相近。"朱熹《集傳》："箕引其舌，反若有所吞噬。"趙幼文《校箋》則云："《禮記·曲禮》正義：'箕踞，謂舒展兩足，狀如箕舌也。'則'在箕舌上'猶今所謂在鉗形包圍之中。"按，二説之義同。

　　以蒙爲南郡太守，封孱陵侯，[一][1]賜錢一億，黃金五百斤。蒙固辭金錢，權不許。封爵未下，會蒙疾發，權時在公安，迎置内殿，[2]所以治護者萬方，募封内有能愈蒙疾者，賜千金。時有鍼加，權爲之慘戚，欲數見其顔色，又恐勞動，[3]常穿壁瞻之，[4]見小能下食則喜，顧左右言笑，不然則咄唶，[5]夜不能寐。病中瘳，[6]爲下赦令，群臣畢賀。後更增篤，權自臨視，命道士於星辰下爲之請命。[7]年四十二，遂卒於内殿。時權哀痛甚，爲之降損。蒙未死時，所得金寶諸賜盡付府藏，敕主者命絶之日皆上還，喪事務約。權聞之，益以悲感。

　　〔一〕《江表傳》曰：權於公安大會，呂蒙以疾辭，權笑曰："禽羽之功，子明謀也，今大功已捷，慶賞未行，豈邑邑邪？"[8]乃增給步騎鼓吹，[9]敕選虎威將軍官屬，并南郡、廬江二郡威儀。[10]拜畢還營，兵馬導從，前後鼓吹，光耀于路。

　　[1] 孱（zhàn）陵：縣名。劉備改名公安。治所在今湖北公

安縣西。

[2] 迎：趙幼文《校箋》謂《太平御覽》卷七三八引作"延"。蕭常《續後漢書》作"輿"。

[3] 又恐勞動：趙幼文《校箋》謂《群書治要》卷二七、《太平御覽》卷四四七及卷七三八引"恐"下俱有"其"字。

[4] 常穿：趙幼文《校箋》謂《文選·辨亡論》李善注引"穿"下有"鑿"字，《太平御覽》卷七三八引同。

[5] 咄（duō）嗟（jiè）：嘆息。

[6] 病中瘳：趙幼文《校箋》謂《文選·辨亡論》李善注引"中"字作"小"。《太平御覽》卷六五二引作"有瘳"。按，《太平御覽》引用"病中有瘳"。

[7] 命道士：趙幼文《校箋》謂《冊府元龜》卷三七七引"士"下有"壇"字。

[8] 邑邑：憂鬱不樂貌。邑，同"悒"。《說文·心部》："悒，不安也。"段玉裁注："《蒼頡篇》曰：'悒悒，不暢之貌也。'其字古通'邑'。"

[9] 鼓吹：軍樂隊。

[10] 威儀：帝王或大臣的儀仗、扈從。

蒙少不脩書傳，每陳大事，常口占爲牋疏。常以部曲事爲江夏太守蔡遺所白，[1]蒙無恨意。及豫章太守顧邵卒，權問所用，蒙因薦遺奉職佳吏，權笑曰："君欲爲祁奚耶？"[2]於是用之。甘寧麤暴好殺，既常失蒙意，[3]又時違權令，權怒之，蒙輒陳請："天下未定，鬭將如寧難得，宜容忍之。"權遂厚寧，卒得其用。

蒙子霸襲爵，與守冢三百家，復田五十頃。[4]霸卒，兄琮襲侯。琮卒，弟睦嗣。

孫權與陸遜論周瑜、魯肅及蒙曰："公瑾雄烈，膽略兼人，遂破孟德，開拓荆州，邈焉難繼，君今繼之。公瑾昔要子敬來東，致達於孤，孤與宴語，便及大略帝王之業，[5]此一快也。後孟德因獲劉琮之勢，張言方率數十萬衆水步俱下。[6]孤普請諸將，咨問所宜，無適先對，[7]至子布、文表，[8]俱言宜遣使脩檄迎之，子敬即駮言不可，勸孤急呼公瑾，付任以衆，逆而擊之。此二快也。且其決計策，意出張、蘇遠矣；[9]後雖勸吾借玄德地，是其一短，不足以損其二長也。[10]周公不求備於一人，[11]故孤忘其短而貴其長，[12]常以比方鄧禹也。[13]又子明少時，孤謂不辭劇易，果敢有膽而已；及身長大，學問開益，籌略奇至，[14]可以次於公瑾，但言議英發不及之耳。圖取關羽，勝於子敬。子敬答孤書云：‘帝王之起，皆有驅除，羽不足忌。’[15]此子敬內不能辨，[16]外爲大言耳，孤亦恕之，不苟責也。[17]然其作軍，屯營不失，令行禁止，部界無廢負，[18]路無拾遺，其法亦美也。”

[1] 常：通“嘗”。《韓非子·外儲説》：“主父常遊于此。”陳奇猷《集解》引太田方曰：“常、嘗通。” 部曲：本爲漢代軍隊的編制。《續漢書·百官志》云：“大將軍營五部，部校尉一人，部下有曲。”因稱軍隊爲部曲。魏、晋以後，又稱私人武裝爲部曲。

[2] 祁奚：春秋晋國大夫。以舉賢不避仇爲世所稱頌。《左傳·襄公三年》：“祁奚請老，晋侯問嗣焉。稱解狐，其讎也。”

[3] 常：百衲本、殿本、盧弼《集解》本作“嘗”，校點本作“常”，蕭常《續後漢書》亦作“常”。以下文“又時違權令”“蒙輒陳請”看，則非止一次。故從校點本。

[4] 與守冢三百家：趙幼文《校箋》謂《建康實録》作"置守冢三十家"。　復田：免除國家租税之田。

[5] 業：趙幼文《校箋》謂《建康實録》作"策"。

[6] 張言：誇大之言。

[7] 無適（dí）：謂無人言主張。《漢書》卷三一《項籍傳》："欲立長，無適用。"顔師古注："適，主也。音與的同。"

[8] 子布：張昭字子布。　文表：秦松字文表。見本書卷五三《張紘傳》。

[9] 張蘇：指張儀、蘇秦。按，《建康實録》卷一作"張陳"。張忱石《校勘記》又謂《四庫全書》本作"張蘇"。若作"張陳"，則指張良、陳平。

[10] 損其：趙幼文《校箋》謂《太平御覽》卷四四五引無"其"字，《建康實録》、蕭常《續後漢書》皆同。

[11] 周公：周公旦，周武王之弟，封於魯。《論語·微子》：周公謂魯公（周公子伯禽）曰："無求備於一人！"求備，求全責備。

[12] 貴其長：趙幼文《校箋》謂《太平御覽》卷四四五引作"不貴其長"。

[13] 鄧禹：漢光武帝劉秀之功臣。劉秀起兵後，鄧禹投歸，建中興漢室之策；與劉秀平河北諸軍皆有功。到赤眉軍入關，鄧禹受命西討，平定河東。而赤眉入長安後，鄧禹不敢直攻長安，光武帝下令進攻，禹猶分兵別攻上郡諸縣，終爲赤眉軍所敗。（見《後漢書》卷一六《鄧禹傳》）

[14] 奇至：趙幼文《校箋》謂《建康實録》作"奇正"，疑是。按，《通鑑》卷六八及蕭常《續後漢書》皆作"奇至"。

[15] 羽不足忌：胡三省云："謂關羽之强，適足爲吳之驅除也。"（《通鑑》卷六八漢獻帝建安二十四年注）

[16] 辨：百衲本、盧弼《集解》本作"辨"，殿本、校點本作"辦"，《通鑑》及蕭常《續後漢書》亦作"辦"。按，二字可

通。今從百衲本等。

　　[17] 苟責：吳金華《校詁》謂朱起鳳《辭通》謂“‘苟’為‘苛’字之訛，形相涉也。”“苛責”亦即責備之義。

　　[18] 部界無廢負：胡三省云：“謂部界之內無有廢職以為罪負也。”（《通鑑》卷六八漢獻帝建安二十四年注）

　　評曰：“曹公乘漢相之資，挾天子而掃群桀，新蕩荊城，仗威東下，[1]于時議者莫不疑貳。周瑜、魯肅建獨斷之明，出衆人之表，實奇才也。呂蒙勇而有謀斷，識軍計，譎郝普，禽關羽，最其妙者。初雖輕果妄殺，終於克己，有國士之量，豈徒武將而已乎！孫權之論，優劣允當，故載錄焉。

　　[1] 東下：百衲本、殿本、標點本作“東夏”，盧弼《集解》本作“東下”。殿本《考證》云：“毛本作‘東下’。”按史事，作“東下”為長，今從盧弼《集解》本。

三國志 卷五五

吳書十

程黃韓蔣周陳董甘淩徐潘丁傳第十

　　程普字德謀，右北平土垠人也。[1]初爲州郡吏，[2]有容貌計略，善於應對。從孫堅征伐，討黃巾於宛、鄧，[3]破董卓於陽人，[4]攻城野戰，身被創夷。

　　堅薨，復隨孫策在淮南，[5]從攻廬江，[6]拔之，還俱東渡。策到橫江、當利，[7]破張英、于麋等，轉下秣陵、湖熟、句容、曲阿，[8]普皆有功，增兵二千，騎五十匹。[9]進破烏程、石木、波門、陵傳、餘杭，[10]普功爲多。策入會稽，[11]以普爲吳郡都尉，[12]治錢唐。[13]後徙丹楊都尉，居石城。[14]復討宣城、涇、安吳、陵陽、春穀諸賊，[15]皆破之。策嘗攻祖郎，大爲所圍，普與一騎共蔽扞策，驅馬疾呼，以矛突賊，賊披，策因隨出。後拜盪寇中郎將，[16]領零陵太守，[17]從討劉勳於尋陽，[18]進攻黃祖於沙羨，[19]還鎮石城。

　　策薨，與張昭等共輔孫權，遂周旋三郡，[20]平討不服。又從征江夏，[21]還過豫章，[22]別討樂安。[23]樂安平定，代太史慈備海昏，[24]與周瑜爲左右督，[25]破曹公於烏林，[26]又進攻南郡，[27]走曹仁。拜裨將軍，[28]領江夏太守，治沙羡，食四縣。[29]

　　先出諸將，普最年長，時人皆呼程公。性好施與，喜士大夫。周瑜卒，代領南郡太守。權分荊州與劉備，普復還領江夏，遷盪寇將軍，[30]卒。〔一〕權稱尊號，追論普功，封子咨爲亭侯。[31]

　　〔一〕《吳書》曰：普殺叛者數百人，皆使投火，即日病癘，[32]百餘日卒。

　　[1] 右北平：郡名。治所土垠縣，在今河北豐潤縣東南。

　　[2] 州郡吏：趙幼文《校箋》謂《册府元龜》卷三四三引無“州”字。

　　[3] 宛：縣名。治所在今河南南陽市。　鄧：縣名。治所在今湖北襄陽市西北。

　　[4] 陽人：聚邑名。在今河南汝州市西北。

　　[5] 淮南：地區名。泛指淮水以南地區。

　　[6] 廬江：郡名。治所本在舒縣，在今安徽廬江縣西南。建安四年（199）劉勳移於皖縣，在今安徽潛山縣。

　　[7] 横江：即今安徽和縣與馬鞍山市之間的長江。　當利：地名。在今安徽和縣東，當利水入江之處。

　　[8] 秣陵：縣名。治所在今江蘇江寧縣南秣陵鎮。　湖熟：校點本作“湖孰”，百衲本、殿本、盧弼《集解》本作“湖熟”。今從百衲本等。湖熟，縣名。治所在今江蘇江寧縣東南湖熟鎮。　句容：縣名。治所在今江蘇句容市。　曲阿：縣名。治所在今江蘇丹

陽市。

［9］疋：殿本作“四”，百衲本、盧弼《集解》本、校點本作“匹”。今從百衲本等。

［10］烏程：縣名。治所在今浙江杭州市湖州區南下菰城。石木波門陵傳：皆地名。梁章鉅《旁證》引沈欽韓曰：“烏程、餘杭之間，今《湖州府志》無此地名。” 餘杭：縣名。治所在今浙江杭州市餘杭區。

［11］會稽：郡名。治所山陰縣，在今浙江紹興市。

［12］吳郡都尉：官名。西漢時郡置都尉，輔佐郡守並掌本郡軍事。東漢廢除，但如有緊急軍事，亦臨時設置。東漢又在邊郡或關塞之地置都尉及屬國都尉，並漸漸分縣治民，職如太守。魏晉時期，每郡又置都尉一人，大郡或置二人，分爲東西部或南北部，典兵禁，備盜賊。此吳郡都尉，乃孫策所置。

［13］錢唐：縣名。西漢爲縣，東漢廢，漢末靈帝時又復置，治所在今浙江杭州市。

［14］石城：縣名。治所在今安徽當塗縣東北。

［15］宣城：縣名。西漢爲縣，東漢廢，後又復置，治所在今安徽南陵縣東青弋鎮。 涇：縣名。治所在今安徽涇縣西。 安吳：縣名。治所在今安徽涇縣西南。 陵陽：縣名。治所在今安徽石臺縣東北廣陽鎮。 春穀：縣名。治所在今安徽繁昌縣西北。

［16］盪寇中郎將：官名。建安初孫策所置，領兵。

［17］零陵：郡名。治所泉陵縣，在今湖南永州市。

［18］尋陽：縣名。治所在今湖北黃梅縣西南。

［19］沙羨（yí）：縣名。治所在今湖北武昌縣西南金口。

［20］三郡：指丹楊、吳郡、會稽。丹楊郡治所宛陵縣，在今安徽宣州市。吳郡治所吳縣，在今江蘇蘇州市。

［21］江夏：郡名。東漢末治所在西陵縣，在今湖北新州縣西。劉表以黃祖爲江夏太守，移治所於沙羨縣。此後治所又多有變動。

［22］豫章：郡名。治所南昌縣，在今江西南昌市。

［23］樂安：縣名。治所在今江西德興市東北。

［24］海昏：縣名。治所在今江西永修縣西北艾城。

［25］左右督：官名。即左部督與右部督，孫權所置，皆爲統兵將領。

［26］烏林：地名。在今湖北洪湖市烏林磯。

［27］南郡：治所江陵縣，在今湖北荆州市江陵區。

［28］裨將軍：官名。漢雜號將軍之低級者。

［29］食四縣：即以四縣爲奉邑。亦即收取四縣之賦稅作爲官俸。

［30］盪寇將軍：官名。東漢末置，爲雜號將軍，主統兵出征。

［31］爲亭侯：趙幼文《校箋》謂蕭常《續後漢書》作“岐亭侯”，無“爲”字。按，亭侯，爵名。漢制，列侯大者食縣邑，小者食鄉、亭。東漢後期遂以食鄉、亭者稱爲鄉侯、亭侯。

［32］病瘖：趙幼文《校箋》謂《白孔六帖》卷五六引“瘖”字作“瘖”，《太平御覽》卷七四〇引《兵書》（按，實作《吳書》）同。《説文·疒部》：“瘖，不能言也。”

黃蓋字公覆，零陵泉陵人也。[一][1]初爲郡吏，察孝廉，[2]辟公府。孫堅舉義兵，蓋從之，堅南破山賊，北走董卓，拜蓋別部司馬。[3]堅薨，蓋隨策及權。擐甲周旋，蹈刃屠城。

〔一〕《吳書》曰：故南陽太守黃子廉之後也，[4]枝葉分離，自祖遷于零陵，遂家焉。蓋少孤，嬰丁凶難，[5]辛苦備嘗，然有壯志，雖處貧賤，不自同於凡庸，常以負薪餘閒，學書疏，講兵事。

［1］泉陵：縣名。治所在今湖南永州市。

　　[2] 孝廉：漢代選拔官吏的主要科目。孝指孝子，廉指廉潔之士。原本爲二科，後混同爲一科，也不再限於孝子和廉吏。東漢後期，定制爲不滿四十歲者不得察舉；被舉者先詣公府課試，以觀其能。郡國每年要向中央推舉一至二人。

　　[3] 別部司馬：官名。東漢時大將軍領營五部，部有軍司馬一人，秩比千石。其別營領屬稱別部司馬。後雖非大將軍者，亦或有置。

　　[4] 南陽：郡名。治所宛縣，在今河南南陽市。

　　[5] 嬰丁：遭受。

　　諸山越不賓，[1]有寇難之縣，輒用蓋爲守長。石城縣吏，特難檢御，蓋乃署兩掾，[2]分主諸曹。教曰：“令長不德，徒以武功爲官，不以文吏爲稱。今賊寇未平，有軍旅之務，一以文書委付兩掾，當檢攝諸曹，糾摘謬誤。兩掾所署，事入諸出，[3]若有姦欺，終不加以鞭杖，宜各盡心，無爲衆先。”初皆怖威，夙夜恭職；久之，吏以蓋不視文書，漸容人事。蓋亦嫌外懈怠，時有所省，各得兩掾不奉法數事。乃悉請諸掾吏，賜酒食，因出事詰問。兩掾辭屈，皆叩頭謝罪。蓋曰：“前已相敕，終不以鞭杖相加，非相欺也。”遂殺之。縣中震慄。後轉春穀長，尋陽令。凡守九縣，所在平定。遷丹楊都尉，抑彊扶弱，山越懷附。

　　蓋姿貌嚴毅，善於養衆，每所征討，士卒皆爭爲先。建安中，[4]隨周瑜拒曹公於赤壁，[5]建策火攻，語在《瑜傳》。[一]拜武鋒中郎將。[6]武陵蠻夷反亂，[7]攻守城邑，[8]乃以蓋領太守。時郡兵才五百人，自以不敵，因開城門，賊半入，乃擊之，斬首數百，餘皆奔走，盡歸邑落。[9]誅討魁帥，附從者赦之。[10]自春訖夏，寇亂盡平，諸幽邃巴、醴、由、誕邑侯君長，[11]皆改操易節，奉禮請見，郡境遂清。後長沙益陽縣爲山賊所攻，[12]蓋又平討，加偏將軍，[13]病卒于官。[14]

〔一〕《吳書》曰：赤壁之役，蓋爲流矢所中，時寒墮水，爲吳軍人所得，不知其蓋也，置廁牀中。[15]蓋自彊以一聲呼韓當，當聞之，曰："此公覆聲也。"向之垂涕，解易其衣，遂以得生。

[1] 山越：漢末三國時期，居於南方山區的土著人民稱爲山越。因其在秦漢時稱越人，雖經三百餘年已與漢族相融合，但時人仍稱之爲越。（本唐長孺《孫吳建國及漢末江南的宗部與山越》）

[2] 掾：屬官之統稱。漢代三公府及其他重要官府以及郡縣官府皆置掾，分曹治事，掾爲曹長。

[3] 事：周一良《南史札記》謂"事"即文書之意。此"意謂兩掾署名之文書送入立即畫諾，付出實行。下文又云，'因出事詰問，而掾詞屈'，事字意同"（周一良：《魏晉南北朝史札記》，中華書局1985年版，第457頁）。

[4] 建安：漢獻帝年號（196—220）。

[5] 赤壁：山名。在今湖北蒲圻市西北長江邊。詳解見本書卷一《武帝紀》建安十三年注。

[6] 武鋒中郎將：官名。建安中孫權置。領兵。

[7] 武陵：郡名。治所臨沅縣，在今湖南常德市。

[8] 攻守：蕭常《續後漢書》無"守"字。

[9] 邑落：此爲少數民族聚居的村落。

[10] 附從：百衲本"附"前有"從"字，殿本、盧弼《集解》本、校點本無，蕭常及郝經之《續後漢書》亦無。今從殿本等。

[11] 巴醴由誕：趙一清《注補》云：“巴、醴、由、誕，四水名。由即油水，誕即澹水也。《水經注》：澧水又東，澹水出焉。” 邑侯：此爲武陵地區少數民族頭領之爵名。

[12] 長沙：郡名。治所臨湘縣，在今湖南長沙市。 益陽縣：漢代治所在今湖南益陽市東。孫吳移治於益陽市。

[13] 偏將軍：雜號將軍中地位較低者。

[14] 卒于官：百衲本無“于”字，殿本、盧弼《集解》本、校點本有，郝經《續後漢書》亦有。今從殿本等。

[15] 厠牀：厠所中的坐牀。

蓋當官決斷，事無留滯，國人思之。〔一〕[1]及權踐阼，追論其功，賜子柄爵關內侯。[2]

〔一〕《吳書》曰：又圖畫蓋形，四時祠祭。

[1] 國人：趙幼文《校箋》謂蕭常《續後漢書》“國”字作“郡”。

[2] 關內侯：爵名。漢制二十級爵之十九級，次於列侯，祇有封戶收取租税而無封地。魏文帝定爵制爲十等，關內侯在亭侯下，仍爲虚封，無食邑。孫吳亦沿襲。

韓當字義公，遼西令支人也。[1]令音郎定反。支音巨兒反。以便弓馬，有膂力，幸於孫堅，從征伐周旋，數犯危難，陷敵擒虜，爲別部司馬。〔一〕及孫策東渡，從討三郡，[2]遷先登校尉，[3]授兵二千，騎五十匹。從征劉勳，破黃祖，還討鄱陽，[4]領樂安長，山越畏服。後以中郎將與周瑜等拒破曹公，[5]又與呂蒙襲取南郡，遷

偏將軍，領永昌太守。[6]宜都之役，[7]與陸遜、朱然等
共攻蜀軍於涿鄉，[8]大破之，徙威烈將軍，[9]封都亭
侯。[10]曹真攻南郡，當保東南。（在外爲）帥屬將士同
心固守，[11]又敬望督司，[12]奉遵法令，權善之。黃武
二年，[13]封石城侯，遷昭武將軍，[14]領冠軍太守，[15]後
又加都督之號。[16]將敢死及解煩兵萬人，[17]討丹楊賊，
破之。會病卒，子綜襲侯領兵。

〔一〕《吳書》曰：當勤苦有功，以軍旅陪隸，分於英豪，[18]
故爵位不加。終於堅世，爲別部司馬。

［1］遼西：郡名。治所陽樂縣，在今遼寧義縣西偏南古城子
溝。　令支：縣名。治所在今河北遷安市西。

［2］從討：趙幼文《校箋》謂蕭常《續後漢書》“討”字作
“定”。

［3］先登校尉：官名。建安初孫策置，領兵。

［4］鄱陽：縣名。治所在今江西鄱陽縣東北。

［5］中郎將：官名。東漢末爲統兵武職，位次將軍，秩比二千
石。三國沿置。

［6］永昌：郡名。治所不韋縣，在今雲南保山市東北金鷄村。
按，永昌郡爲蜀漢之南中地區，韓當乃空名遙領。

［7］宜都：郡名。治所夷道縣，在今湖北枝城市。宜都之役，
指公元222年的蜀吳虓亭之戰。虓亭即在今枝城市北長江東岸。

［8］涿鄉：地名。謝鍾英云：“涿鄉當在夷陵縣西。”（《補三
國疆域志補注》）夷陵縣在今湖北宜昌市東南。

［9］威烈將軍：官名。孫吳置。領兵。

［10］都亭侯：爵名。位在鄉侯下，食禄於都亭。都亭，城郭
附近之亭。

[11] 帥：各本作"在外爲帥"。趙幼文《校箋》謂《册府元龜》卷三九九引無"在外爲"三字，是也。按，宋本《册府元龜》亦同，今從趙説删"在外爲"三字。

[12] 督司：上級督軍。

[13] 黄武：吴大帝孫權年號（222—229）。

[14] 昭武將軍：官名。曹魏置，爲雜號將軍中權任較重者。第五品。孫吴亦置。

[15] 冠軍：縣名。治所在今河南鄧州市西北。此地爲曹魏據有，吴以之爲郡，僅空名遥領而已。

[16] 都督：此爲統軍將帥之稱號。

[17] 解煩兵：孫權置以侍衛及征戰、直屬最高統治者的精鋭軍隊。

[18] 分：殿本《考證》云："分"疑作"介"。

　　其年，權征石陽，[1]以綜有憂，[2]使守武昌，[3]而綜淫亂不軌。權雖以父故不問，綜内懷懼，〔一〕載父喪，將母家屬部曲男女數千人奔魏。[4]魏以爲將軍，封廣陽侯。[5]數犯邊境，殺害人民，權常切齒。東興之役，[6]綜爲前鋒，軍敗身死，諸葛恪斬送其首，以白權廟。

　　〔一〕《吴書》曰：綜欲叛，恐左右不從，因諷使劫略，示欲饒之，轉相放效，[7]爲行旅大患。後因詐言被詔，以部曲爲寇盜見詰讓，[8]云"將吏以下，當並收治"，又言恐罪自及。[9]左右因曰："惟當去耳。"遂共圖計，以當葬父，盡呼親戚姑姊，悉以嫁將吏，所幸婢妾，皆賜與親近，殺牛飲酒歃血，與共盟誓。

[1] 石陽：縣名。治所在今湖北漢川市西北。

[2] 憂：謂父死丁憂。

〔3〕武昌：郡名。治所武昌縣，在今湖北鄂州市。

〔4〕部曲：軍隊。

〔5〕廣陽：縣名。治所在今北京市西南良鄉鎮東北。

〔6〕東興：堤名。在今安徽巢湖市東南裕溪河東岸。堤爲吳人所築，以遏巢湖水。東興之役，指公元 252 年魏吳東關（亦即東興）之戰。

〔7〕放：通"仿"。

〔8〕詰讓：百衲本"詰"作"劫"，殿本、盧弼《集解》本、校點本作"詰"。今從殿本等。

〔9〕自及：及於自己。

　　蔣欽字公奕，九江壽春人也。[1]孫策之襲袁術，[2]欽隨從給事。[3]及策東渡，拜別部司馬，授兵。與策周旋，平定三郡，又從定豫章。調授葛陽尉，[4]歷三縣長，討平盜賊，遷西部都尉。[5]會稽〔東〕冶賊呂合、秦狼等爲亂，[6]欽將兵討擊，遂禽合、狼，五縣平定，徙討越中郎將，[7]以涇拘、昭陽爲奉邑。[8]賀齊討黟賊，[9]欽督萬兵，與齊并力，黟賊平定。從征合肥，[10]魏將張遼襲權於津北，[11]欽力戰有功，遷盪寇將軍，領濡須督。[12]後召還都，拜（津）右護軍，[13]典領辭訟。

　　權嘗入其堂內，母疎帳縹被，[14]妻妾布裙。權歎其在貴守約，即敕御府爲母作錦被，[15]改易帷帳，妻妾衣服悉皆錦繡。

　　初，欽屯宣城，嘗討豫章賊。蕪湖令徐盛收欽屯吏，[16]表斬之，權以欽在遠不許，盛由是自嫌於欽。曹公出濡須，欽與呂蒙持諸軍節度。盛常畏欽因事害

己，而欽每稱其善。盛既服德，論者美焉。〔一〕

〔一〕《江表傳》曰：權謂欽曰："盛前白卿，卿今舉盛，欲
慕祁奚邪？"[17]欽對曰："臣聞公舉不挾私怨，盛忠而勤彊，有
膽略器用，好萬人督也。今大事未定，臣當助國求才，豈敢挾
私恨以蔽賢乎！"權嘉之。

[1] 九江：郡名。東漢時治所陰陵縣，在今安徽定遠縣西北；
漢末移治壽春縣，在今安徽壽縣。

[2] 孫策之襲袁術：殿本《考證》盧明楷曰："按《孫策傳》，
袁術僭號，策止以書責而絕之，未有襲術之事，疑有誤。"盧弼
《集解》引陳景雲曰："襲字當作'依'，或'就'字之誤。"

[3] 給事：辦理事務。

[4] 葛陽：縣名。孫吳分餘汗縣東境置，治所在今江西弋陽縣
西。　尉：漢制，大縣置尉二人，小縣一人。掌管軍事，防盜賊。

[5] 西部都尉：官名。指會稽西部都尉，治所長山縣，在今浙
江金華市。孫晧寶鼎元年（266），改爲東陽郡。（本《宋書·州郡
志》）

[6] 東冶："冶"，盧弼《集解》本作"治"，百衲本、殿本、
校點本作"冶"。今從百衲本等。而各本皆無"東"字，蕭常《續
後漢書》作"東冶"，本書卷六〇《呂岱傳》亦作"東冶"，今據
增"東"字。東冶縣治所在今福建福州市。

[7] 討越中郎將：官名。建安中孫權置，領兵，討伐山越。

[8] 涇拘昭陽：殿本、盧弼《集解》本、校點本"涇"字作
"經"，百衲本作"涇"，郝經《續後漢書》亦作"涇"。今從百衲
本。錢大昕云："經拘、昭陽，漢時無此縣名。《宋志》邵陵郡有
邵陽縣，吳立曰昭陽。即欽所食邑矣。經拘未詳。"（《廿二史考
異》卷一七）昭陽縣治所在今湖南邵東縣東。而趙一清《注補》

則云："經拘，晋、宋《志》皆不載，疑此文有誤。欽屯宣城，故其子封宣城侯，其食邑當在丹陽，不得遠屆湘鄄也。漢丹陽郡有涇縣、有句容，'經拘、昭陽'或是鄉亭之名，下云以蕪湖田給欽妻子是也。"漢代涇縣治所在今安徽涇縣西。

[9] 黟：百衲本、殿本作"黝"，盧弼《集解》本、校點本作"黟"。殿本《考證》云："黝賊，疑作'黟賊'。"盧弼《集解》云："黟，各本均作'黝'誤，元本作'黟'，是。"今從盧弼《集解》本等。黟縣治所在今安徽黟縣東。

[10] 合肥：縣名。治所在今安徽合肥市西北。

[11] 津：盧弼《集解》云："《水經注》合肥東有逍遥津，水上舊有梁。"

[12] 濡須督：官名。濡須駐軍之長官。濡須在今安徽無爲縣東北古濡須水畔。

[13] 右護軍：百衲本、殿本、盧弼《集解》本"右"上有"津"字。盧弼云："'津'字疑衍，吳置中、左、右護軍各一人。"校點本即從盧説刪'津'字，今從之。趙幼文《校箋》謂《太平御覽》卷六九九、卷八一五引無"津"字。《文選》陸士衡《辨亡論》李善注、《通鑑》亦無"津"字。按，右護軍，建安中孫權置。典領辭訟。後沿之。

[14] 縹被：淡青色的被子。

[15] 御府：官署名。東漢時掌使役宮婢製作補浣宮廷所用衣物等事，又置織室丞。三國因之。

[16] 蕪湖：縣名。治所在今安徽蕪湖市。

[17] 祁奚：春秋晋國大夫。以舉賢不避仇爲世所稱贊。《左傳·襄公三年》："祁奚請老，晋侯問嗣焉。稱解狐，其讎也。"

權討關羽，欽督水軍入沔，[1] 還，道病卒。權素服舉哀，以蕪湖民二百户、田二百頃，給欽妻子。子壹封宣城侯，領兵拒劉備有功，還赴南郡，與魏交戰，臨陣卒。壹無子，弟休領兵，[2]後有罪失業。

[1] 沔：水名。即漢水。

[2] 領兵：孫吳實行世襲領兵制，父祖所領之兵，子孫得繼承領有。

周泰字幼平，九江下蔡人也。[1]與蔣欽隨孫策爲左右，服事恭敬，數戰有功。策入會稽，署別部司馬，授兵。權愛其爲人，請以自給。策討六縣山賊，權住宣城，使士自衛，不能千人，意尚忽略，不治圍落，[2]而山賊數千人卒至。權始得上馬，而賊鋒刃已交於左右，或斫中馬鞍，衆莫能自定。惟泰奮擊，[3]投身衛權，膽氣倍人，左右由泰並能就戰。賊既解散，身被十二創，良久乃蘇。是日無泰，[4]權幾危殆。策深德之，補春穀長。後從攻皖，[5]及討江夏，還過豫章，復補宜春長，[6]所在皆食其征賦。

從討黃祖有功。後與周瑜、程普拒曹公於赤壁，攻曹仁於南郡。荆州平定，[7]將兵屯岑。[8]曹公出濡須，泰復赴擊，曹公退，留督濡須，拜平虜將軍。[9]時朱然、徐盛等皆在所部，並不伏也，權特爲案行至濡須塢，[10]因會諸將，大爲酣樂，權自行酒到泰前，命泰解衣，權手自指其創痕，問以所起。泰輒記昔戰鬭處以對，畢，使復服，歡讌極夜，其明日，遣使者授以御蓋。〔一〕[11]於是盛等乃伏。

〔一〕《江表傳》曰：權把其臂，因流涕交連，字之曰：“幼平，卿爲孤兄弟戰如熊虎，不惜軀命，被創數十，膚如刻畫，孤亦何心不待卿以骨肉之恩，委卿以兵馬之重乎！卿吳之功臣，孤當與卿同榮辱，等休戚。幼平意快爲之，[12] 勿以寒門自退也。”即敕以己常所用御幘青縑蓋賜之。坐罷，住駕，使泰以兵馬導從出，鳴鼓角作鼓吹。

[1] 下蔡：縣名。治所在今安徽鳳臺縣。

[2] 圍落：即藩籬。借指防衛。

[3] 奮擊：殿本、盧弼《集解》本作“奮擊”，百衲本、校點本作“奮激”。殿本《考證》云：“監本訛作‘奮激没身’，今改正。”按，蕭常《續後漢書》亦作“奮擊”。今從殿本等。

[4] 無泰：吳金華《〈三國志集解〉校箋》謂《通鑑》卷六八胡三省注引《周泰傳》“無”字作“微”，當是原文。

[5] 皖：縣名。治所在今安徽潛山縣。

[6] 宜春：縣名。治所在今江西宜春市。

[7] 荆州：漢末劉表爲刺史，治所襄陽縣，在今湖北襄陽市襄州區。

[8] 岑：趙一清《注補》云：“蓋屯戍之名。在今澧州東北。”清代澧州，即今湖南澧縣。

[9] 平虜將軍：官名。漢末建安中曹操置，孫權亦置。

[10] 濡須塢：在濡須，建安十六年孫權築。因形似偃月，又名偃月塢。

[11] 御蓋：帝王儀仗之一的傘蓋。

[12] 幼平：百衲本、殿本作“威平”，盧弼《集解》本、校點本作“幼平”。潘眉《考證》云：“威平，當爲‘幼平’，因‘幼’上有‘戚’字，遂訛‘幼’爲‘威’。”今從盧弼《集解》本等。

後權破關羽，欲進圖蜀，拜泰漢中太守、奮威將軍，[1]封陵陽侯。黃武中卒。

子邵以騎都尉領兵。[2]曹仁出濡須，戰有功，又從攻破曹休，進位裨將軍，黃龍二年卒。[3]弟承領兵襲侯。

[1] 漢中：郡名。治所南鄭縣，在今陝西漢中市東。此時漢中爲蜀漢所有，周泰乃空名遙領。　奮威將軍：官名。漢爲雜號將軍。

[2] 騎都尉：官名。孫吳時統羽林兵，宿衛左右。

[3] 黃龍：吳大帝孫權年號（229—231）。

陳武字子烈，廬江松滋人〔也〕。[1]孫策在壽春，[2]武往脩謁，時年十八，長七尺七寸，因從渡江，征討有功，拜別部司馬。[3]策破劉勳，多得廬江人，料其精銳，乃以武爲督，[4]所向無前，及權統事，轉督五校。[5]仁厚好施，鄉里遠方客多依託之。尤爲權所親愛，數至其家。累有功勞，進位偏將軍。建安二十年，從擊合肥，奮命戰死。權哀之，自臨其葬。〔一〕[6]

〔一〕《江表傳》曰：權命以其愛妾殉葬，復客二百家。[7]

孫盛曰：昔三良從穆，[8]秦師以之不征；魏妾既出，[9]杜回以之僵仆。禍福之報，如此之效也。權仗計任術，以生從死，世祚之促，不亦宜乎！

[1] 松滋：錢大昕《廿二史考異》謂《漢書·地理志》廬江郡有松茲縣，《續漢書·郡國志》無之，則東漢已省此縣，疑漢末

復置也。按，西漢松茲乃侯國，治所在今安徽太湖縣南。 人也：各本無"也"字。盧弼《集解》云："'人'下少'也'字。《董襲傳》同。"趙幼文《校箋》謂《文選》陸士衡《辨亡論》李善注引"人"下有"也"字，此脱。今從趙引補。

　　[2]壽春：縣名。治所在今安徽壽縣。

　　[3]別部司馬：百衲本無"別"字，殿本、盧弼《集解》本、校點本有，蕭常《續後漢書》亦有。今從殿本等。

　　[4]督：官名。此爲統兵武官。

　　[5]五校：東漢時屯騎、越騎、步兵、長水、射聲等五校尉，簡稱五校，皆統宿衛兵。盧弼《集解》云："時權尚未即尊，不得有五校，或亦如無難督、解煩督耳。"則爲孫權所置的警衛部隊。

　　[6]葬：趙幼文《校箋》謂《文選》陸士衡《辨亡論》李善注引作"喪"。

　　[7]復客：亦稱"復人"。孫吳實行復客制度，將屯田客甚至編户農民賜與功臣之家爲客，並免除其賦役，稱爲復客。復客要向私家納課供役，類似於農奴。

　　[8]三良從穆：三良，指春秋秦國子車氏之三子；穆，指秦穆公。殿本、盧弼《集解》本、校點本作"穆秦"，百衲本作"秦穆"。今從殿本等。《左傳·文公六年》："秦伯任好（秦穆公名任好）卒，以子車氏三子奄息、仲行、鍼虎爲殉，皆秦之良也。國人哀之，爲之賦《黃鳥》。君子曰：'秦穆之不爲盟主也宜哉！死而棄民。先王違世，猶詒之法，而況奪之善人乎？'"又云："君子是以知秦之不復東征也。"《史記》卷五《秦本紀》亦引君子曰："秦繆公廣地益國，東服強晋，西霸戎夷，然不爲諸侯盟主，亦宜哉。死而棄民，收其良臣而從死。且先王崩，尚猶遺德垂法，況奪之善人良臣百姓所哀者乎？是以知秦不能復東征也。"

　　[9]魏妾：指春秋晋國魏武子之妾。《左傳·宣公十五年》載，魏武子疾病，命其子魏顆説："一定把她嫁了。"至魏武子病危時，又命魏顆説："一定把她殉葬。"魏武子死後，魏顆把婦人嫁

了，説："人病危則昏亂，我從其清醒時之言。"及秦晉輔氏之戰，魏顆擊敗秦軍，並見一老人結草絆倒秦力士杜回，因而俘獲杜回。夜間，魏顆夢見老人説："我是你所嫁婦人之父，你用你父清醒時之言，故來報答，結草絆倒杜回。"

子脩有武風，年十九，權召見獎厲，拜別部司馬，授兵五百人。時諸將新兵多有逃叛，[1]而脩撫循得意，不失一人。權奇之，拜爲校尉。[2]建安末，追録功臣後，封脩都亭侯，爲解煩督。[3]黄龍元年卒。

弟表，字文奧，武庶子也，少知名，與諸葛恪、顧譚、張休等並侍東宫，[4]皆共親友。尚書暨豔亦與表善，[5]後豔遇罪，時人咸自營護，信厚言薄，表獨不然，士以此重之。（徙）〔從〕太子中庶子，[6]拜翼正都尉。[7]兄脩亡後，表母不肯事脩母，表謂其母曰："兄不幸早亡，表統家事，當奉嫡母。母若能爲表屈情，承順嫡母者，是至願也；若母不能，直當出別居耳。"表於大義公正如此。由是二母感寤雍穆。[8]表以父死敵場，求用爲將，領兵五百人。表欲得戰士之力，傾意接待，士皆愛附，樂爲用命。時有盗官物者，疑無難士施明。[9]明素壯悍，收考極毒，惟死無辭，[10]廷尉以聞。[11]權以表能得健兒之心，詔以明付表，使自以意求其情實。表便破械沐浴，易其衣服，厚設酒食，歡以誘之。明乃首服，具列支黨。表以狀聞。權奇之，欲全其名，特爲赦明，誅戮其黨。遷表爲無難右部督，[12]封都亭侯，以繼舊爵。表皆陳讓，乞以傳脩子延，權不許。嘉禾三年，[13]諸葛恪領丹楊太守，討平山越，以表領新（安）〔都〕都尉，[14]與恪參勢。初，表所受賜復人得二百家，[15]在會稽新安縣。[16]表簡視其人，皆堪好兵，乃上疏陳讓，乞以還官，充足精銳。詔曰：“先將軍有功於國，國家以此報之，卿何得辭焉？”表乃稱曰：“今除國賊，報父之仇，以人爲本。空枉此勁銳以爲僮僕，非表志也。”皆輒料取以充部伍。所在以聞，權甚嘉之。下郡縣，料正户羸民以補其處。[17]表在官三年，廣開降納，得兵萬餘人。事捷當出，會鄱陽民吳遽等爲亂，攻没城郭，屬縣搖動，表便越界赴討，遽以破敗，遂降。陸遜拜表偏將軍，進封都鄉侯，[18]北屯章阬。[19]年三十四卒。家財盡於養士，死之日，妻子露立，太子登爲起屋宅。子敖年十七，拜別部司馬，授兵四百人。敖卒，脩子延復爲司馬代敖。延弟永，將軍，封侯。始施明感表，自變行爲善，遂成健將，致位將軍。

[1] 諸將：百衲本、殿本、盧弼《集解》本皆作“諸將”，校點本無“將”字。今從百衲本等。

[2] 校尉：官名。漢代軍職之稱。東漢末位次中郎將。三國沿置而名號繁多，品秩亦高低不等。

[3] 解煩督：官名。孫權所置解煩兵，分爲左右二部，皆置督以統之。

[4] 東宮：指太子孫登。

[5] 尚書：官名。東漢有六曹尚書，即三公曹、民曹、客曹、二千石曹、吏曹、中都官曹等。秩皆六百石，皆稱尚書，不加曹號。（本《晉書·職官志》）三國沿置，員數不等。

[6] 從：各本皆作“徙”。陳景雲《辨誤》云：“‘徙’字當

作‘從’。中庶子乃表初除之官，非遷改也。與張休從中庶子轉右弼都尉同。"校點本即從陳説改，今從之。　太子中庶子：官名。東漢時屬太子少傅，秩六百石，置五員。職如侍中。三國沿置，掌侍從、奏事、諫議等。

〔7〕翼正都尉：官名。孫吳置。孫權黃龍元年（229）立孫登爲太子，置左輔、右弼、輔正、翼正都尉，以輔佐太子，稱太子四友。

〔8〕雍穆：和睦融洽。

〔9〕無難士：孫吳置無難士，以侍衛帝王及征戰。

〔10〕惟：殿本《考證》云："元本作‘雖’。"趙幼文《校箋》謂《白孔六帖》卷四五、《册府元龜》卷四一二引"惟"字俱作"雖"，作"雖"字是。按，宋本《册府元龜》亦作"惟"。又按，二字義同。楊樹達《詞詮》卷八："惟，推拓連詞，用與‘雖’同。"

〔11〕廷尉：官名。東漢時爲列卿之一，秩中二千石，掌司法刑獄。三國沿置。

〔12〕無難右部督：官名。孫吳所置無難士，分爲左、右二部，皆由督統之。

〔13〕嘉禾：吳大帝孫權年號（232—238）。

〔14〕新都：各本皆作"新安"。陳景雲《辨誤》云："‘安’當作‘都’，是時新都猶未改新安，又《諸葛瑾傳》注引《吳書》亦云‘新都都尉陳表’，尤明證也。"錢大昕亦云："孫權於建安十三年立新都郡，晋太康平吳，始改新安。此云新安，蓋新都之訛。"（《廿二史考異》卷一七）今從陳、錢説改。趙幼文《校箋》謂《册府元龜》卷五〇三引"安"字正作"都"。按，新都郡治所始新縣，在今浙江淳安縣西北。

〔15〕復人：免除賦役之人。

〔16〕新安縣：治所在今浙江衢縣。

〔17〕料：挑選。　正户：即郡縣編户民，亦即在郡縣有正式

户籍之民。

　　[18] 都鄉侯：爵名。列侯食邑爲都鄉者，稱都鄉侯。位次於縣侯，高於鄉侯。

　　[19] 章阬：地名。盧弼《集解》謂當在新都郡之北，丹楊郡之南。

　　董襲字元（代）〔世〕，[1]會稽餘姚人〔也〕，[2]長八尺，武力過人。[一]孫策入郡，襲迎於高遷亭，[3]策見而偉之，到署門下賊曹。[4]時山陰宿賊黃龍羅、周勃聚黨數千人，[5]策自出討，襲身斬羅、勃首，還拜別部司馬，授兵數千，遷揚武都尉。[6]從策攻皖，又討劉勳於尋陽，伐黃祖於江夏。

　　〔一〕謝承《後漢書》稱襲志節慷慨，[7]武毅英烈。

　　[1] 元世：各本皆作“元代”。吳金華《校詁》云：“《文選》卷五十三陸機《辨亡論》李善注引《吳志》曰：‘董襲，字元世。’李善所據必唐以前古本。今諸本作‘元代’者，均承唐人避諱之文，當回改。”按，吳説有理有據，今從改。

　　[2] 餘姚：縣名。治所在今浙江餘姚市。　人也：各本無“也”字。趙幼文《校箋》謂《文選》陸士衡《辨亡論》李善注引“人”下有“也”字。今從趙引補。

　　[3] 高遷亭：在今浙江蕭山市東北長山鎮附近。

　　[4] 門下賊曹：官名。漢朝郡縣皆置賊曹，門下賊曹即賊曹長官，因與郡守縣令長關係親近，故冠以“門下”之稱。掌盜賊警衛事。東漢末將軍府亦有置者。

　　[5] 山陰：縣名。治所在今浙江紹興市。

　　[6] 揚武都尉：官名。爲領兵武職，稍低于校尉，東漢末置。

[7] 後漢書：百衲本、殿本、盧弼《集解》本無“後”字，校點本有。今從校點本。

　　策薨，權年少，初統事，太妃憂之，引見張昭及襲等，問江東可保安否，[1]襲對曰：“江東地勢，有山川之固，而討逆明府，[2]恩德在民。討虜承基，[3]大小用命，張昭秉衆事，襲等爲爪牙，此地利人和之時也，萬無所憂。”衆皆壯其言。

　　鄱陽賊彭虎等衆數萬人，[4]襲與凌統、步騭、蔣欽各別分討。襲所向輒破，虎等望見旌旗，便散走，旬日盡平，拜威越校尉，[5]遷偏將軍。

　　建安十三年，權討黃祖，祖橫兩蒙衝挾守沔口，[6]以栟閭大紲繫石爲矴，[7]上有千人，以弩交射，飛矢雨下，軍不得前。襲與凌統俱爲前部，各將敢死百人，人被兩鎧，乘大舸船，突入蒙衝裏。襲身以刀斷兩紲，蒙衝乃橫流，大兵遂進。祖便開門走，兵追斬之。明日大會，權舉觴屬襲曰：“今日之會，斷紲之功也。”

　　曹公出濡須，[8]襲從權赴之，使襲督五樓船住濡須口。[9]夜卒暴風，五樓船傾覆，左右散走舸，[10]乞使襲出。[11]襲怒曰：“受將軍任，在此備賊，何等委去也。敢復言此者斬！”於是莫敢干。其夜船敗，襲死。權改服臨殯，[12]供給甚厚。

　　[1] 江東：地區名。長江自西向東流，流至今安徽境內，則偏北斜流，至今江蘇省鎮江市又東流而下，古稱這段江路東岸之地爲江東（今長江以南的蘇、浙、皖一帶），西岸之地爲江西（今皖北

和淮河下游一帶）。　否：百衲本、殿本、盧弼《集解》本作
"不"，校點本作"否"，蕭常《續後漢書》亦作"否"。按，二字
通，今從校點本。《正字通・一部》："不，與可否之否通。"

［2］討逆：指孫策。孫策爲討逆將軍。　明府：亦指孫策。漢
代人敬稱郡太守爲明府君，簡稱明府。因孫策曾自領會稽太守，故
可稱之明府。

［3］討虜：指孫權。建安五年曹操薦孫權爲討虜將軍。

［4］數萬人：趙幼文《校箋》謂《册府元龜》卷三四三引
"萬"字作"千"。按，宋本《册府元龜》亦作"萬"。

［5］威越校尉：官名。建安中孫權置。領兵。

［6］蒙衝：戰船。詳解見本書卷五四《周瑜傳》注。　沔口：
地名。亦名夏口。在今湖北武漢市原漢水入長江處。

［7］栟（bīng）閭（lú）：又作"栟櫚"。木名，即棕櫚樹，
樹幹上包裹着一層由葉鞘形成的纖維狀物，稱爲棕皮，可用以制作
繩索等。此"栟閭"即指棕皮。　大緤（xiè）：大繩索。　矴
（dìng）：繫船的石礅。

［8］濡須：趙幼文《校箋》謂《文選・辨亡論》李善注引
"須"下有"口"字。

［9］樓船：有樓的大戰船。　住濡須口：趙幼文《校箋》謂
《册府元龜》卷三七〇引"住"字作"往"，《文選・辨亡論》李善
注引同。

［10］走舸：輕便快速的戰船。

［11］乞使：吳金華《〈三國志〉待質録》謂宋本《册府元龜》
卷三七〇"乞"字作"師"，師即船師，今本之"乞"是後人
改動的。

［12］臨殯：殿本、盧弼《集解》本作"臨喪"，百衲本、校
點本作"臨殯"。今從百衲本等。

甘寧字興霸，巴郡臨江人也。[一][1]少有氣力，好游俠，招合輕薄少年，爲之渠帥；羣聚相隨，[2]挾持弓弩，負耗帶鈴，[3]民聞鈴聲，即知是寧。[二]人與相逢，及屬城長吏，[4]接待隆厚者乃與交歡；不爾，即放所將奪其資貨，於長吏界中有所賊害，作其發負，[5]至二十餘年。止不攻劫，頗讀諸子，乃往依劉表，因居南陽，不見進用，後轉託黃祖，祖又以凡人畜之。[三]

〔一〕《吳書》曰：寧本南陽人，其先客於巴郡。[6]寧爲吏舉計掾，[7]補蜀郡丞，[8]頃之，棄官歸家。

〔二〕《吳書》曰：寧輕俠殺人，藏舍亡命，聞於郡中。其出入，步則陳車騎，水則連輕舟，侍從被文繡，所如光道路，住止常以繒錦維舟，去或割棄，[9]以示奢也。

〔三〕《吳書》曰：寧將僮客八百人就劉表。[10]表儒人，不習軍事。時諸英豪各各起兵，寧觀表事勢，終必無成，恐一朝土崩，并受其禍，欲東入吳。黃祖在夏口，軍不得過，乃留依祖，三年，祖不禮之。[11]權討祖，祖軍敗奔走，追兵急，寧以善射，將兵在後，射殺校尉淩操。祖既得免，軍罷還營，待寧如初。祖都督蘇飛數薦寧，祖不用，令人化誘其客，客稍亡。寧欲去，恐不獲免，獨憂悶不知所出。飛知其意，[12]乃要寧，爲之置酒，謂曰："吾薦子者數矣，主不能用。日月逾邁，人生幾何，宜自遠圖，庶遇知己。"寧良久乃曰："雖有其志，未知所由。"飛曰："吾欲白子爲邾長，[13]於是去就，孰與臨阪轉丸乎？"[14]寧曰："幸甚。"飛白祖，聽寧之縣。招懷亡客并義從者，得數百人。

[1] 巴郡：治所江州縣，在今重慶市渝中區。　臨江：縣名。治所在今重慶市忠縣。

［2］羣聚：趙幼文《校箋》謂《册府元龜》卷八九一引"聚"字作"衆"。按，宋本《册府元龜》亦作"聚"。

［3］珥（ěr）：以鳥羽或獸毛製成的裝飾物。

［4］長吏：指縣令長。

［5］作其發負：盧弼《集解》云："或曰'發'疑作'廢'。廢負，見《吕蒙傳》。胡三省謂廢是廢職事，負是罪負。"按，發古通廢，不須改字。朱駿聲《説文通訓定聲·泰部》："發，叚借爲廢。"又《莊子·列禦寇》："先生既來，曾不發藥乎！"郭慶藩《集解》："發、廢古同聲通用字。"

［6］其先客於巴郡：百衲本"客"字作"先"，殿本、盧弼《集解》本、校點本作"客"。今從殿本等。

［7］計掾：官名。即上計掾，漢代的郡國在年終遣官吏至京都向朝廷呈上計簿，彙報本郡國的户口、錢糧、獄訟、盜賊等情況，稱爲上計。所遣之官吏稱爲上計掾或上計吏。

［8］蜀郡：治所成都縣，在今四川成都市舊東西城區。　丞：官名。郡丞爲太守之副，佐掌衆事，秩六百石。

［9］或：趙幼文《校箋》謂《初學記》卷二五、卷二七及《事類賦》卷一〇、卷一六引俱作"輒"。

［10］僮客：即奴客。

［11］三年祖不禮之：百衲本、殿本作"祖三年不禮之"，盧弼《集解》本、校點本作"三年祖不禮之"。今從《集解》本等。

［12］其意：百衲本"其"字作"所"，殿本、盧弼《集解》本、校點本作"其"。今從殿本等。

［13］邾：百衲本作"祁"，殿本、盧弼《集解》本、校點本作"邾"，蕭常《續後漢書》亦作"邾"。今從殿本等。邾，縣名。治所在今湖北黄州市西北。

［14］臨阪轉丸：殿本、盧弼《集解》本、校點本"阪"字作"版"，百衲本作"阪"。按，"阪上走丸"爲古成語。此亦應作"阪"，今從百衲本。臨阪走丸，謂受到限制轉走不開。

　　於是歸吳。周瑜、呂蒙皆共薦達，孫權加異，同於舊臣。寧陳計曰：“今漢祚日微，曹操彌憍，[1]終爲篡盜。南荆之地，[2]山陵形便，江川流通，誠是國之西勢也。寧已觀劉表，慮既不遠，兒子又劣，非能承業傳基者也。至尊當早規之，不可後操圖之。[3]圖之之計，宜先取黃祖。祖今年老，昏耄已甚，財穀並乏，左右欺弄，務於貨利，侵求吏士，吏士心怨，舟船戰具，頓廢不脩，怠於耕農，軍無法伍。至尊今往，其破可必。一破祖軍，鼓行而西，西據楚關，[4]大勢彌廣，即可漸規巴蜀。”權深納之。張昭時在坐，難曰：“吳下業業，[5]若軍果行，恐必致亂。”寧謂昭曰：“國家以蕭何之任付君，[6]君居守而憂亂，奚以希慕古人乎？”權舉酒屬寧曰：“興霸，今年行討，如此酒矣，決以付卿。卿但當勉建方略，令必克祖，則卿之功，何嫌張長史之言乎！”[7]權遂西，果禽祖，盡獲其士衆。遂授寧兵，屯當口。〔一〕[8]

　　〔一〕《吳書》曰：初，權破祖，[9]先作兩函，欲以盛祖及蘇飛首。飛令人告急於寧，寧曰：“飛若不言，吾豈忘之？”權爲諸將置酒，寧下席叩頭，血涕交流，爲權言：“飛疇昔舊恩，寧不值飛，固已殞骸於溝壑，[10]不得致命於麾下。今飛罪當夷戮，特從將軍乞其首領。”權感其言，謂曰：“今爲君致之，若走去何？”[11]寧曰：“飛免分裂之禍，受更生之恩，逐之尚必不走，豈圖亡哉！[12]若爾，寧頭當代入函。”權乃赦之。

　　[1] 憍：同“驕”。《廣韻·宵韻》：“憍，憐也，恣也。本亦作驕。”

［2］南荊：指荊州。

［3］後操圖之：校點本無"圖之"二字，百衲本、殿本、盧弼《集解》本有，蕭常《續後漢書》亦有。今從百衲本等。

［4］楚關：胡三省云："楚關，扞關也。蜀伐楚，楚爲扞關以拒之，故曰楚關。"（《通鑑》卷六五漢獻帝建安十三年注）扞關，在今湖北長陽縣西。

［5］吳：縣名。治所在今江蘇蘇州市。當時孫權治所在吳。業業：形容危懼。《尚書·皋陶謨》："兢兢業業，一日二日萬幾。"孔安國傳："業業，危懼。"

［6］蕭何之任：謂居守之任。蕭何佐劉邦起兵後，專督衆務。楚漢戰爭中，他留守關中，輸送士卒糧餉，爲劉邦之勝利立了大功。（見《史記》卷三五《蕭相國世家》）

［7］張長史：張昭爲孫權長史。

［8］當口：地名。趙一清《注補》云："寧屯始屬孫皎，皎督夏口，後因酒失，求屬呂蒙，蒙督濡須，觀本傳後文知之。當口必在夏口相近。"盧弼《集解》又云："或曰當口或即當利口。"當利口則在今安徽和縣東當利水入長江處。

［9］破：趙幼文《校箋》謂蕭常《續後漢書》作"攻"。

［10］殞：百衲本作"殞"，殿本、盧弼《集解》本、校點本作"損"。按，"殞骸"猶"殞身"，謂喪命。今從百衲本。

［11］今爲君致之若走去何：殿本《考證》云："'致'疑作'置'，陳、范二史此二字多通用。'若走去何'，監本訛作'若走云何'，今改正。"按，百衲本正作"若走去何"，盧弼《集解》本、校點本亦同。今從百衲本等。

［12］豈圖：殿本、盧弼《集解》本、校點本"豈"下有"當"字，百衲本無。今從百衲本。趙幼文《校箋》謂《太平御覽》卷四七九引《吳錄》亦無"當"字。

後隨周瑜拒破曹公於烏林。攻曹仁於南郡，未拔，寧建計先徑進取夷陵，[1]往即得其城，因入守之。時手下有數百兵，并所新得，僅滿千人。曹仁乃令五六千人圍寧。寧受攻累日，敵設高樓，雨射城中，士衆皆懼，惟寧談笑自若。遣使報瑜，瑜用呂蒙計，帥諸將解圍。後隨魯肅鎮益陽，拒關羽。羽號有三萬人，自擇選銳士五千人，投縣上流十餘里淺瀨，[2]云欲夜涉渡。肅與諸將議。寧時有三百兵，乃曰：“可復以五百人益吾，吾往對之，保羽聞吾欬唾，[3]不敢涉水，涉水即是吾禽。”[4]肅便選千兵益寧，寧乃夜往。羽聞之，住不渡，而結柴營，[5]今遂名此處爲關羽瀨。[6]權嘉寧功，拜西陵太守，[7]領陽新、下雉兩縣。[8]

後從攻皖，爲升城督。[9]寧手持練，身緣城，爲吏士先，卒破獲朱光。計功，呂蒙爲最，寧次之，拜折衝將軍。[10]

後曹公出濡須，寧爲前部督，[11]受敕出斫敵前營。權特賜米酒衆肴，[12]寧乃料賜手下百餘人食。[13]食畢，寧先以銀碗酌酒，自飮兩碗，乃酌與其都督。都督伏，不肯時持。寧引白削置膝上，[14]呵謂之曰：“卿見知於至尊，孰與甘寧。甘寧尚不惜死，卿何以獨惜死乎？”都督見寧色厲，即起拜持酒，次通酌兵各一銀盌。[15]至二更時，[16]銜枚出斫敵。[17]敵驚動，遂退。寧益貴重，增兵二千人。〔一〕

〔一〕《江表傳》曰：曹公出濡須，號步騎四十萬，臨江飮馬。[18]權率衆七萬應之，使寧領三千人爲前部督。[19]權密敕寧，使夜入魏軍。寧乃選手下健兒百餘人，徑詣曹公營下，使拔鹿角，[20]踰壘入營，斬得數十級。北軍驚駭鼓譟，舉火如星，寧已還入營，作鼓吹，[21]稱萬歲。因夜見權，權喜曰："足以驚駭老子否？聊以觀卿膽耳。"即賜絹千疋，刀百口。權曰："孟德有張遼，孤有興霸，足相敵也。"停住月餘，北軍便退。

[1] 夷陵：縣名。治所在今湖北宜昌市東南。

[2] 投縣上流：趙幼文《校箋》謂《太平御覽》卷四二五（當作四三五）引"投"字作"從"。 淺瀨：淺水沙石灘。

[3] 欻唾：蕭常《續後漢書》"唾"下有"聲"字。趙幼文《校箋》謂《太平御覽》引"唾"下有"聲必"二字。

[4] 是：盧弼《集解》本作"爲"，百衲本、殿本、校點本作"是"。今從百衲本等。

[5] 柴（zhài）：通"寨"。《集韻·卦韻》："柴，藩落也。或作砦。""砦"即"寨"之異體字。

[6] 關羽瀨：趙一清《注補》云："《水經·資水注》云益陽縣有關羽瀨，所謂關羽灘也。"盧弼《集解》又云："按《孫權傳》《呂蒙傳》皆云破朱光在前，拒關羽在後，與此傳異。"

[7] 西陵：郡名。錢大昕云："此西陵郡，蓋分漢江夏郡之地。陽新縣亦吳置。"（《廿二史考異》卷一七）按，陽新縣當即西陵郡治所，在今湖北陽新縣西南陽新鎮。

[8] 下雉：縣名。治所在今湖北陽新縣東。

[9] 升城督：官名。孫吳作戰時置，非常制。

[10] 折衝將軍：官名。新莽時曾置，建安中曹操又置，孫吳亦置。

[11] 前部督：官名。建安中孫權置。爲出征軍隊之前部將領。

[12] 肴：殿本、盧弼《集解》本、校點本作"殽"，百衲本作"肴"。二字雖通，今仍從百衲本。

[13] 乃：盧弼《集解》本作"以"，百衲本、殿本、校點本

作"乃"。今從百衲本等。　料：《説文·斗部》："料，量也。"段玉裁注："量者，稱輕重也。稱其輕重曰量，稱其多少曰料，其義一也。"

〔14〕白削：猶白刃。削爲一種有柄而微彎曲的兩刃小刀，漢代多用以刮削簡牘上的文字。《禮記·少儀》："刀卻刃授穎，削授柎。"孔穎達疏："削，謂曲刀。"

〔15〕持酒：百衲本作"待酒"，殿本作"時酒"，盧弼《集解》本、校點本作"持酒"。今從《集解》本等。　次通酌：殿本、盧弼《集解》本、校點本無"次"字，百衲本有，蕭常《續後漢書》亦同。今從百衲本。趙幼文《校箋》亦謂《太平御覽》卷四三五、卷七六〇引"通"上俱有"次"字。

〔16〕更：古代夜間的計時單位，一更約兩小時，一夜分爲五更。

〔17〕銜枚：古代夜間秘密行軍，爲防止聲音，每個士兵口裏銜一根小木棍，稱爲銜枚。

〔18〕臨江飲馬：在長江邊給馬喝水。謂將準備戰鬥的軍隊集中到長江邊。

〔19〕三千：趙幼文《校箋》謂《太平御覽》卷四三六引作"二千"，蕭常《續後漢書》同。　前部督：殿本"部"字作"都"，百衲本、盧弼《集解》本、校點本作"部"。今從百衲本等。

〔20〕鹿角：古代軍隊在野外扎營，爲防止敵人進攻，在營寨周圍埋以帶枝的樹木，因形如鹿角，故名。

〔21〕鼓吹：軍樂。

　　寧雖麤猛好殺，然開爽有計略，輕財敬士，能厚養健兒，健兒亦樂爲用命。建安二十年，從攻合肥，會疫疾，軍旅皆已引出，唯車下虎士千餘人，并呂蒙、蔣欽、淩統及寧，從權逍遙津北。[1]張遼覘望知之，即將步騎奄至。寧引弓射敵，與統等死戰。寧屬聲問鼓吹何以不作，壯氣毅然，權尤嘉之。〔一〕

〔一〕《吳書》曰：淩統怨寧殺其父操，寧常備統，[2]不與相見。權亦命統不得讎之。嘗於呂蒙舍會，酒酣，統乃以刀舞。寧起曰：“寧能雙戟舞。”蒙曰：“寧雖能，未若蒙之巧也。”因操刀持楯，以身分之。[3]後權知統意，因令寧將兵，遂徙屯於半州。[4]

[1] 逍遙津：津渡名。在今安徽合肥市東北肥水上。
[2] 備：趙幼文《校箋》謂《太平御覽》卷四八一、卷五七四引作“避”。
[3] 分之：趙幼文《校箋》謂《太平御覽》卷五七四、《事類賦》卷一一引“分”字俱作“蔽”。
[4] 半州：地名。在今江西九江市西。孫吳曾於此築城。趙幼文《校箋》則謂《太平御覽》卷五七四作“中州”。按，《太平御覽》實作“中洲”。中洲在今湖北枝江市南長江中，非屯兵之所。

寧厨下兒曾有過，走投呂蒙。蒙恐寧殺之，故不即還。後寧齎禮禮蒙母，[1]臨當與升堂，乃出厨下兒還寧。寧許蒙不殺。斯須還船，縛置桑樹，自挽弓射殺之。畢，敕船人更增舸纜，解衣臥船中。蒙大怒，擊鼓會兵，欲就船攻寧。寧聞之，故臥不起。蒙母徒跣出諫蒙曰：“至尊待汝如骨肉，屬汝以大事，何有以私怒而欲攻殺甘寧？寧死之日，縱至尊不問，汝是爲臣下非法。”蒙素至孝，聞母言，即豁然意釋，自至寧

船，笑呼之曰：“興霸，老母待卿食，急上！”寧涕泣
歔欷曰：“負卿。”與蒙俱還見母，歡宴竟日。

[1]齎禮：趙幼文《校箋》謂《白孔六帖》卷五三（當作五
四）引“禮”字作“酒”。

寧卒，權痛惜之。子環，以罪徙會稽，無幾死。

淩統字公績，吳郡餘杭人也。[1]父操，輕俠有膽
氣，孫策初興，每從征伐，常冠軍履鋒。守永平長，[2]
平治山越，奸猾斂手，遷破賊校尉。[3]及權統事，[4]從
討江夏。入夏口，先登，破其前鋒，輕舟獨進，中流
矢死。

統年十五，左右多稱述者，權亦以操死國事，拜
統別部司馬，行破賊都尉，使攝父兵。後從擊山賊，
權破保屯先還，[5]餘麻屯萬人，[6]統與督張異等留攻圍
之，克日當攻。先期，統與督陳勤會飲酒，勤剛勇任
氣，因督祭酒，[7]陵轢一坐，舉罰不以其道。統疾其侮
慢，面折不爲用。[8]勤怒詈統，及其父操，統流涕不
答，衆因罷出。勤乘酒凶悖，又於道路辱統。統不忍，
引刀斫勤，數日乃死。及當攻屯，統曰：“非死無以謝
罪。”乃率厲士卒，身當矢石，所攻一面，[9]應時披
壞，諸將乘勝，遂大破之。還，自拘於軍正。[10]權壯
其果毅，使得以功贖罪。

後權復征江夏，統爲前鋒，與所厚健兒數十人共
乘一船，常去大兵數十里。行入右江，斬黃祖將張碩，

盡獲船人。[11] 還以白權，引軍兼道，水陸並集。時呂蒙敗其水軍，而統先搏其城，[12] 於是大獲。權以統爲承烈都尉，[13] 與周瑜等拒破曹公於烏林，遂攻曹仁，遷爲校尉。[14] 雖在軍旅，親賢接士，輕財重義，有國士之風。

又從破皖，拜盪寇中郎將，領沛相。[15] 與呂蒙等西取三郡，[16] 反自益陽，從（往）〔征〕合肥，[17] 爲右部督。時權徹軍，[18] 前部已發，魏將張遼等奄至津北。[19] 權使追還前兵，兵去已遠，勢不相及，統率親近三百人陷圍，扶扞權出。敵已毀橋，橋之屬者兩版，權策馬驅馳，統復還戰，左右盡死，身亦被創，所殺數十人，度權已免，乃還。橋敗路絕，統被甲潛行。權既御船，見之驚喜。統痛親近無反者，悲不自勝。權引袂拭之，謂曰：[20]“公績，亡者已矣，苟使卿在，何患無人？”〔一〕拜偏將軍，倍給本兵。

〔一〕《吳書》曰：統創甚，權遂留統於舟，盡易其衣服。其創賴得卓氏良藥，故得不死。

[1] 餘杭：縣名。治所在今浙江杭州市西南餘杭鎮。
[2] 永平：縣名。治所在今江蘇溧陽市南古縣橋。
[3] 破賊校尉：官名。建安中孫權置。領兵，隨從征伐。
[4] 統事：殿本、盧弼《集解》本、校點本“事”字作“軍”，百衲本作“事”，郝經《續後漢書》亦作“事”。今從百衲本。
[5] 保屯：地名。當在今湖北洪湖市與嘉魚縣間。
[6] 麻屯：地名。在今湖北洪湖市東長江北岸。

〔7〕督祭酒：即督察酒。《春秋繁露·祭義》："祭者，察也。"《廣韻·祭韻》亦云："祭，察也。"督察酒，謂以一定的規則監督衆人飲酒，違者罰酒。

〔8〕面折不爲用：趙幼文《校箋》謂《太平御覽》卷八四六引作"面折不爲具酒"。

〔9〕所攻：百衲本"攻"字作"次"，殿本、盧弼《集解》本、校點本作"攻"，郝經《續後漢書》亦作"攻"。今從殿本等。

〔10〕軍正：官名。軍中司法官。

〔11〕獲：殿本、盧弼《集解》本作"復"，百衲本、校點本作"獲"。今從百衲本等。

〔12〕搏其城：吳金華《〈三國志集解〉箋記》謂"搏"作搏鬥、搏戰講，其對象是人或禽獸。疑本文原作"薄"。"薄"是軍事術語，指迫近敵陣或城壘而攻之。

〔13〕承烈都尉：官名。建安中孫權置。領兵。

〔14〕校尉：指承烈校尉。亦孫權置。領兵。

〔15〕沛：侯國名。治所在今江蘇沛縣。 相：官名。侯國相執掌侯國的行政權，相當於縣令、長。

〔16〕三郡：指長沙、零陵、桂陽三郡。

〔17〕征：各本皆作"往"。陳景雲《辨誤》謂"往"當作"征"。盧弼《集解》亦謂何焯校改"往"作"征"。今從陳、何之説改。趙幼文《校箋》又謂《太平御覽》卷七三、《册府元龜》卷三九四引俱作"征"。

〔18〕徹：撤去。《左傳·宣公十二年》："諸侯相見，軍衛不徹，警也。"杜預注："徹，去也。"

〔19〕津北：指逍遥津北。

〔20〕謂曰：趙幼文《校箋》謂《册府元龜》卷三九四引作"呼其字曰"。

時有薦同郡盛暹於權者，以爲梗槩大節，[1]有過於統，權曰：“且令如統足矣。”[2]後召暹夜至，時統已臥，聞之，攝衣出門，執其手以入。其愛善不害如此。

統以山中人尚多壯悍，可以威恩誘也，權令東占且討之，命敕屬城，凡統所求，皆先給後聞。統素愛士，士亦慕焉。得精兵萬餘人，過本縣，[3]步入寺門，[4]見長吏懷三版，[5]恭敬盡禮，親舊故人，恩意益隆。事畢當出，會病卒，時年（四）〔二〕十九。[6]權聞之，拊牀起坐，[7]哀不能自止，數日減膳，言及流涕，使張承爲作銘誄。

二子烈、封，[8]年各數歲，權內養於宮，愛待與諸子同，賓客進見，呼示之曰：“此吾虎子也。”及八九歲，令葛光教之讀書，[9]十日一令乘馬，[10]追錄統功，[11]封烈亭侯，還其故兵。後烈有罪免，封復襲爵領兵。〔一〕

〔一〕孫盛曰：觀孫權之養士也，傾心竭思，[12]以求其死力，泣周泰之夷，殉陳武之妾，請呂蒙之命，育淩統之孤，卑曲苦志，如此之勤也。是故雖令德無聞，仁澤（內）〔罔〕著，[13]而能屈彊荊吳，儔擬年歲者，抑有由也。然霸王之道，期於大者遠者，是以先王建德義之基，恢信順之宇，制經略之綱，明貴賤之序，易簡而其親可久，體全而其功可大，豈委璅近務，[14]邀利於當年哉？《語》曰“雖小道，必有可觀者焉，致遠恐泥”，[15]其是之謂乎！

[1] 梗槩：慷慨，剛直的氣概。

[2] 且令如統：趙幼文《校箋》謂《太平御覽》卷六三一引"且"字作"但"，"統"字作"公績"。

[3] 本縣：指餘杭縣。

[4] 寺：官寺，官府。趙幼文《校箋》云："《後漢書·張堪傳》'告歸平陵，望寺門而步'章懷注：'寺門即馮陵縣門也。'則此之寺門謂餘杭縣門也。"按，此段引文不見《後漢書》卷三一《張堪傳》，見《後漢書》卷二七《張湛傳》；李賢注云："寺門即平陵縣門也。《風俗通》曰：'寺者，嗣也。理事之吏，嗣續於其中也。'"很明顯，"理事之吏嗣續"之所，是官府，不是城。李賢所說的平陵縣門，即平陵縣衙門，不是平陵縣城門。同樣，此之寺門，亦指餘杭縣衙門。

[5] 懷三版：版，即手版，古代大臣見君，或下級見上級用以紀事的狹長板子。後亦作禮節之用。懷三版，謂把手板舉到胸前三次，表示深深之敬意。《文選》班婕妤《怨歌行》"出入君懷袖"，李善注引《蒼頡篇》曰："懷，抱也。"又《廣韻·晧韻》："抱，持也。"

[6] 二十九：各本皆作"四十九"。陳景雲《辨誤》云："統父操以漢建安八年從征黃祖戰没，統時年十五。及十一年，即預討麻屯之捷。後至四十九而卒，則吳之赤烏中也。統自攝領父兵，屢立戰功，爲時名將，若赤烏中尚在，則從征合肥還二十年間，統之宣力戎行多矣，何更無功可録乎？據《駱統傳》，淩統死復領其兵，在隨陸遜破蜀軍之前。然則統之年當在三十左右。本傳所云，乃傳録之誤。"按，《辨誤》之說甚有理，《建康實録》卷一即謂淩統"年二十九卒"。趙幼文《校箋》亦謂《太平御覽》卷四八八引作"二十九"。今從陳說據《建康實録》改。

[7] 拊牀起坐：趙幼文《校箋》謂《太平御覽》卷四八八引作"拊牀而起"。

[8] 烈封：趙幼文《校箋》謂《文選》陸士衡《辨亡論》李善注引"烈"字作"列"，《建康實録》、郝經《續後漢書》同。

按，中華書局張忱石點校本《建康實錄》已據《四庫全書》本與徐行可藏鈔本改"列"字爲"烈"。又郝經《續後漢書》實作"烈"。

［9］葛光：趙幼文《校箋》謂《建康實錄》作"葛先"。按，郝經《續後漢書》亦作"葛光"。

［10］乘馬：盧弼《集解》本作"騎馬"，百衲本、殿本、校點本作"乘馬"。今從百衲本等。

［11］追錄：趙幼文《校箋》謂《白孔六帖》卷一八引"追"上有"及長"二字。

［12］傾心：百衲本"傾"字作"便"，殿本、盧弼《集解》本、校點本作"傾"。今從殿本等。

［13］罔：各本皆作"内"。盧弼《集解》云："何焯校改'内'作'罔'。"校點本則從李光地説改"内"爲"罔"，今從之。

［14］委瑣：百衲本作"踒瑣"，殿本、盧弼《集解》本、校點本作"委瑣"。殿本《考證》李龍官曰："按踒，音窩，訓折足也。於瑣義無涉，當作'委瑣'，今改正。"今從殿本等。委瑣，又作"委瑣"，謂拘泥於小節，注重瑣碎之事。《史記》卷一一七《司馬相如列傳》"豈特委瑣握齪"，司馬貞《索隱》引孔文祥云："委瑣，細碎。"

［15］"雖小道"三句：爲《論語・子張》子夏語。

徐盛字文嚮，琅邪莒人也。[1]遭亂，客居吴，以勇氣聞。孫權統事，以爲別部司馬，授兵五百人，守柴桑長，[2]拒黄祖。祖子射，嘗率數千人下攻盛。盛時吏士不滿二百，與相拒擊，傷射吏士千餘人。已乃開門出戰，大破之。射遂絶迹不復爲寇。[3]權以爲校尉、蕪湖令。[4]復討臨城南阿山賊有功，[5]徙中郎將，督校兵。[6]

曹公出濡須，從權禦之。魏嘗大出橫江，盛與諸將俱赴討。時乘蒙衝，遇迅風，船落敵岸下，諸將恐懼，未有出者，盛獨將兵，上突斫敵，敵披退走，有所傷殺，[7]風止便還，權大壯之。

及權爲魏稱藩，魏使邢貞拜權爲吳王。權出都亭候貞，貞有驕色，張昭既怒，而盛忿憤，顧謂同列曰："盛等不能奮身出命，爲國家并許、洛，[8]吞巴、蜀，[9]而令吾君與貞盟，不亦辱乎！"因涕泣橫流。貞聞之，謂其旅曰："江東將相如此，非久下人者也。"

後遷建武將軍，[10]封都亭侯，領廬江太守，[11]賜臨城縣爲奉邑。劉備次西陵，[12]盛攻取諸屯，所向有功。曹休出洞口，[13]盛與呂範、全琮渡江拒守。遭大風，船人多喪，盛收餘兵，與休夾江。休使兵將就船攻盛，盛以少禦多，敵不能克，各引軍退。遷安東將軍，[14]封蕪湖侯。

後魏文帝大出，有渡江之志，盛建計從建業築圍，[15]作薄落，[16]圍上設假樓，江中浮船。諸將以爲無益，盛不聽，固立之。文帝到廣陵，[17]望圍愕然，彌漫數百里，而江水盛長，便引軍退。諸將乃伏。[一][18]

〔一〕干寶《晉紀》所云疑城，已注《孫權傳》。
《魏氏春秋》云：文帝歎曰："魏雖有武騎千羣，無所用也。"

[1] 琅邪：王國名。治所開陽縣，在今山東臨沂市北。　莒：

縣名。治所在今山東莒縣。

〔2〕柴桑：縣名。治所在今江西九江市西南。

〔3〕不復爲寇：殿本《考證》云：“元本作‘不敢爲寇’。”

〔4〕校尉：趙幼文《校箋》謂蕭常《續後漢書》“尉”下有“領”字。

〔5〕臨城：百衲本、殿本、盧弼《集解》本作“臨成”。趙一清《注補》云：“‘成’當作‘城’。《宋書·州郡志》宣城太守領縣有臨城，吳立。”校點本即作“臨城”。今從之。臨城縣治所在今安徽青陽縣南。

〔6〕校兵：指五校兵。

〔7〕有所殺傷：趙幼文《校箋》謂蕭常《續後漢書》作“多所殺傷”。考《太平御覽》卷四三七引《徐州先賢贊》作“所傷殺甚衆”，則“有”字或爲“多”字之誤。

〔8〕許洛：即許昌、洛陽。概指曹魏地。許昌縣治所在今河南許昌縣東。洛陽縣治所在今河南洛陽市東北白馬寺東。

〔9〕巴蜀：即巴郡、蜀郡。概指蜀漢地。

〔10〕建武將軍：官名。東漢末曹操置。曹魏、孫吳亦置。

〔11〕廬江：郡名。孫吳時治所皖縣，在今安徽潛山縣。

〔12〕西陵：縣名。孫權黃武元年（222）改夷陵置，治所在今湖北宜昌市東南。

〔13〕洞口：地名。在今安徽和縣東南長江邊。

〔14〕安東將軍：官名。漢獻帝時置。爲出鎮某一地區的軍事長官，或作爲州刺史兼理軍務的加官。三國魏、吳亦置。

〔15〕建業：縣名。治所在今江蘇南京市。

〔16〕薄落：藩籬。

〔17〕廣陵：縣名。治所在今江蘇揚州市西北蜀岡上。

〔18〕伏：通“服”。朱駿聲《説文通訓定聲·頤部》：“伏，假借爲服。”

黄武中卒。子楷，襲爵領兵。

潘璋字文珪，東郡發干人也。[1]孫權爲陽羨長，[2]始往隨權。性博蕩嗜酒，居貧，好賒酤，債家至門，輒言後豪富相還。權奇愛之，因使召募，得百餘人，遂以爲將。討山賊有功，署別部司馬。後爲吳大市刺奸，[3]盜賊斷絕，由是知名，遷豫章西安長。[4]劉表在荊州，民數被寇，自璋在事，寇不入境。比縣建昌起爲賊亂，[5]轉領建昌，加武猛校尉，[6]討治惡民，旬月盡平，召合遺散，得八百人，將還建業。

合肥之役，張遼奄至，諸將不備，陳武鬭死，宋謙、徐盛皆披走，璋身次在後，便馳進，橫馬斬謙、盛兵走者二人，兵皆還戰。權甚壯之，拜偏將軍，遂領（百）〔五〕校，[7]屯半州。

權征關羽，璋與朱然斷羽走道，到臨沮，[8]住夾石。[9]璋部下司馬馬忠禽羽，[10]并羽子平、都督趙累等。權即分宜都（至）〔巫〕、秭歸二縣爲固陵郡，[11]拜璋爲太守、振威將軍，[12]封溧陽侯。[13]甘寧卒，又并其軍。劉備出夷陵，璋與陸遜并力拒之，璋部下斬備護軍馮習等，[14]所殺傷甚衆，拜平北將軍、襄陽太守。[15]

魏將夏侯尚等圍南郡，分前部三萬人作浮橋，渡百里洲上，[16]諸葛瑾、楊粲並會兵赴救，未知所出，而魏兵日渡不絕。璋曰：“魏勢始盛，江水又淺，未可與戰。”便將所領，到魏上流五十里，伐葦數百萬束，

縛作大筏，欲順流放火，燒敗浮橋。作筏適畢，伺水
長當下，尚便引退。璋下備陸口。[17]權稱尊號，拜右
將軍。[18]

　　璋爲人麤猛，禁令肅然，好立功夫，[19]所領兵馬
不過數千，而其所在常如萬人，征伐止頓，便立軍市，
他軍所無，皆仰取足。然性奢泰，末年彌甚，服物僭
擬。吏兵富者，或殺取其財物，數不奉法。監司舉奏，
權惜其功而輒原不問。嘉禾三年卒。子平，以無行徙
會稽。璋妻居建業，賜田宅，復客五十家。

　　[1]東郡：治所濮陽縣，在今河南濮陽縣西南。　發干：縣
名。治所在今山東冠縣東南。

　　[2]陽羨：縣名。治所在今江蘇宜興市荊溪南岸。

　　[3]刺奸：官名。此當爲督察市場非法，管理市場治安
的官員。

　　[4]西安：縣名。建安中分海昏縣置，治所在今江西武
寧縣西。

　　[5]建昌：縣名。治所在今江西奉新縣西。

　　[6]武猛校尉：官名。東漢末曹操、孫權皆置。領兵。

　　[7]五校：各本皆作“百校”。潘眉《考證》云：“‘百校’
當作‘五校’。”今從潘説改。

　　[8]臨沮：縣名。治所在今湖北遠安縣西北。

　　[9]夾石：地名。在今湖北遠安縣境。

　　[10]司馬：官名。掌參贊軍務。

　　[11]巫：各本皆作“至”。盧弼《集解》引錢大昕云：
“‘至’當作‘巫’。《魏氏春秋》云‘建安二十四年，吳分巫、秭
歸爲固陵郡’是也。”校點本即從錢説改。今從之。巫縣，蓋爲固

陵郡治所。在今重慶市巫山縣。　秭歸：縣名。治所在今湖北秭歸縣。又按，百衲本無"歸"字及"歸"下"二"字，殿本、盧弼《集解》本、校點本皆有，今從殿本等。

[12] 振威將軍：官名。東漢置，爲雜號將軍，統兵出征。曹魏、孫吳皆沿置。

[13] 溧陽：縣名。治所在今江蘇高淳縣東固城鎮。

[14] 護軍：官名。統兵武職，職如將軍，地位稍遜。本書卷三二《先主傳》作"將軍馮習"。

[15] 平北將軍：官名。建安中曹操置。魏晉時與平東、平西、平南將軍合稱四平將軍，地位較高。孫吳亦置。　襄陽：郡名。治所襄陽縣，在今湖北襄陽市。

[16] 百里洲：長江中島名。在今湖北枝江市南長江中。

[17] 陸口：地名。即今湖北蒲圻市西北之陸溪口，亦即陸水入長江處。

[18] 右將軍：官名。東漢時位如上卿，與前、後、左將軍掌京師兵衛和邊防屯警。魏晉亦置，第三品。權位漸低，略高於一般雜號將軍，不典禁兵，不與朝政，僅領兵征戰。孫吳亦置。

[19] 功夫：百衲本、盧弼《集解》本作"功夫"，殿本、校點本作"功業"。殿本《考證》云："'功業'各本俱訛作'功夫'，今改正。"吳金華《校詁》列舉漢晉間碑刻典籍數例，謂漢晉間"功夫"一詞指興造、建築之事，"與《潘璋傳》義合。璋領兵不過數千，然屯營張飾，常如萬人，足見'好立功夫'者，非喜建戰功之謂，但言其奢泰耳"。按，吳說有理，今從百衲本等。

丁奉字承淵，廬江安豐人也。[1]少以驍勇爲小將，屬甘寧、陸遜、潘璋等。數隨征伐，戰鬪常冠軍。每斬將搴旗，身被創夷。稍遷偏將軍。孫亮即位，爲冠軍將軍，[2]封都亭侯。

魏遣諸葛誕、胡遵等攻東興，諸葛恪率軍拒之。諸將皆曰：“敵聞太傅自來，[3]上岸必遁走。”[4]奉獨曰：“不然。彼動其境内，悉許、洛兵大舉而來，必有成規，豈虛還哉！無恃敵之不至，恃吾有以勝之。”及恪上岸，奉與將軍唐咨、呂據、留贊等，俱從山西上。奉曰：“今諸軍行遲，若敵據便地，[5]則難與爭鋒矣。”乃辟諸軍使下道，帥麾下三千人徑進。時北風，[6]奉舉帆二日至，遂據徐塘。[7]天寒雪，[8]敵諸將置酒高會，[9]奉見其前部兵少，相謂曰：“取封侯爵賞，正在今日！”乃使兵解鎧著冑，[10]持短兵。敵人從而笑焉，不爲設備。奉縱兵斫之，大破敵前屯。會據等至，魏軍遂潰。遷滅寇將軍，[11]進封都（亭）〔鄉〕侯。[12]

魏將文欽來降，以奉爲虎威將軍，[13]從孫峻至壽春迎之。與敵追軍戰於高亭。[14]奉跨馬持矛，突入其陣中，斬首數百，獲其軍器。進封安豐侯。

太平二年，[15]魏大將（軍）諸葛誕據壽春來降，[16]魏人圍之。遣朱異、唐咨等往救，復使奉與黎斐解圍。奉爲先登，屯於黎漿，[17]力戰有功，拜左將軍。[18]

孫休即位，與張布謀，欲誅孫綝，布曰：“丁奉雖不能吏書，[19]而計略過人，能斷大事。”休召奉告曰：“綝秉國威，將行不軌，欲與將軍誅之。”奉曰：“丞相兄弟友黨甚盛，[20]恐人心不同，不可卒制，可因臘會，[21]有陛下兵以誅之也。”休納其計，因會請綝，[22]奉與張布目左右斬之。遷大將軍，[23]加左、右都護。[24]永安二年,[25]假節領徐州牧。[26]六年,魏伐蜀,奉率諸軍向壽春,爲救蜀之勢。蜀亡,軍還。

休薨,奉與丞相濮陽興等從萬或之言,共迎立孫皓,遷右大司馬左軍師。[27]寶鼎三年,[28]皓命奉與諸葛靚攻合肥。奉與晋大將石苞書,[29]構而閒之,苞以徵還。建衡元年,[30]奉復帥衆治徐塘,因攻晋穀陽,[31]穀陽民知之,引去,奉無所獲。皓怒,斬奉導軍。三年,卒。[32]奉貴而有功,漸以驕矜,或有毀之者,皓追以前出軍事,徙奉家於臨川。[33]奉弟封,官至後將軍,[34]先奉死。

[1]安豐:縣名。治所在今河南固始縣東南。

[2]冠軍將軍:官名。漢獻帝建安中置,曹魏、孫吳皆沿置。

[3]太傅:指諸葛恪。恪時爲太傅。

[4]上岸必遁走:趙幼文《校箋》謂蕭常《續後漢書》作“必遁走”(按,實作“必走”),當從之。疑“上岸”二字涉下文“及恪上岸”而衍。

[5]便地:形勢有利之地。

[6]北風:趙幼文《校箋》謂《册府元龜》卷三九八引無“北”字,“風”下有“便”字

[7]徐塘:地名。在今安徽巢湖市東南。趙幼文《校箋》謂《册府元龜》引無“徐”字,考“徐”爲“涂”字之誤,《通典・兵十》作“涂塘”。按,中華書局1988年點校本《通典・兵十》已據《三國志・丁奉傳》及明刻本、王吳本改“涂塘”爲“徐塘”。

[8]天寒雪:趙幼文《校箋》謂《通典・兵十》“雪”上有“大”字。

[9] 敵諸將：趙幼文《校箋》謂《册府元龜》卷三九八引"敵"字作"魏"，上有"時"字，《通典·兵十》同。

[10] 胄：頭盔。

[11] 滅寇將軍：官名。孫吳置。領兵。

[12] 都鄉侯：各本皆作"都亭侯"。陳景雲《辨誤》云："'亭'當作'鄉'。奉已封亭侯，更封鄉侯，斯爲進爵耳。如陳武、是儀皆由都亭侯進封都鄉侯是也。"校點本即從陳説改。今從之。

[13] 虎威將軍：官名。建安中曹操置，孫權亦置。魏、吳皆沿置。

[14] 高亭：地名。謝鍾英云："當與橐皋相近。"（《補三國疆域志補注》）

[15] 太平：吳會稽王孫亮年號（256—258）。

[16] 魏大將：盧弼《集解》云："各本皆脱'將軍諸葛誕據壽春來降魏人'十二字，惟元本有之。"按，百衲本、殿本實無此十二字，盧弼《集解》本有此十二字，校點本亦有。而本書卷二八《諸葛誕傳》誕未爲大將軍，祇做過征東大將軍。今從盧弼《集解》本，並删"軍"字。趙幼文《校箋》謂《册府元龜》卷三四九引有此十二字，蕭常《續後漢書》同（蕭氏改"魏人"爲"敵兵"），是其所見本尚未佚也。按，蕭常《續後漢書》實無"將軍"二字，僅有十字。

[17] 黎漿：地名。在今安徽壽縣東南。

[18] 左將軍：官名。東漢時位如上卿，與前、後、右將軍掌京師兵衛和邊防屯警。魏、晉亦置，第三品。權位漸低，略高於一般雜號將軍，不典禁兵，不與朝政，僅領兵征戰。孫吳亦置。

[19] 吏書：趙幼文《校箋》謂《册府元龜》卷六二七引"吏"字作"史"。

[20] 友黨甚盛：趙幼文《校箋》謂《册府元龜》卷六二七引"友"字作"支"，"盛"字作"衆"。蕭常《續後漢書》"友"字

亦作"支"。按，宋本《册府元龜》"盛"字亦作"盛"，蕭常《續後漢書》"盛"字纔作"衆"。

[21]臘會：古代以十二月八日爲臘日，爲歲終祭祀衆神之日，此祭神之會即稱臘會。

[22]請緋：趙幼文《校箋》謂蕭常《續後漢書》"緋"下有"即至"二字。按，蕭常《續後漢書》"請"字作"召"。

[23]大將軍：官名。東漢時常兼録尚書事，與太傅、太尉等共同主持政務。漢末位在三公上。三國時權任稍減。吳又別置上大將軍居其上。

[24]左右都護：官名。孫權黄龍元年（229）置左、右都護，分別以大將軍諸葛瑾、上大將軍陸遜兼任，權位極重。後世亦然。

[25]永安：吳景帝孫休年號（258—264）。 二年：百衲本作"二年"，殿本、盧弼《集解》本、校點本作"三年"。中華再造善本影宋本作"二年"，今從百衲本。

[26]假節：漢末三國時期，皇帝賜予臣下的一種權力。至晉代，此種權力明確爲因軍事可殺犯軍令者。 徐州：魏刺史治所彭城縣，在今江蘇徐州市。按，徐州爲魏地，此乃空名遥領。

[27]右大司馬：官名。東漢初改大司馬爲太尉，爲三公之一。漢靈帝時，又與太尉並置，而位在三公上。三國因之，號上公，皆爲高級將帥，不預政務。吳一度分置左右。按，本書卷四八《孫晧傳》元興元年（264）施績、丁奉爲左右大司馬。 左軍師：官名。掌軍務，地位較高，不屬丞相府。

[28]寶鼎：吳末帝孫晧年號（266—269）。

[29]石苞：時石苞以大司馬鎮淮南，駐壽春。（見《晉書》卷三三《石苞傳》）

[30]建衡：吳末帝孫晧年號（269—271）。

[31]穀陽：縣名。治所在今安徽固鎮縣西北。

[32]卒：百衲本、殿本無"卒"字。陳景雲《辨誤》云："'三年'下脱一'卒'字，奉卒於建衡三年，別見《孫晧傳》。"

盧弼《集解》本、校點本有"卒"字。今從之。

[33] 臨川：郡名。治所臨汝縣，在今江西臨川市西。

[34] 後將軍：官名。東漢時位如上卿，與前、左、右將軍掌京師兵衛與邊防屯警。魏晉亦置，權位漸低。略高於一般雜號將軍，不典禁兵，不與朝政，僅領兵征戰。孫吳亦置。

評曰：凡此諸將，皆江表之虎臣，孫氏之所厚待也。以潘璋之不脩，[1]權能忘過記功，其保據東南，宜哉！陳表將家支庶，而與胄子名人比翼齊衡，[2]拔萃出類，不亦美乎！

[1]不脩：不善。指潘璋"性奢泰""服物僭擬""數不奉法"，等等。

[2]胄子：此指權貴之子，即諸葛恪、顧譚、張休等。

三國志 卷五六

吴書十一

朱治朱然吕範朱桓傳第十一

朱治字君理，丹楊故鄣人也。[1]初爲縣吏，後察孝廉，[2]州辟從事，[3]隨孫堅征伐。中平五年，[4]拜司馬，[5]從討長沙、零、桂等三郡賊周朝、蘇馬等，[6]有功，堅表治行都尉，[7]從破董卓於陽人，[8]入洛陽。[9]表治行督軍校尉，[10]特將步騎，東助徐州牧陶謙討黄巾。[11]

會堅薨，治扶翼策，依就袁術。後知術政德不立，乃勸策還平江東。[12]時太傅馬日磾在壽春，[13]辟治爲掾，[14]遷吴郡都尉。[15]是時吴景已在丹楊，而策爲術攻廬江，[16]於是劉繇恐爲袁、孫所并，遂構嫌隙。而策家門盡在州下，[17]治乃使人於曲阿迎太妃及權兄弟，所以供奉輔護，甚有恩紀。治從錢唐欲進到吴，[18]吴郡太守許貢拒之於由拳，[19]治與戰，大破之。貢南就山賊嚴白虎，治遂入郡，領太守事。策既走劉繇，東定會稽。[20]

　　權年十五，治舉爲孝廉。[21]後策薨，治與張昭等共尊奉權。建安七年，[22]權表治爲（九真）〔吳郡〕太守，[23]行扶義將軍，[24]割婁、由拳、無錫、毗陵爲奉邑，[25]置長吏。[26]征討夷越，[27]佐定東南，禽截黃巾餘類陳敗、萬秉等。黃武元年，[28]封毗陵侯，領郡如故。二年，拜安國將軍，[29]金印紫綬，徙封故鄣。

　　權歷位上將，[30]及爲吳王，治每進見，權常親迎，執版交拜，[31]饗宴贈賜，恩敬特隆，至從行吏，皆得奉贊私覿，其見異如此。

　　初，權弟翊，性峭急，喜怒快意，治數責數，[32]諭以道義。權從兄豫章太守賁，[33]女爲曹公子婦，[34]及曹公破荆州，[35]威震南土，賁畏懼，欲遣子入質。治聞之，求往見賁，爲陳安危，[一]賁由此遂止。

　　〔一〕《江表傳》載治說賁曰：“破虜將軍昔率義兵入討董卓，[36]聲冠中夏，義士壯之。討逆繼世，[37]廓定六郡，[38]特以君侯骨肉至親，[39]器爲時生，故表漢朝，剖符大郡，[40]兼建將校，仍關綜兩府，[41]榮冠宗室，爲遠近所瞻。加討虜聰明神武，[42]繼承洪業，[43]攬結英雄，周濟世務，軍衆日盛，事業日隆，雖昔蕭王之在河北，[44]無以加也，必克成王基，應運東南。[45]故劉玄德遠布腹心，求見拯救，此天下所共知也。前在東聞道路之言，云將軍有異趣，良用憮然。今曹公阻兵，[46]傾覆漢室，幼帝流離，百姓元元未知所歸。[47]而中國蕭條，或百里無煙，城邑空虛，道殣相望，[48]士歎於外，婦怨乎室，加之以師旅，因之以饑饉，以此料之，豈能越長江與我爭利哉？將軍當斯時也，而欲背骨肉之親，違萬安之計，割同氣之膚，啖虎狼之口，爲一女子，改慮易圖，失機毫釐，差以千里，豈不惜哉！"

［1］丹楊：郡名。治所宛陵縣，在今安徽宣州市。　故鄣：縣名。治所在今浙江安吉縣北安城鎮西北。

［2］孝廉：漢代選拔官吏的主要科目。孝指孝子，廉指廉潔之士。原本爲二科，後混同爲一科，也不再限於孝子和廉吏。東漢後期，定制爲不滿四十歲者不得察舉；（後來年齡或不受限）被舉者先詣公府課試，以觀其能。郡國每年要向中央推舉一至二人。

［3］從事：官名。漢代州牧刺史的佐吏，有別駕從事史、治中從事史、兵曹從事史、部從事史等，均可簡稱爲從事。

［4］中平：漢靈帝劉宏年號（184—189）。

［5］司馬：官名。將軍軍府之屬官，掌參贊軍務，管理府内武職，位僅次於長史。

［6］長沙：郡名。治所臨湘縣，在今湖南長沙市。　零：即零陵。郡名。治所泉陵縣，在今湖南永州市。　桂：即桂陽。郡名。治所郴縣，在今湖南郴州市。

［7］都尉：官名。略低於校尉的領兵武官。

［8］陽人：聚邑名。在今河南汝州市西北。

［9］洛陽：縣名。治所在今河南洛陽市東北白馬寺東。

［10］督軍校尉：官名。漢獻帝時孫堅、曹操皆置。統兵出征。

［11］徐州：東漢時刺史治所郯縣，在今山東郯城縣；漢末移治下邳縣，在今江蘇睢寧縣西北。

［12］江東：地區名。長江自西向東流，流至今安徽境，則偏北斜流，至今江蘇省鎮江市又東流而下，古稱這段江路東岸之地爲江東（今長江以南的蘇、浙、皖一帶），西岸之地爲江西（今皖北和淮河下游一帶）。

［13］太傅：官名。東漢時位上公，掌善導，無常職，多爲加銜。　壽春：縣名。治所在今安徽壽縣。

［14］掾：屬官之統稱。漢代三公府及其他重要官府皆置掾、

屬，分曹治事。掾爲曹長，屬爲副貳。

[15] 吳郡：治所吳縣，在今江蘇蘇州市。　都尉：官名。此爲郡都尉。西漢時郡置都尉，輔佐郡守並掌本郡軍事。東漢廢除，但有緊急軍事亦臨時設置。

[16] 廬江：郡名。治所本在舒縣，在今安徽廬江縣西南。建安四年（199）劉勳移於皖縣，在今安徽潛山縣。

[17] 州下：指揚州治所。劉繇爲揚州刺史，治所在曲阿縣，在今江蘇丹陽市。

[18] 錢唐：縣名。東漢時又作“錢塘”。謝鍾英《補三國疆域志補注》謂錢唐西漢爲縣，東漢省，蓋漢末靈帝時又復置。西漢時治所在今浙江杭州市西靈隱山下，東漢末復置後治所在今杭州市。

[19] 由拳：縣名。治所在今浙江嘉興市南。

[20] 會稽：郡名。治所山陰縣，在今浙江紹興市。

[21] 舉爲孝廉：朱治領吳郡太守，而孫權爲吳郡富春人，故得舉爲孝廉。

[22] 建安：漢獻帝劉協年號（196—220）。

[23] 吳郡：各本皆作“九真”。潘眉《考證》列舉五大證據，謂“九真”當作“吳郡”（因其文長，不抄録）。校點本即從潘説改，今從之。

[24] 扶義將軍：官名。建安中孫權置。

[25] 婁：縣名。治所在今江蘇昆山市東北。　無錫：縣名。治所在今江蘇無錫市。　毗陵：縣名。治所在今江蘇常州市。　奉邑：謂以縣之賦税作爲官俸。潘眉《考證》云：“奉邑，字見《史記·河渠書》，謂官所食，與封邑異。”

[26] 長吏：指縣令、長。

[27] 夷越：即山越，爲漢末三國時期居於南方山區的土著人民。因他們在秦漢時尚稱越人，雖經漢代三百餘年已與漢族相融合，時人仍稱之爲越人。

［28］黃武：吳大帝孫權年號（222—229）。

［29］安國將軍：官名。漢獻帝興平中曾置，爲雜號將軍。而孫權置此官，乃金印紫綬，地位和權力都大有提高。

［30］上將：建安二十四年曹操表孫權爲驃騎將軍，是爲上將。

［31］執版交拜：執手版互拜。執手版拜，是下級見上屬之禮，而朱治曾舉孫權爲孝廉，爲舉主，故孫權亦執版答拜。

［32］治數責數：朱治亦曾舉孫翊爲孝廉，爲舉主，故能如此。

［33］豫章：郡名。治所南昌縣，在今江西南昌市。

［34］曹公子：指曹操之子曹彰。

［35］荊州：漢末刺史治所襄陽縣，在今湖北襄陽市襄州區。

［36］破虜將軍：指孫堅。孫堅爲破虜將軍。

［37］討逆：指孫策。孫策爲討逆將軍。　繼世：百衲本作“係世”，殿本、盧弼《集解》本、校點本作“繼世”。今從殿本等。

［38］六郡：盧弼《集解》云：“會稽、吳郡、丹楊、豫章、廬陵及九江、廬江之半。”

［39］君侯：對封侯者之敬稱。孫賁受封爲都亭侯。

［40］剖符：古代帝王分封諸侯、功臣時，以竹符爲信證，剖分爲二，君臣各執其一。後因以“剖符”爲分封、授官之稱。　大郡：指豫章郡。孫賁時領豫章太守。

［41］兩府：建安十三年朝廷以孫賁爲征虜將軍，領豫章太守如故。兩府即指將軍府與郡府。

［42］討虜：指孫權。建安五年曹操表孫權爲爲討虜將軍。

［43］繼承：百衲本作“係承”，殿本、盧弼《集解》本、校點本作“繼承”。今從殿本等。

［44］蕭王：指漢光武帝劉秀。當劉秀正在河北節節勝利並擊滅王郎後，更始帝劉玄乃遣使持節立劉秀爲蕭王，並令其罷兵撤回。劉秀以河北未平，辭不受命。（見《後漢書》卷一《光武帝紀》）

〔45〕運：期運，氣數。

〔46〕阻兵：仗恃軍隊。

〔47〕百姓：百官。《尚書·堯典》："九族既睦，平章百姓。"孔安國傳："百姓，百官。"　元元：庶民。《後漢書·光武帝紀》："上當天地之心，下爲元元所歸。"李賢注："元元，謂黎庶也。"

〔48〕殣：此指餓死之人。

權常歎治憂勤王事。性儉約，雖在富貴，車服惟供事，[1]權優異之，自令督軍御史典屬城文書，[2]治領四縣租稅而已。[3]然公族子弟及吳四姓多出仕郡，[4]郡吏常以千數，治率數年一遣詣王府，所遣數百人，每歲時獻御，權答報過厚。是時丹楊深地，頻有姦叛，[5]亦以年向老，思戀土風，自表屯故鄣，鎮撫山越。諸父老故人，莫不詣門，治皆引進，與共飲宴，鄉黨以爲榮。在故鄣歲餘，還吳。黃武三年卒，在郡三十一年，年六十九。

子才，素爲校尉領兵，[6]既嗣父爵，遷偏將軍。[一][7]才弟紀，權以策女妻之，亦以校尉領兵。紀弟緯、萬歲，皆早夭。才子琬，襲爵爲將，至鎮西將軍。[8]

〔一〕《吳書》曰：才字君業，爲人精敏，善騎射，權愛異之，常侍從游戲。少以父任爲武衛校尉，[9]領兵隨從征伐，屢有功捷。本郡議者以才少處榮貴，未留意於鄉黨，才乃歎曰："我初爲將，謂跨馬蹈敵，當身履鋒，足以揚名，不知鄉黨復追迹其舉措乎！"於是更折節爲恭，留意於賓客，輕財尚義，施不望報，又學兵法，名聲始聞於遠近。會疾卒。

〔1〕供事：盧弼《集解》云："'供'字下疑有脱字。"趙幼文《校箋》謂本書卷四四《姜維傳》有"衣服取供，輿馬取備"，疑"供"上脱"取"字。按，"供事"上之"惟"，乃僅僅之義。楊樹達《詞詮》卷八："惟，副詞。獨也，僅也。"謂車服等物僅够供事而已。

〔2〕督軍御史：官名。即侍御史奉命督軍者。

〔3〕四縣：指婁、由拳、無錫、毗陵四縣。

〔4〕吳四姓：指吳郡吳縣的顧、陸、朱、張四姓。其頭面人物是顧雍、陸遜、朱桓、張溫。本書皆有傳。

〔5〕頻：校點本 1982 年 7 月第 2 版作"頗"，百衲本、殿本、盧弼《集解》本、校點本 1959 年 12 月 1 版皆作"頻"。今從百衲本等。

〔6〕校尉：官名。漢代軍職之稱。東漢末位次中郎將。三國沿置而名號繁多，品秩亦高低不等。　領兵：孫吳實行世襲領兵制，父祖所領之兵，子孫得繼承領有。

〔7〕偏將軍：官名。雜號中地位較低者。

〔8〕鎮西將軍：官名。東漢末置。曹魏沿置，與鎮東、鎮南、鎮北將軍合稱四鎮將軍，位次四征將軍。多爲持節都督，出鎮方面。蜀漢、孫吳亦置。

〔9〕武衛校尉：官名。漢末孫權置。領兵。

朱然字義封，治姊子也，本姓施氏。初治未有子，然年十三，乃啓策乞以爲嗣。策命丹楊郡以羊酒召然，[1]然到吳，策優以禮賀。

然嘗與權同書學，[2]結恩愛。至權統事，以然爲餘姚長，[3]時年十九。後遷山陰令，[4]加折衝校尉，[5]督五縣。權奇其能，分丹楊爲臨川郡，[6]然爲太守，〔一〕授兵二千人。[7]會山賊盛起，然平討，旬月而定。曹公出濡須，[8]然備大塢及三關屯，[9]拜偏將軍。建安二十四年，從討關羽，別與潘璋到臨沮禽羽，[10]遷昭武將軍，[11]封西安鄉侯。[12]

〔一〕臣松之案：此郡尋罷，非今臨川郡。[13]

［1］羊酒：羊和酒。饋贈的禮物。亦泛指饋贈或賞賜的禮物。

［2］書學：百衲本、殿本作“書學”，盧弼《集解》本、校點本作“學書”，宋本《册府元龜》卷三四三亦作“書學”。今從百衲本等。書學，謂寫字讀書。

［3］餘姚：縣名。治所在今浙江餘姚市。

［4］山陰：縣名。治所在今浙江紹興市。

［5］折衝校尉：官名。東漢末置，爲領兵武職。孫權亦置。

［6］臨川郡：吳增僅謂此郡當置於建安末，至黃武以後始廢省，裴注謂此郡尋罷，乃偶誤，未敢信也。“其所屬諸縣，大約西接豫章，東接丹陽，南接新都，如臨城、石城等縣皆是。其地與太平二年所置之臨川名同而地異也。”（見《三國郡縣表附考證》）

［7］二千：殿本、盧弼《集解》本作“一千”，百衲本、校點本作“二千”。今從百衲本等。

［8］濡須：地名。在今安徽無爲縣東北古濡須水畔。吳人在此建塢，名濡須塢。又因形似偃月，亦名偃月塢。

［9］大塢：趙一清《注補》云：“大塢，即濡須塢也。三關屯，即東興關，故吳人置屯於此。”東興關，在今安徽巢湖市東南裕溪河東岸。

［10］臨沮：縣名。治所在今湖北遠安縣西北。

［11］昭武將軍：官名。東漢末置，爲雜號將軍中權任較重者。後曹魏定爲五品。孫吳亦置。

［12］鄉侯：爵名。漢制列侯大者食縣邑，小者食鄉、亭。東漢後期，遂以食鄉、亭者稱爲鄉侯、亭侯。

［13］臨川郡：此即吳會稽王孫亮太平二年（257）分豫章郡所置，治所臨汝縣，在今江西臨川市西。

虎威將軍呂蒙病篤，[1]權問曰："卿如不起，誰可代者？"蒙對曰："朱然膽守有餘，愚以爲可任。"蒙卒，權假然節，[2]鎮江陵。黃武元年，劉備舉兵攻宜都，[3]然督五千人與陸遜并力拒備。然別攻破備前鋒，斷其後道，備遂破走。拜征北將軍，[4]封永安侯。[5]

魏遣曹真、夏侯尚、張郃等攻江陵，魏文帝自住宛，[6]爲其勢援，連屯圍城。[7]權遣將軍孫盛督萬人備州上，[8]立圍塢，爲然外救。郃渡兵攻盛，盛不能拒，即時卻退，郃據州上圍守，然中外斷絕。權遣潘璋、楊粲等解〔圍〕而圍不解。[9]時然城中兵多腫病，堪戰者裁五千人。真等起土山，鑿地道，[10]立樓櫓，臨城弓矢雨注，將士皆失色，然晏如而無恐意，[11]方屬吏士，伺間隙攻破兩屯。魏攻圍然凡六月日，未退。江陵令姚泰領兵備城北門，見外兵盛，城中人少，穀食欲盡，[12]因與敵交通，謀爲內應。垂發，事覺，然治戮泰。尚等不能克，乃徹攻退還。由是然名震於敵國，改封當陽侯。[13]

（六）〔五〕年，[14]權自率衆攻石陽，[15]及至旋師，潘璋斷後。夜出錯亂，敵追擊璋，璋不能禁。然即還住拒敵，使前船得引極遠，[16]徐乃後發。黃龍元年，[17]拜車騎將軍、右護軍，[18]領兗州牧。[19]頃之，以兗州在蜀分，[20]解牧職。

嘉禾三年，[21]權與蜀克期大舉，權自向新城，[22]然與全琮各受斧鉞，[23]爲左右督。[24]會吏士疾病，故未攻而退。

赤烏（五）〔四〕年，[25]征柤中，〔一〕[26]魏將蒲忠、胡質各將數千人，忠要遮險隘，[27]圖斷然後，質爲忠繼援。時然所督兵將先四出，聞問不暇收合，便將帳下見兵八百人逆掩。忠戰不利，質等皆退。[28]〔二〕九年，復征柤中，魏將李興等聞然深入，率步騎六千斷然後道，然夜出逆之，軍以勝反。先是，歸義馬茂懷姦，[29]覺誅，權深忿之。然臨行上疏曰：“馬茂小子，敢負恩養。臣今奉天威，事蒙克捷，欲令所獲，震耀遠近，方舟塞江，使足可觀，以解上下之忿。惟陛下識臣先言，責臣後效。”權時抑表不出。然既獻捷，群臣上賀，權乃舉酒作樂，而出然表曰：“此家前初有表，孤以爲難必，今果如其言，可謂明於見事也。”遣使拜然爲左大司馬、右軍師。[30]

〔一〕《襄陽記》曰：[31]柤音如租稅之租。柤中在上黄界，[32]去襄陽一百五十里。[33]魏時夷王梅敷兄弟三人，[34]部曲萬餘家屯此，[35]分布在中廬、宜城西山鄢、沔二谷中，[36]土地平敞，宜桑麻，有水陸良田，沔南之膏腴沃壤，謂之柤中。

〔二〕孫氏《異同評》曰：（魏志）〔《魏書》〕及《江表傳》云然以景初元年、正始二年再出爲寇，[37]所破胡質、蒲忠在景初元年。《魏志》承《魏書》，依違不說質等爲然所破，而直云然退耳。《吳志》說赤烏五年，於魏爲正始三年，魏將蒲忠與朱然戰，忠不利，質等皆退。按《魏少帝紀》及《孫權傳》，是歲並無事，當是陳壽誤以吳嘉禾六年爲赤烏五年耳。[38]

[1] 虎威將軍：官名。建安中曹操置。孫權亦置。魏、晋沿襲，定爲五品。

[2] 假然節：即加朱然假節。假節，乃漢末三國時期，皇帝賜予重臣之一種權力。至晋代，此種權力明確爲因軍事可殺犯軍令者。孫權此時雖未爲皇帝，亦授部下此種權力。

[3] 宜都：郡名。治所夷道縣，在今湖北枝城市。

[4] 征北將軍：官名。漢獻帝興平中置。曹操執政後，列爲四征將軍之一，多爲持節都督，出鎮方面，地位顯要，秩二千石。魏文帝黃初中，位次三公，第二品。孫權亦置。

[5] 永安：吳侯國名。治所在今浙江德清縣西千秋鎮。

[6] 宛：縣名。治所在今河南南陽市。

[7] 城：指江陵城。

[8] 州：指中州。在今湖北枝江市南長江中。

[9] 解圍：各本皆無“圍”字。盧弼《集解》引錢儀吉説謂“解”下脱“圍”字。盧弼又謂無“圍”字亦可通。校點本從錢説增“圍”字。今從之。

[10] 地道：盧弼《集解》本作“池道”，百衲本、殿本、校點本作“地道”。今從百衲本等。

[11] 恐意：百衲本作“怨意”，殿本、盧弼《集解》本、校點本作“恐意”。今從殿本等。

[12] 欲：將要。劉淇《助字辨略》卷五：“欲，將也。凡云欲者，皆願而未得，故又得爲將也。”

[13] 當陽：縣名。治所在今湖北荊門市西南。

[14] 五年：各本皆作“六年”。盧弼《集解》謂本書卷四七《孫權傳》謂征江夏、攻石陽在黃武五年（226）七月，本書卷三《明帝紀》亦謂黃初七年八月孫權攻江夏郡。黃初七年即吳黃武五

年，則此云"六年"誤。今從盧説改"六"爲"五"。

[15] 石陽：治所在今湖北漢川市西北。

[16] 極遠：趙幼文《校箋》謂蕭常《續後漢書》"極"字作"既"。

[17] 黄龍：吴大帝孫權年號（229—231）。

[18] 車騎將軍：官名。東漢時位比三公，常以貴戚充任。出掌征伐，入參朝政。漢靈帝時常作贈官。魏晋時位次驃騎將軍，在諸名號將軍上，多作爲軍府名號，加授大臣、重要州郡長官，無具體職掌，第二品。開府者位從公，一品。三國吴亦置。 右護軍：官名。此非典辭訟者。建安中，曹操置護軍，後改稱中護軍。掌禁兵，主武官選舉。孫權則置中、左、右護軍各一人。 （本洪飴孫《三國職官表》）

[19] 兗州：東漢時刺史治所昌邑縣，在今山東金鄉縣西北。曹魏時治所廩邱縣，在今山東鄆城縣西北。按，當時兗州爲魏地，此乃空名遥領。

[20] 兗州在蜀分：黄龍元年孫權稱帝，蜀漢遣使慶賀，並結盟分天下，豫、青、徐、幽屬吴，兗、冀、并、涼屬蜀。故此云兗州在蜀分。

[21] 嘉禾：吴大帝孫權年號（232—238）。

[22] 新城：指合肥新城。在今安徽合肥市西北。

[23] 斧鉞：本爲兩種兵器。軍中用以殺戮犯法者，故又用作軍中權力的代表。

[24] 左右督：官名。即左部督與右部督，孫權所置，皆爲統兵將領。

[25] 赤烏：吴大帝孫權年號（238—251）。 四年：各本皆作"五年"。潘眉《考證》謂此誤以赤烏四年爲五年，"《魏少帝紀》正始二年五月，'吴將朱然等圍襄陽之樊城'。《襄陽記》柤中去襄陽一百五十里。此一證也。《晋書·宣帝本紀》魏正始二年，'吴將全琮寇芍陂，朱然、孫倫圍樊城，諸葛瑾、步騭掠柤中'。二證

也。《宋書·天文志》正始二年五月，吳將朱然圍樊城，諸葛瑾入柤中。三證也。《魏志·王淩傳》正始二年吳大將全琮寇芍陂。即此事。四證也。魏正始二年於吳爲赤烏四年。《吳主傳》赤烏四年書車騎將軍朱然圍樊，諸葛瑾取柤中。此又灼然一證"。按，潘說證據充分，今從改。

［26］柤中：地區名。在今湖北南漳縣、宜城市蠻河流域一帶。土地肥沃，宜於耕種。

［27］忠要遮：盧弼《集解》本無"忠"字，百衲本、殿本、校點本皆有。今從百衲本等。要（yāo）遮，攔截。

［28］質等皆退：本書卷二七《胡質傳》謂胡質爲荆州刺史，"吳大將朱然圍樊城，質輕軍赴之。議者皆以爲賊盛不可迫，質曰：'樊城卑下，兵少，故當進軍爲之外援；不然，危矣。'遂勒兵臨圍，城中乃安"。盧弼《集解》云："此與本傳所載互異，蓋兩國兵爭，伐功諱敗，故記載各殊也。"

［29］馬茂懷姦：此事詳見本書《吳主傳》赤烏八年裴注引《吳歷》。

［30］左大司馬：大司馬，官名。東漢初改大司馬爲太尉，爲三公之一。漢靈帝時又與太尉並置，而位在三公上。三國因之，號上公，皆爲高級將帥，不預政務。吳一度分置左、右大司馬。　右軍師：官名。掌軍務，地位較高，不屬丞相府。趙幼文《校箋》則謂《文選》陸士衡《辨亡論》李善注引作"右軍帥"。

［31］襄陽記：錢劍夫《〈三國志〉標點本商榷》謂此《襄陽記》所説的"柤中"，應移至《吳主傳》中。但此係裴注之疏忽，非傳寫翻刻之誤，故因仍不改。

［32］上黃：縣名。治所在今湖北南漳縣東南。

［33］襄陽：縣名。治所在今湖北襄陽市。

［34］梅敷：後爲魏將。見本書《吳主傳》建安二十五年。

［35］部曲：組成私家武裝的依附農民。

［36］中廬：縣名。治所在今湖北南漳縣東北。　宜城：縣名。

治所在今湖北宜城市南。　鄀：百衲本、殿本、盧弼《集解》本
"鄀"字作"鄑"，校點本作"鄀"。按，二字通。《國語·周語
中》："昔鄑之亡也由仲任。"韋昭注："唐尚書曰：鄑爲鄭武公所
滅，非取任氏而亡也。"《左傳·隱公元年》"鄑"字作"鄀"。今
從校點本。鄢，水名。一作"濦水"。即今湖北中部漢水支流蠻河。
《左傳·桓公十三年》："楚屈瑕伐羅"，"及鄢，亂次以濟。"杜預
注："鄢水，在襄陽宜城縣，入漢。"　沔：水名。即今漢水。

[37] 魏書：各本皆作"魏志"。陳景雲《辨誤》云："案
'志'當作'書'。此謂王沈等所撰之魏史也。"校點本即從《辨
誤》改。今從之。　景初：魏明帝曹叡年號（237—239）。　正始：
魏少帝齊王曹芳年號（240—249）。

[38] 誤以吳嘉禾六年爲赤烏五年：潘眉《考證》謂"陳志之
誤，在以赤烏四年爲五年"。"孫盛謂《魏少帝紀》《孫權傳》無此
事，真可謂視睍不見。裴世期引之，全無辨證，最是疏處。"

　　然長不盈七尺，氣候分明。[1]内行脩絜，其所文
采，惟施軍器，餘皆質素。終日欽欽，[2]常在戰場，[3]
臨急膽定，尤過絕人，雖世無事，每朝夕嚴鼓，[4]兵在
營者，咸行裝就隊，以此玩敵，使不知所備，故出輒
有功。諸葛瑾子融、步騭子協，雖各襲任，權特復使
然總爲大督。[5]又陸遜亦（本）〔卒〕，[6]功臣名將存者
惟然，莫與比隆。寢疾二年，後漸增篤，權晝爲減膳，
夜爲不寐，中使醫藥口食之物，相望於道。然每遣使
表疾病消息，權輒召見，口自問訊，入賜酒食，出送
布帛。自創業功臣疾病，權意之所鍾，呂蒙、凌統最
重，然其次矣。年六十八，赤烏十二年卒，權素服舉
哀，爲之感慟。子績嗣。

[1] 氣候：指人的神態風貌。

[2] 欽欽：謹慎戒懼貌。《朱子語類》卷一三五云：“古之名將能功名者，皆是謹慎周密，乃能有成，如吳漢、朱然，終日欽欽，常如對陣。”

[3] 常：《通鑑》卷七五魏邵陵厲公嘉平元年作“若”。趙幼文《校箋》謂蕭常《續後漢書》“常”下有“若”字。

[4] 嚴鼓：胡三省云：“疾擊鼓也。今人謂之摣鼓。”（《通鑑》卷七五魏邵厲公嘉平元年）

[5] 大督：官名。吳置。戰時總統軍隊作戰。

[6] 卒：各本皆作“本”。陳景雲《辨誤》云：“案‘本’當作‘卒’，句絶。曰亦卒者，蒙上葛、步二人言之。據《孫權傳》，遜先然五年卒。”校點本即從陳説改。今從之。

績字公緒，以父任爲郎，[1]後拜建忠都尉。[2]叔父才卒，績領其兵，隨太常潘濬討五溪，[3]以膽力稱。遷偏將軍營下督，[4]領盜賊事，持法不傾。魯王霸注意交績，嘗至其廨，就之坐，欲與結好，績下地住立，辭而不當。然卒，績襲業，拜平魏將軍，[5]樂鄉督。[6]明年，魏征南將軍王昶率衆攻江陵城，[7]不克而退。績與奮威將軍諸葛融書曰：[8]“昶遠來疲困，馬無所食，力屈而走，此天助也。今追之力少，可引兵相繼，吾欲破之於前，足下乘之於後，豈一人之功哉，宜同斷金之義。”[9]融答許績。績便引兵及昶於紀南，[10]紀南去城三十里，[11]績先戰勝而融不進，績後失利。權深嘉績，盛責怒融，融兄大將軍恪貴重，[12]故融得不廢。初績與恪、融不平，及此事變，爲隙益甚。建興元年，[13]遷鎮東將軍。[14]二年春，恪向新城，要績并力，而留置半州，[15]使融兼其任。冬，恪、融被害，績復還樂鄉，假節。太平二年，[16]拜驃騎將軍。[17]孫綝秉政，大臣疑貳，績恐吳必擾亂，而中國乘釁，乃密書結蜀，使爲并兼之慮。蜀遣右將軍閻宇將兵五千，[18]增白帝守，[19]以須績之後命。永安初，[20]遷上大將軍、都護，[21]督自巴丘上沱西陵。[22]元興元年，[23]就拜左大司馬。初，然爲治行喪竟，乞復本姓，權不許，績以五鳳中表還爲施氏，[24]建衡二年卒。[25]

[1] 郎：郎官的泛稱。西漢光禄勳的屬官郎中、中郎、侍郎、議郎等皆可稱爲郎，無定員，多至千餘人；東漢於光禄勳下又設有五官、左、右中郎將署，合稱三署，主管諸中郎、侍郎、郎中等，亦無定員，多達二千餘人；又尚書、黃門等機構亦設專職郎官。光禄勳下之郎官，掌守衛皇宮殿廊門户，出充車騎扈從，備顧問應對，守衛陵園寢廟等，任滿一定期限，即可遷補内外官職，故郎官機構，實爲儲備官吏的機構。東漢時舉孝廉者多爲郎官。

[2] 建忠都尉：官名。孫吳置。

[3] 太常：官名。東漢時仍爲列卿之首，秩中二千石。掌禮儀祭祀，選試博士等。三國沿置。　　五溪：在武陵郡。武陵郡治所臨沅縣，在今湖南常德市。《水經·沅水注》：“武陵有五溪，謂雄溪、樠溪、無溪、酉溪，辰溪其一焉。夾溪悉是蠻左所居，故謂此蠻五溪蠻也。”

[4] 營下督：孫吳置。掌防治盜賊。

[5] 平魏將軍：官名。孫吳置。

[6] 樂鄉督：官名。樂鄉駐軍之長官。樂鄉，城名。在今湖北松滋市東北長江南岸浣市。

[7] 征南將軍：官名。東漢建安中曹操置，為四征將軍之一，秩二千石。魏文帝黃初中定為二品，位次三公。西晉定爲三品，若持節都督則進爲二品。一般多授持節都督，出鎮方面，地位顯要。

[8] 奮威將軍：官名。漢爲雜號將軍。孫吳亦置。

[9] 斷金之義：《易·繫辭上》："二人同心，其利斷金。"孔穎達疏："二人同心其利斷金者，二人若同齊其心，其纖利能斷截於金。金是堅剛之物，能斷而截之，盛言利之甚也。"

[10] 紀南：城名。在今湖北荆州市江陵區西北。戰國楚郢都即此。

[11] 城：指江陵城。

[12] 大將軍：官名。東漢時常兼錄尚書事，與太傅、太尉等共同主持政務。漢末位在三公上。三國時權任稍減。吳又別置上大將軍居其上。

[13] 建興：吳會稽王孫亮年號（252—253）。

[14] 鎮東將軍：官名。東漢末有鎮東、西、南、北將軍各一人，三國沿置，位次四征將軍，領兵如四征，多爲持節都督出鎮方面。

[15] 半州：地名。在今江西九江市西。孫吳曾於此築城。

[16] 太平：吳會稽王孫亮年號（256—258）。

[17] 驃騎將軍：官名。東漢時位比三公，地位尊崇。魏、晉沿置，居諸名號將軍之首，僅作爲軍府名號，加授大臣、重要州郡長官，無具體職掌，第二品。開府者位從公，第一品。孫吳亦置。

[18] 右將軍：官名。東漢時位如上卿，與前、後、左將軍掌京師兵衛和邊防屯警。魏晉亦置，第三品。權位漸低，略高於一般雜號將軍，不典禁兵，不與朝政，僅領兵征戰。蜀漢、孫吳亦置。

[19] 白帝：城名。在今重慶市奉節縣東白帝山上。

[20] 永安：吳景帝孫休年號（258—264）。

[21] 上大將軍：官名。孫吳置，與大將軍並置，位皆在三公上。而上大將軍又在大將軍上。　都護：官名。漢獻帝建安中孫權

置，後又別置左、右都護。蜀漢則分置中、左、右都護。皆掌軍事。

［22］巴丘：山名。在今湖南岳陽市西南部。《水經·湘水注》謂湘水至巴丘山入江，山在湘水右岸，有吳之巴丘邸閣，西晉初在此置巴陵縣。　西陵：縣名。孫吳改夷陵縣置。治所在今湖北宜昌市東南。

［23］元興：吳末帝孫晧年號（264—265）。

［24］五鳳：吳會稽王孫亮年號（254—256）。

［25］建衡：吳末帝孫晧年號（269—271）。

　　呂範字子衡，汝南細陽人也。[1]少爲縣吏，有容觀姿貌。邑人劉氏，家富女美，範求之。女母嫌，欲勿與，劉氏曰：“觀呂子衡，寧當久貧者邪？”遂與之婚。後避亂壽春，孫策見而異之，範遂自委昵，將私客百人歸策。[2]時太妃在江都，[3]策遣範迎之。徐州牧陶謙謂範爲袁氏覘候，諷縣掠考範，範親客健兒篡取以歸。時唯範與孫河常從策，跋涉辛苦，危難不避，策亦親戚待之，每與升堂，飲宴於太妃前。

　　後從策攻破廬江，還俱東渡。到橫江、當利，[4]破張英、于麋，下小丹楊、湖熟，[5]領湖熟相。[6]策定秣陵、曲阿，[7]收笮融、劉繇餘衆，增範兵二千，騎五十匹。後領宛陵令，[8]討破丹楊賊，還吳，遷都督。〔一〕[9]

　　〔一〕《江表傳》曰：策從容獨與範棊，範曰：“今將軍事日大，士衆日盛，範在遠，聞綱紀猶有不整者，[10]範願蹔領都督，佐將軍部分之。”策曰：“子衡，卿既士大夫，[11]加手下已有大衆，立功於外，豈宜復屈小職，知軍中細碎事乎！”範曰：“不然。

今捨本土而託將軍者，非爲妻子也，欲濟世務。[12]猶同舟涉海，一事不牢，即俱受其敗。此亦範計，非但將軍也。"策笑，無以答。範出，更釋褠，[13]著袴褶，[14]執鞭，詣閤下啓事，自稱領都督，[15]策乃授傳，[16]委以衆事。由是軍中肅睦，威禁大行。

[1]汝南：郡名。治所平輿縣，在今河南平輿縣北。　細陽：殿本作"西陽"，百衲本、盧弼《集解》本、校點本作"細陽"。今從百衲本等。細陽，縣名。治所在今安徽阜陽市西北。

[2]私客：投靠私家的依附者。

[3]江都：縣名。治所在今江蘇揚州市西南。

[4]橫江：即今安徽和縣與馬鞍山市之間的長江。　當利：地名。在今安徽和縣東，爲當利水入長江處。

[5]小丹楊：即丹楊縣，因屬丹楊郡，故加"小"。治所在今安徽當塗縣東北小丹陽鎮。　湖熟：校點本"熟"字作"孰"，百衲本、殿本、盧弼《集解》本作"熟"。今從百衲本等。湖熟，侯國名。治所在今江蘇江寧縣東南湖熟鎮。

[6]相：官名。此指侯國相。由朝廷直接委派，執掌侯國行政大權，相當於縣令、長。

[7]秣陵：縣名。治所在今江蘇江寧縣南秣陵鎮。

[8]宛陵：縣名。治所在今安徽宣州市。

[9]都督：官名。此爲領兵將領。

[10]綱紀：治理；管理。

[11]士大夫：殿本"士"字作"上"，百衲本、盧弼《集解》本、校點本作"士"。今從百衲本等。

[12]欲濟世務：趙幼文《校箋》謂《建康實錄》作"欲與將軍共濟世務"。

[13]褠（gōu）：袖狹而直，形狀如溝之單衣。胡三省云："褠，單衣。漢魏以來，士庶以爲禮服。"（《通鑑》卷七七魏高貴

鄉公甘露元年注）

[14] 袴褶（xí）：褶爲上衣。上穿褶，下着袴，爲騎服。

[15] 自：殿本作“曰”，百衲本、盧弼《集解》本、校點本作“自”。今從百衲本等。

[16] 傳（zhuàn）：符信。

是時下邳陳瑀自號吳郡太守，[1]住海西，[2]與彊族嚴白虎交通。[3]策自將討虎，別遣範與徐逸攻瑀於海西，[4]梟其大將陳牧。[一]又從攻祖郎於陵陽、太史慈於勇里。[5]七縣平定，[6]拜征虜中郎將，[7]征江夏，[8]還平鄱陽。[9]

〔一〕《九州春秋》曰：初平三年，[10]揚州刺史陳禕死，[11]袁術使瑀領揚州牧。後術爲曹公所敗於封丘，[12]南人叛瑀，瑀拒之。術走陰陵，[13]好辭以下瑀，瑀不知權，而又怯，不即攻術。術於淮北集兵向壽春。瑀懼，使其弟公琰請和於術。術執之而進，瑀走歸下邳。

[1] 下邳：郡名。治所下邳縣，在今江蘇睢寧縣西北。　陳瑀：陳登之叔父。事迹主要見本書卷六《袁術傳》裴注引《英雄記》。　自號吳郡太守：據本書卷四六《孫策傳》裴注引《江表傳》載漢朝戊辰詔書，稱陳瑀爲吳郡太守、安東將軍。則陳瑀之太守職，乃朝廷任命，非自號。盧弼《集解》云：“蓋瑀陰圖襲策，互相攻擊，故謂其假借朝命也。”

[2] 海西：縣名。治所在今江蘇灌南縣東南。

[3] 嚴白虎：吳郡烏程人。事迹主要見本書《孫策傳》及裴注引《吳錄》。

[4] 海西：百衲本無“海”字，殿本、盧弼《集解》本、校點

本有，蕭常《續後漢書》亦有。今從殿本等。

［5］祖郎：陵陽宗部之首領。事迹主要見本書卷五一《孫輔傳》裴注引《江表傳》。　陵陽：縣名。治所在今安徽石臺縣東北廣陽鎮。　勇里：地名。在今安徽涇縣西北。

［6］七縣：趙一清《注補》云：“《太史慈傳》云‘策已平定宣城以東，惟涇以西六縣未服’。連涇數之，得七縣。”

［7］征虜中郎將：官名。建安初孫策置，領兵。

［8］江夏：郡名。東漢末治所西陵縣，在今湖北新洲縣西。

［9］鄱陽：縣名。治所在今江西鄱陽縣東北。

［10］初平：漢獻帝劉協年號（190—193）。

［11］揚州：東漢時刺史治所歷陽縣，在今安徽和縣，東漢末年又遷至壽春縣，在今安徽和縣。　陳禕：百衲本作“陳偉”，殿本、盧弼《集解》本作“褘”，校點本作“禕”。按本書卷三八《許靖傳》中所説的揚州刺史陳禕，各本皆作“禕”。今從校點本。

［12］封丘：縣名。治所在今河南封丘縣。

［13］陰陵：縣名。治所在今安徽定遠縣西北。

策薨，奔喪于吳。後權復征江夏，範與張昭留守。

曹公至赤壁，[1]與周瑜等俱拒破之，拜裨將軍，[2]領彭澤太守，[3]以彭澤、柴桑、歷（陽）〔陵〕爲奉邑。[4]劉備詣京見權，[5]範密請留備。後遷平南將軍，[6]屯柴桑。

權討關羽，過範館，謂曰：“昔早從卿言，無此勞也。今當上取之，卿爲我守建業。”[7]權破羽還，都武昌，[8]拜範建威將軍，[9]封宛陵侯，領丹楊太守，治建業，督扶州以下至海，[10]轉以溧陽、懷安、寧國爲奉邑。[11]

曹休、張遼、臧霸等來伐，範督徐盛、全琮、孫韶等，以舟師拒休等於洞口。[12] 遷前將軍，[13] 假節，改封南昌侯。[14] 時遭大風，船人覆溺，死者數千，還軍，拜揚州牧。[15]

性好威儀，州民如陸遜、全琮及貴公子，皆脩敬虔肅，不敢輕脱。[16] 其居處服飾，[17] 於時奢靡，然勤事奉法，故權悦其忠，不怪其侈。〔一〕

〔一〕《江表傳》曰：人有白範與賀齊奢麗夸綺，服飾僭擬王者，權曰：“昔管仲踰禮，[18] 桓公優而容之，無損於霸。今子衡、公苗，[19] 身無夷吾之失，但其器械精好，舟車嚴整耳，此適足作軍容，何損於治哉？”告者乃不敢復言。

[1] 赤壁：山名。在今湖北蒲圻市西北長江邊。詳解見本書卷一《武帝紀》建安十三年注。

[2] 裨將軍：官名。漢雜號將軍之低級者。

[3] 彭澤：郡名。東漢末置，尋省。治所彭澤縣，在今江西湖口縣東。

[4] 彭澤：指彭澤縣。　柴桑：縣名。治所在今江西九江市西南。　歷陵：各本皆作“歷陽”。趙一清《注補》云：“‘陽’當作‘陵’。吳時歷陵屬鄱陽，三縣地相連，不應遠取九江之歷陽也。”盧弼《集解》同趙説。今從趙等説改。歷陵縣治所在今江西德安縣東。

[5] 京：指京口城。在今江蘇鎮江市。

[6] 平南將軍：官名。東漢末孫策置。魏晋亦置，與平西、平南、平北將軍合稱四平將軍，第三品。

[7] 建業：縣名。治所在今江蘇南京市。

[8] 武昌：縣名。孫權改鄂縣置，治所在今湖北鄂州市。

[9] 建威將軍：官名。新莽時置爲領兵之官。東漢、三國魏、吳皆置。

[10] 扶州：謝鍾英云："扶州當係江寧西南江中之洲，未能確指其地。"（《補三國疆域志補注》）。江寧即今江蘇南京市。

[11] 溧陽：縣名。治所在今江蘇淳縣東固城鎮。　懷安：縣名。孫吳分宛陵縣置，在今安徽寧國縣東南。　寧國：縣名。治所在今安徽寧國縣西南寧國。

[12] 洞口：地名。在今安徽和縣東南長江邊。此事在黃武元年（222）九月。

[13] 前將軍：官名。東漢時位如上卿，與左、右、後將軍掌京師兵衛與邊防屯警。三國沿置，權位漸低。

[14] 南昌：縣名。治所在今江西南昌市。

[15] 揚州：孫吳時州牧刺史治所在建業。

[16] 輕脱：猶輕佻，不嚴肅。

[17] 居處：趙幼文《校箋》謂《太平御覽》卷二五〇引"處"字作"家"。

[18] 管仲踰禮：管仲，名夷吾。春秋時輔佐齊桓公稱霸者。而管仲在生活上卻逾越禮制。《論語·八佾》孔子説管仲："邦君樹塞門，管氏亦樹塞門。邦君爲兩君之好，有反坫，管氏亦有反坫。管氏而知禮，孰不知禮？"

[19] 公苗：賀齊字公苗。

　　初策使範典主財計，權時年少，私從有求，範必關白，不敢專許，當時以此見望。[1]權守陽羨長，[2]有所私用，策或料覆，功曹周谷輒爲傅著簿書，[3]使無譴問，權臨時悦之，及後統事，以範忠誠，厚見信任，以谷能欺更簿書，不用也。

　　黃武七年，範遷大司馬，印綬未下，疾卒。權素

服舉哀，遣使者追贈印綬。及還都建業，權過範墓呼曰："子衡！"言及流涕，祀以太牢。〔一〕[4]

〔一〕《江表傳》曰：初，權移都建業，大會將相文武，特謂嚴畯曰：[5]"孤昔歎魯子敬比鄧禹，[6]呂子衡方吳漢，[7]聞卿諸人未平此論，今定云何？"畯退席曰："臣未解指趣，謂肅、範受饒，褒歎過實。"權曰："昔鄧仲華初見光武，光武時受更始使，撫河北，行大司馬事耳，未有帝王志也。禹勸之以復漢業，是禹開初議之端矣。子敬英爽有殊略，孤始與一語，便及大計，與禹相似，故比之。呂子衡忠篤亮直，性雖好奢，然以憂公爲先，不足爲損，避袁術自歸於兄，[8]（兄）〔已〕作大將，[9]別領部曲，故憂兄事，乞爲都督，[10]辦護修整，加之恪勤，與吳漢相類，故方之。皆有指趣，非孤私之也。"畯乃服。

[1] 望：怨恨，責怪。梅膺祚《字彙・月部》："望，怨望，責望。"

[2] 陽羨：縣名。治所在今江蘇宜興市南荊溪南岸。

[3] 功曹：官名。縣府之主要屬吏，職總內外。　傅：百衲本、殿本、盧弼《集解》本作"傅"，校點本、《通鑑》作"傅"。今從校點本。傅，謂附會更改。

[4] 太牢：古時祭祀，牛、羊、豕三牲齊備稱太牢。後亦專指牛爲太牢。

[5] 特：百衲本作"特"，殿本、盧弼《集解》本、校點本作"時"。殿本《考證》云："時，《冊府》作'特'。"趙幼文《校箋》謂見《冊府元龜》卷二〇四。今從百衲本。

[6] 魯子敬：魯肅字子敬。　鄧禹：字仲華。東漢初南陽新野人。漢光武帝劉秀起兵後，加入綠林起義軍。後起義軍立劉玄爲帝，年號更始，稱爲更始帝。後劉秀受命行大司馬事，撫集河北，

鄧禹遂往投附，因向劉秀建議帝業之事，劉秀大悦。（見《後漢書》卷一六《鄧禹傳》）

[7] 吳漢：字子顔。東漢初南陽宛人。初亡命漁陽（今北京密雲縣西南）。更始劉玄使使者韓鴻至河北，韓鴻以吳漢爲安樂（北京順義縣西北）令。王郎起事後，北州擾惑。吳漢素聞劉秀之名，欲歸附之，因説漁陽太守彭寵，擊斬王郎將師而投歸劉秀。（見《後漢書》卷一八《吳漢傳》）

[8] 兄：指孫策。

[9] 已作大將：各本作"兄作大將"。趙幼文《校箋》謂《建康實録》"兄"字作"已"，是也。"已作大將"指吕範。按，"已作大將"非《建康實録》之正文，乃注引《江表傳》之文，是《江表傳》本如此，故據改。

[10] 乞爲：趙幼文《校箋》謂《建康實録》"乞"下有"降"字。

範長子先卒，次子據嗣。據字世議，以父任爲郎，後範寢疾，拜副軍校尉，[1]佐領軍事。範卒，遷安軍中郎將。[2]數討山賊，諸深惡劇地，所擊皆破。隨太常潘濬討五谿，復有功。朱然攻樊，[3]據與朱異破城外圍，還拜偏將軍，入補馬閑右部督，[4]遷越騎校尉。[5]太元元年，[6]大風，江水溢流，[7]漸淹城門，權使視水，獨見據使人取大船以備害。[8]權嘉之，拜盪魏將軍。[9]權寢疾，以據爲太子右部督。[10]太子即位，拜右將軍。魏出東興，[11]據赴討有功。明年，[12]孫峻殺諸葛恪，遷據爲驃騎將軍，平西宮事。[13]五鳳二年，假節，與峻等襲壽春，還遇魏將曹珍，破之於高亭。[14]太平元年，帥師侵魏，未及淮，[15]聞孫峻死，以從弟綝自代，

據大怒，引軍還，欲廢綝。綝聞之，使中書奉詔，[16]
詔文欽、劉纂、唐咨等使取據，又遣從兄（慮）〔憲〕
以都下兵逆據於江都。[17]左右勸據降魏，據曰："恥爲
叛臣。"遂自殺。夷三族。[18]

[1] 副軍校尉：官名。孫吳置。領兵大臣年邁有病，則任其子
爲之，協助處理軍務。

[2] 安軍中郎將：官名。孫吳置。爲領兵武職。

[3] 樊：城名。在襄陽縣北，與襄陽隔水相對。在今湖北
襄陽市。

[4] 馬閑右部督：官名。孫吳置。

[5] 越騎校尉：官名。東漢時爲北軍五校尉之一，秩比二千
石，掌京師宿衛兵。孫吳亦置。

[6] 太元：吳大帝孫權年號（251—252）。

[7] 江水溢流：趙幼文《校箋》謂《太平御覽》卷二四〇引
作"江水盛溢泛流"，此奪"盛""泛"二字。

[8] 備害：殿本《考證》云："《太平御覽》作'備宮'。"趙
幼文《校箋》謂此見《太平御覽》卷二四〇，《建康實錄》作"備
宮內"。《冊府元龜》卷三九〇、郝經《續後漢書》俱作"備害"。

[9] 盪魏將軍：官名。孫吳置。

[10] 太子右部督：官名。孫吳置，掌太子宿衛。

[11] 魏出：趙幼文《校箋》謂郝經《續後漢書》"魏"下有
"軍"字。　東興：即東興關。見前《朱然傳》三關屯注。

[12] 明年：指建興二年。

[13] 平西宮事：官名。參與西宮之政事。西宮，孫吳在武昌
之別宮。

[14] 高亭：地名。謝鍾英云："當與橐皋相近。"（《補三國疆
域志補注》）

[15] 淮：水名。即今淮河。

[16] 中書：官名。此指中書郎。孫吳時仍隸中書令，負責草擬詔書，並常派出執行重要使命。

[17] 憲：各本皆作“慮”。盧弼《集解》云：“《孫亮傳》‘慮’作‘憲’。”校點本則從錢大昕説改爲“憲”。今從之。

[18] 三族：指父族、母族、妻族。

朱桓字休穆，吳郡吳人也。孫權爲將軍，桓給事幕府，除餘姚長。往遇疫癘，穀食荒貴，桓分部良吏，隱親醫藥，殍粥相繼，士民感戴之。遷盪寇校尉，[1]授兵二千人，使部伍吳、會二郡，[2]鳩合遺散，期年之閒，得萬餘人。後丹楊、鄱陽山賊蜂起，攻没城郭，殺略長吏，處處屯聚。桓督領諸將，周旋赴討，應皆平定。[3]稍遷裨將軍，封新城亭侯。[4]

後代周泰爲濡須督。黃武元年，魏使大司馬曹仁步騎數萬向濡須，[5]仁欲以兵襲取州上，[6]僞先揚聲，欲東攻羡溪。[7]桓分兵將赴羡溪，既發，卒得仁進軍拒濡須七十里閒。[8]桓遣使追還羡溪兵，兵未到而仁奄至。時桓手下及所部兵，在者五千人，諸將業業，[9]各有懼心，桓喻之曰：“凡兩軍交對，勝負在將，不在衆寡。諸君聞曹仁用兵行師，孰與桓邪？兵法所以稱客倍而主人半者，謂俱在平原，無城池之守，又謂士衆勇怯齊等故耳。今仁既非智勇，[10]加其士卒甚怯，又千里步涉，人馬罷困，[11]桓與諸君，[12]共據高城，南臨大江，北背山陵，以逸待勞，爲主制客，此百戰百勝之勢也。雖曹丕自來，尚不足憂，況仁等邪！”桓因偃旗鼓，外示虚弱，以誘致仁。仁果遣其子泰攻濡須城，分遣將軍常雕督諸葛虔、王雙等，[13]乘油船別襲中洲。[14]中洲者，部曲妻子所在也。仁自將萬人留橐皋，[15]復爲泰等後拒。桓部兵將攻取油船，或別擊雕等，桓等身自拒泰，[16]〔泰〕燒營而退，[17]遂梟雕，生虜雙，送武昌；臨陣斬溺，[18]死者千餘。權嘉桓功，封嘉興侯，[19]遷奮武將軍，[20]領彭城相。[21]

黄武七年，鄱陽太守周魴譎誘魏大司馬曹休，休將步騎十萬至皖城以迎魴。[22]時陸遜爲元帥，全琮與桓爲左右督，各督三萬人擊休。休知見欺，當引軍還，自負衆盛，邀於一戰。[23]桓進計曰：“休本以親戚見任，非智勇名將也。今戰必敗，敗必走，走當由夾石、挂車，[24]此兩道皆險阨，若以萬兵柴路，[25]則彼衆可盡，而休可生虜，臣請將所部以斷之。若蒙天威，得以休自效，便可乘勝長驅，進取壽春，割有淮南，[26]以規許、洛，[27]此萬世一時，不可失也。”權先與陸遜議，遂以爲不可，故計不施行。

黄龍元年，拜桓前將軍，領青州牧，[28]假節。嘉禾六年，魏廬江主簿呂習請大兵自迎，[29]欲開門爲應。桓與衛將軍全琮俱以師迎。[30]既至，事露，軍當引還。城外有溪水，去城一里所，廣三十餘丈，深者八九尺，淺者半之，諸軍勒兵渡去，桓自斷後。時廬江太守李膺整嚴兵騎，欲須諸軍半渡，因迫擊之。及見桓節蓋在後，[31]卒不敢出，其見憚如此。

是時全琮爲督，[32]權又令偏將軍胡綜宣傳詔命，參與軍事。琮以軍出無獲，議欲部分諸將，[33]有所掩襲。桓素氣高，恥見部伍，乃往見琮，問行意，感激發怒，與琮校計。琮欲自解，因曰："上自令胡綜爲督，綜意以爲宜爾。"桓愈恚恨，還乃使人呼綜。綜至軍門，桓出迎之，顧謂左右曰："我縱手，汝等各自去。"有一人旁出，語綜使還。桓出，不見綜，知左右所爲，因斫殺之。桓佐軍進諫，[34]刺殺佐軍，遂託狂發，詣建業治病。權惜其功能，故不罪。〔一〕使子異攝領部曲，令醫視護，數月復遣還中洲。[35]權自出祖送，[36]謂曰："今寇虜尚存，王塗未一，孤當與君共定天下，欲令君督五萬人專當一面，以圖進取，想君疾未復發也。"桓曰："天授陛下聖姿，當君臨四海，猥重任臣，以除姦逆，臣疾當自愈。"〔二〕

〔一〕孫盛曰：《書》云臣無作威作福，[37]作威作福，則凶于而家，[38]害于而國。桓之賊忍，殆虎狼也，人君且猶不可，況將相乎？語曰：得一夫而失一國，[39]縱罪虧刑，失孰大焉！

〔二〕《吳錄》曰：桓奉觴曰："臣當遠去，願一捋陛下鬚，無所復恨。"權馮几前席，桓進前捋鬚曰："臣今日真可謂捋虎鬚也。"權大笑。

［1］盪寇校尉：官名。建安中孫權置，領兵。

［2］會：指會稽郡。

［3］應皆：劉淇《助字辨略》卷四："應，猶即也。"趙幼文《校箋》謂蕭常《續後漢書》"應"字作"時"。

［4］亭侯：爵名。漢制列侯大者食縣邑，小者食鄉、亭。東漢後期遂以食鄉、亭者稱爲鄉侯、亭侯。

[5] 大司馬：官名。魏文帝黃初二年（221）置，爲上公，位在三公上，第一品，掌武事。　曹仁：趙幼文《校箋》謂《太平御覽》卷三二二引"仁"下有"將"字，是，應據補。按，下句"仁"下"欲"字即"將"義。劉淇《助字辨略》卷五："欲，將也。凡云欲者，皆願之而未得，故又得爲將也。"

[6] 州：即下文所説的"中洲"，又稱"濡須洲"，在今安徽無爲縣東北長江中。

[7] 羨溪：地名。在今安徽無爲縣東北，西去濡須三十里。

[8] 拒：通"距"。　問：百衲本作"間"，殿本、盧弼《集解》本、校點本作"問"。今從殿本等。問，音訊。

[9] 業業：危懼貌。《尚書·皋陶謨》："兢兢業業，一日二日萬幾。"孔傳："業業，危懼。"

[10] 仁：校點本作"人"，百衲本、殿本、盧弼《集解》本作"仁"。盧弼尚云："馮本'仁'作'人'誤。"今從百衲本等。

[11] 罷（pí）：通"疲"。

[12] 君：盧弼《集解》本作"君"，百衲本、殿本、校點本作"軍"。蕭常《續後漢書》作"君"。按，此乃朱桓與諸將語，前已言"諸君聞曹仁"云云，此亦應作"君"。今從盧弼《集解》本。

[13] 王雙：梁章鉅《旁證》云："按王雙於蜀建興六年爲諸葛公所斬，此或別是一人。"

[14] 油船：塗上油的牛皮船。

[15] 橐皋：西漢縣名。東漢廢，故治所在今安徽巢湖市西北拓皋鎮。

[16] 桓等身：趙幼文《校箋》謂《太平御覽》卷二九〇引無"等身"二字，《建康實録》、蕭常《續後漢書》俱作"身自拒泰"，是也。

[17] 泰：各本皆無"泰"字。吴金華《校詁》云："《建康實録》卷一作'泰燒營走'，《資治通鑑》卷七十則作'泰燒營而

退’，句首‘泰’字決不可省，此奪。”趙幼文《校箋》亦謂《太平御覽》卷二九〇引“燒”上有“泰”字，《建康實録》、蕭常《續後漢書》同。今從吳、趙説增“泰”字。

　　[18] 斬溺：趙幼文《校箋》謂《太平御覽》卷二九〇引“斬”字作“及”，下句“餘”下有“人”字，蕭常《續後漢書》同。

　　[19] 嘉興：縣名。治所在今浙江嘉興市南。

　　[20] 奮武將軍：官名。漢爲雜號將軍。孫吳亦置。

　　[21] 彭城：王國名。治所彭城縣，在今江蘇徐州市。　相：官名。王國相由朝廷直接委派，執掌王國行政大權。趙一清《注補》云：“此亦遥領。”

　　[22] 皖城：即皖縣城，在今安徽潛山縣。

　　[23] 邀：盧弼《集解》本作“徼”，百衲本、殿本、校點本作“邀”。按，二字通，今從百衲本等。邀，謂邀幸，僥幸。蕭常《續後漢書》此句即作“僥幸一戰”。

　　[24] 夾石：地名。在今安徽桐城縣北。　挂車：山名。在今安徽桐城縣西南。

　　[25] 柴路：胡三省云：“柴路，謂以柴塞路也。”（《通鑑》卷七一魏明帝太和二年注）

　　[26] 淮南：郡名。治所壽春縣，在今安徽壽縣。

　　[27] 規：盧弼《集解》本作“窺”，百衲本、殿本、校點本作“規”。按，二字通。《管子·君臣子》：“大臣假於女之能以規主情。”丁士涵注：“規，古窺字。”今從百衲本等。　許：指許昌縣，治所在今河南許昌縣東。魏於此有宮室。　洛：指洛陽縣，乃魏都。

　　[28] 青州：州牧刺史治所臨菑縣，在今山東淄博市東北臨淄鎮北。按，此年吳蜀結盟中分天下，豫、青、徐、幽屬吳，故有此授。然其仍爲魏所有，僅空名遥領而已。

　　[29] 盧江：郡名。曹魏前期治所陽泉縣，在今安徽霍邱縣東北。曹魏後期治所六安縣，在今安徽六安縣北。（本吳增僅《三國

郡縣表附考證》）　　主簿：官名。漢代中央及州郡官府皆置，以典領文書，辦理事務。

[30] 衛將軍：官名。東漢時位次大將軍、驃騎將軍、車騎將軍，位亞三公，開府置官屬。曹魏沿置，位在諸名號將軍上。第二品。孫吳亦置。

[31] 節蓋：持節大將所用的傘蓋。

[32] 督：官名。此乃大督，戰時總統諸軍作戰。

[33] 部分：部署安排。

[34] 佐軍：官名。此爲前將軍朱桓的屬官，佐理軍務事。

[35] 中洲：百衲本無“洲”字，殿本、盧弼《集解》本、校點本有。今從殿本等。

[36] 祖送：祖餞送行。亦即餞行。

[37] 臣無作威作福：此句及以下數句見《尚書·洪範》，而文字稍異。

[38] 而：爾，你。

[39] 得一夫而失一國：《左傳·莊公十二年》石祁子曰：“得一夫而失一國，與惡而棄好，非謀也。”

　　桓性護前，[1]恥爲人下，每臨敵交戰，節度不得自由，輒嗔恚憤激。然輕財貴義，兼以彊識，與人一面，數十年不忘，部曲萬口，妻子盡識之。愛養吏士，贍護六親，俸祿產業，皆與共分。及桓疾困，舉營憂戚。年六十二，赤烏元年卒。吏士男女，無不號慕。又家無餘財，權賜鹽五十斛以周喪事。[2]子異嗣。

　　異字季文，以父任除郎，[一]後拜騎都尉，[3]代桓領兵。赤烏四年，隨朱然攻魏樊城，建計破其外圍，還拜偏將軍。魏廬江太守文欽營住六安，[4]多設屯砦，置諸道要，以招誘亡叛，爲邊寇害。異乃身率其手下二千人，掩破欽七屯，斬首數百，遷揚武將軍。[5]權與論攻戰，辭對稱意。權謂異從父驃騎將軍據曰：“本知季文憒，[6]定見之復過所聞。”[7]十三年，文欽詐降，密書與異，欲令自迎。異表呈欽書，因陳其僞，不可便迎。權詔曰：“方今北土未一，欽云欲歸命，宜且迎之。若嫌其有譎者，但當設計網以羅之，盛重兵以防之耳。”乃遣呂據督二萬人，與異并力，至北界，欽果不降。建興元年，遷鎮南將軍。[8]是歲魏遣胡遵、諸葛誕等出東興，[9]異督水軍攻浮梁，壞之，魏軍大破。〔二〕太平二年，假節，爲大都督，[10]救壽春圍，不解。還軍，爲孫綝所枉害。〔三〕

〔一〕《文士傳》曰：張惇子純與張儼及異俱童少，[11]往見驃騎將軍朱據。據聞三人才名，欲試之，告曰：“老鄙相聞，飢渴甚矣。夫驎𬴂以迅驟爲功，[12]鷹隼以輕疾爲妙，[13]其爲吾各賦一物，然後乃坐。”儼乃賦犬曰：“守則有威，出則有獲，韓盧、宋鵲，[14]書名竹帛。”純賦席曰：“席以冬設，簟爲夏施，[15]揖讓而坐，君子攸宜。”異賦弩曰：“南嶽之幹，[16]鍾山之銅，[17]應機命中，獲隼高墉。”[18]三人各隨其目所見而賦之，皆成而後坐，據大歡悅。

〔二〕《吳書》曰：異又隨諸葛恪圍新城，[19]城既不拔，異等皆言宜速還豫章，襲石頭城，[20]不過數日可拔。恪以書曉異，異投書於地曰：“不用我計，而用僥子言！”[21]恪大怒，立奪其兵，遂廢還建業。

〔三〕《吳書》曰：綝要異相見，將往，（恐）陸抗止之，[22]異曰：“子通，家人耳，[23]當何所疑乎！”遂往。綝使力人於坐上取之。異曰：“我吳國忠臣，有何罪乎！”乃拉殺之。

[1] 護前：謂逞強好勝，不容別人爭先居前。

[2] 五十：百衲本作“五十”，殿本、盧弼《集解》本、校點本作“五千”，中華再造善本影宋本亦作“五十”。今從百衲本。

[3] 騎都尉：官名。孫吳時，統羽林兵，宿衛左右。

[4] 六安：縣名。治所在今安徽六安縣東北。

[5] 揚武將軍：官名。東漢置，統兵出征。孫吳亦置。

[6] 憒：百衲本、盧弼《集解》本作“憒”，殿本作“獪”。殿本《考證》云：“監本訛作‘憒’。臣龍官按：憒訓悶，訓惡，與語意不合，應作‘獪’，言其狡獪也。今改正。”盧弼《集解》則云：“‘憒’疑爲‘膽’字之誤，‘定’字屬上句讀。”校點本即從盧説改“憒”爲“膽”。周一良《札記》又云：“盧文弨《龍城札記》二《吳志·朱桓傳》條引何焯説，憒即快字，是也。”趙幼文《校箋》云：“蓋‘快’自是吳人贊美常語。”今仍從百衲本等。

[7] 定：的確。楊樹達《詞詮》卷二：“定，表態副辭。劉淇云：‘的辭也。’達按猶今語‘的確’。”

[8] 鎮南將軍：官名。漢獻帝初平中置。曹魏時位次四征將軍，領兵如征南將軍，第二品，多爲持節都督，出鎮方面。孫吳亦置。

[9] 東興：即前注中之東興關。

[10] 大都督：官名。最初，孫吳、曹魏於戰爭時臨時設置，作爲加官，爲統軍最高長官。後漸漸成爲常設官職，地位極高。

[11] 張惇：張布之弟，曾封都亭侯。見本書卷四八《孫休傳》永安元年。 純：張純，事迹主要見本書卷五九《孫和傳》及裴注引《吳録》。 張儼：事迹主要見本書卷四八《孫晧傳》寶鼎元年裴注引《吳録》。

[12] 騕（yǎo）褭（niǎo）：《文選》張衡《思玄賦》：“斥西施而弗御兮，縶騕褭以服箱。”李善注：“《漢書音義》應劭曰：腰

裒，古之駿馬也。赤喙玄身，日行五千里。"

［13］鷹隼（sǔn）：鷹和雕。亦泛指猛禽。

［14］韓盧：戰國時韓國良犬名。色黑。《戰國策·秦三》范雎曰："以秦卒之勇，車騎之多，以當諸侯，譬若馳韓盧而逐蹇兔也。"鮑彪注："韓盧，俊犬名。《博物志》：'韓有黑犬，名盧。'"

宋鵲：春秋時宋國良犬名。《禮記·少儀》："既受，乃問犬名。"鄭玄注："問名，畜養者當呼之名。謂若韓盧、宋鵲之屬。"

［15］席以：趙幼文《校箋》謂《藝文類聚》卷六七（當作六九）、《太平御覽》卷三八五引"以"字俱作"爲"。　簟（diàn）：坐臥用的葦席或竹席。《詩·小雅·斯干》："下莞上簟，乃安斯寢。"鄭箋："莞，小蒲之席也。竹葦曰簟。"

［16］南嶽：古五嶽之一。漢魏時指今安徽霍山縣南之天柱山，又名霍山或衡山。

［17］鍾山：即今江蘇南京市中山門外紫金山。

［18］高墉：高牆。《易·解卦》上六："公用射隼，于高墉之上，獲之，無不利。"孔穎達疏："墉，牆也。"

［19］新城：指合肥新城。

［20］石頭城：此石頭城在今江西南昌市。《水經·贛水注》云：贛水又徑郡（豫章郡）北，爲津步。水之西岸有磐石，謂之石頭，津步之處也。

［21］傒子：殿本、盧弼《集解》本作"傒子"，百衲本、校點本作"傒子"。今從百衲本等。《余嘉錫論學雜著·釋傖楚》謂魏晉南北朝時，吳人稱九江、豫章一帶人爲傒，乃輕視之稱。按，諸葛恪乃琅邪陽都人，此"傒子"不當指諸葛恪，蓋諸葛恪采用了九江或豫章某人之言，朱異方有此說。

［22］陸抗："陸抗"上各本皆有"恐"字。郝經《續後漢書》卷七〇下《朱異傳》無"恐"字。又郁松年《續後漢書札記》卷三謂《三國志·朱桓傳注》"陸抗"上有"恐"字，"案下異曰：'子通，家人爾，當何所疑乎？'即對抗之詞也，'恐'字衍"。按，

郁說是，今從《續後漢書》刪"恐"字。

　　［23］子通：孫綝字子通。　　家人：謂如家人一樣親密之人。

　　評曰：朱治、呂範以舊臣任用，朱然、朱桓以勇烈著聞，呂據、朱異、施績咸有將領之才，克紹堂構。[1]若範、桓之越隘，[2]得以吉終，至於據、異無此之尤而反罹殃者，所遇之時殊也。

　　［1］堂構：語出《尚書·大誥》："若考作室，既底法，厥子乃弗肯堂，矧肯構?"後世因以"堂構"比喻繼承祖先的遺業。

　　［2］越隘：盧弼《集解》云："呂範居處服飾，於時奢靡，謂之越禮。朱桓素氣高，恥見部伍，又性護前，恥爲人下，皆爲隘。"

三國志 卷五七

吳書十二

虞陸張駱陸吾朱傳第十二

虞翻字仲翔，會稽餘姚人也，[一][1]太守王朗命爲功曹。[2]孫策征會稽，翻時遭父喪，衰絰詣府門，[3]朗欲就之，翻乃脱衰入見，勸朗避策。朗不能用，拒戰敗績，亡走浮海。翻追隨營護，到東部候官，[4]候官長閉城不受，翻往説之，然後見納。[二]朗謂翻曰："卿有老母，可以還矣。"[三]翻既歸，策復命爲功曹，待以交友之禮，身詣翻第。[四]

〔一〕《吳書》曰：翻少好學，有高氣。年十二，客有候其兄者，不過翻，翻追與書曰："僕聞虎魄不取腐芥，[5]磁石不受曲鍼，過而不存，不亦宜乎！"客得書奇之，由是見稱。

〔二〕《吳書》曰：翻始欲送朗到廣陵，[6]朗惑王方平記，[7]言"疾來邀我，南岳相求"，[8]故遂南行。既至候官，又欲投交州，[9]翻諫朗曰："此妄書耳，交州無南岳，安所投乎？"乃止。

〔三〕《翻別傳》曰:[10]朗使翻見豫章太守華歆,[11]圖起義兵。翻未至豫章,聞孫策向會稽,翻乃還。會遭父喪,以臣使有節,不敢過家,星行追朗至候官。朗遣翻還,然後奔喪。而傳云孫策之來,[12]翻衰絰詣府門,勸朗避策,則爲大異。

〔四〕《江表傳》曰:策書謂翻曰:"今日之事,當與卿共之,勿謂孫策作郡吏相待也。"

［1］會稽:郡名。治所山陰縣,在今浙江紹興市。　餘姚:縣名。治所在今浙江餘姚市。

［2］功曹:官名。漢代郡太守下設功曹史,簡稱功曹,爲郡太守之佐吏,除分掌人事外,並得參與一郡之政務。

［3］衰(cuī)絰(dié):喪服。"衰"同"縗"。披於胸前的麻布條稱縗,結在頭上或腰間的麻帶稱絰。

［4］東部:指會稽東部都尉。漢武帝平東越後即置會稽東部都尉,治所回浦縣(今浙江臨海市東南章安鎮),後徙治句章縣(今浙江餘姚市東南),三國又移治章安縣,即西漢之回浦縣。　候官:殿本、盧弼《集解》本作"侯官",百衲本、校點本作"候官"。按,古時"侯"通"候",《廣韻·候韻》:"侯,候也。"古籍中"侯官"即"候官"。今從百衲本等。以下裴松之注引亦同。候官縣,即漢代之東冶縣,治所在今福建福州市。

［5］虎魄:亦作"虎珀",係樹脂入地多年,經石化而成。郭璞《玄中記》云:"楓脂淪入地中,千秋爲虎珀。"按,虎魄摩擦生電後能吸起草芥。

［6］廣陵:郡名。治所廣陵縣,在今江蘇揚州市西北蜀岡上。

［7］記:殿本、盧弼《集解》本作"訊",百衲本、校點本作"記"。今從百衲本等。吳金華《校詁》謂作"記"義長,此記乃識記之記。

［8］南岳:古五岳之一。漢魏時指今安徽霍山縣南之天柱山,

又名霍山或衡山。

　　[9] 交州：漢獻帝建安八年（203）改交阯刺史部置，治所龍編縣，在今越南河內東天德江北岸；同年又移治廣信縣，在今廣西梧州市。建安十五年又移治番禺，在今廣東廣州市。

　　[10] 翻別傳：《隋書·經籍志》等未著録。侯康《補三國藝文志》云：“見本傳注。書中直稱孫策、孫權名，則非吳人撰，然亦當三國時人也。”

　　[11] 豫章：郡名。治所南昌縣，在今江西南昌市。

　　[12] 而傳云：自此以下乃裴松之按語。

　　策好馳騁遊獵，翻諫曰：“明府用烏集之衆，[1]驅散附之士，皆得其死力，雖漢高帝不及也。至於輕出微行，從官不暇嚴，吏卒常苦之。[2]夫君人者不重則不威，故白龍魚服，[3]困於豫且，白虵自放，[4]劉季害之，願少留意。”策曰：“君言是也。然時有所思，端坐悒悒，[5]有裨諶草創之計，[6]是以行耳。”〔一〕

　　〔一〕《吳書》曰：策討山越，[7]斬其渠帥，悉令左右分行逐賊，獨騎與翻相得山中。翻問左右安在，策曰：“悉行逐賊。”翻曰：“危事也！”令策下馬：“此草深，卒有驚急，馬不及縈策，[8]但牽之，執弓矢以步。翻善用矛，請在前行。”得平地，勸策乘馬。策曰：“卿無馬奈何？”答曰：“翻能步行，日可三百里，[9]自征討以來，吏卒無及翻者，明府試躍馬，翻能疏步隨之。”行及大道，[10]得一鼓吏，策取角自鳴之，部曲識聲，[11]小大皆出，遂從周旋，平定三郡。[12]

　　《江表傳》曰：策討黃祖，旋軍欲過取豫章，特請翻語曰：“華子魚自有名字，[13]然非吾敵也。加聞其戰具甚少，[14]若不開門讓城，金鼓一震，不得無所傷害，卿便在前具宣孤意。”翻即奉命辭行，徑到郡，請被構葛巾與（敵）〔歆〕相見，[15]謂歆曰：
"君自料名聲之在海內，孰與鄙郡故王府君？"[16]歆曰："不及
也。"翻曰："豫章資糧多少，器仗精否？士民勇果孰與鄙郡？"
又曰："不如也。"翻曰："討逆將軍智略超世，[17]用兵如神，前
走劉揚州，[18]君所親見，南定鄙郡，亦君所聞也。今欲守孤城，
自料資糧，已知不足，不早爲計，悔無及也。今大軍已次椒
丘，[19]僕便還去，明日日中迎檄不到者，[20]與君辭矣。"[21]翻既
去，歆明旦出城，遣吏迎策。策既定豫章，引軍還吳，饗賜將士，
計功行賞，謂翻曰："孤昔再至壽春，[22]見馬日磾，[23]及與中州
士大夫會，語我東方人多才耳，但恨學問不博，語議之間，有所
不及耳。孤意猶謂未耳。卿博學洽聞，故前欲令卿一詣許，[24]交
見朝士，以折中國妄語兒。卿不願行，便使子綱；[25]恐子綱不能
結兒輩舌也。"翻曰："翻是明府家寶，而以示人，人倘留之，則
去明府良佐，故前不行耳。"策笑曰："然。"因曰："孤有征討
事，未得還府，卿復以功曹爲吾蕭何，[26]守會稽耳。"後三日，便
遣翻還郡。

臣松之以爲王、華二公於擾攘之時，[27]抗猛銳之鋒，俱非所
能。[28]歆之名德，實高於朗，而《江表傳》述翻說華，云"海內
名聲，孰與於王"，此言非也。然王公拒戰，華逆請服，實由孫策
初起，名微衆寡，故王能舉兵，豈武勝哉？策後威力轉盛，勢不
可敵，華量力而止，非必用仲翔之說也。若使易地而居，亦華戰
王服耳。

按《吳歷》載翻謂歆曰："竊聞明府與王府君齊名中州，海
內所宗，雖在東垂，常懷瞻仰。"歆答曰："孤不如王會稽。"翻
復問："不審豫章精兵，何如會稽？"對曰："大不如也。"翻曰：
"明府言不如王會稽，謙光之譚耳；[29]精兵不如會稽，實如尊
教。"因述孫策才略殊異，用兵之奇，歆乃答云當去。（此說爲勝
也）翻出，[30]歆遣吏迎策。二說有不同，〔此說爲勝也〕。

［1］明府：對郡太守之敬稱。

［2］常：殿本、盧弼《集解》本作“長”，百衲本、校點本作“常”。今從百衲本等。

［3］白龍魚服：劉向《説苑·正諫》：“吳王欲從民飲酒，伍子胥諫曰：‘不可。昔白龍下清泠之淵化爲魚，漁者豫且射中其目。白龍上訴天帝，天帝曰：當是之時，若安置而形？白龍對曰：我下清泠之淵化爲魚。天帝曰：魚固人之所射也。若是，豫且何罪？夫白龍，天帝貴畜也；豫且，宋國賤臣也。白龍不化，豫且不射。今棄萬乘之位，而從布衣之士飲酒，臣恐其有豫且之患矣。’王乃止。”

［4］白虵自放：漢高祖劉邦字季。《史記》卷八《高祖本紀》云：“高祖以亭長爲縣送徒酈山，徒多道亡。自度比至皆亡之，到豐西澤中，止飲，夜乃解縱所送徒。曰：‘公等皆去，吾亦從此逝矣！’徒中壯士願從者十餘人。高祖被酒，夜徑澤中，令一人行前。行前者還報曰：‘前有大蛇當徑，願還。’高祖醉，曰：‘壯士行，何畏！’乃前，拔劍擊斬蛇，蛇遂分爲兩，徑開。行數里，醉，因臥。後人來至蛇所，有一老嫗夜哭。人問何哭，嫗曰：‘人殺吾子，故哭之。’人曰：‘嫗子何爲見殺？’嫗曰：‘吾子，白帝子也，化爲蛇，當道，今爲赤帝子斬之，故哭。’”

［5］悒悒：愁悶不安。

［6］裨諶草創之計：《論語·憲問》子曰：“爲命，裨諶草創之。”日本正平本何晏《集解》：“孔安國曰：卑諶，鄭大夫名也。謀於野則獲，謀於國則否。鄭國將有諸侯之事，則使乘車以適野而謀，作盟會之辭也。”

［7］策討：趙幼文《校箋》謂蕭常《續後漢書》“策”下有“嘗”字。 山越：漢末三國時期，居於南方山區的土著人民稱爲山越。因其在秦漢時稱越人，雖經三百餘年已與漢族相融合，但時人仍稱之爲越。（本唐長孺《孫吳建國及漢末江南宗部與山越》）

［8］縈策：謂揮動馬鞭。

[9] 三百里：百衲本、盧弼《集解》本作“三百里”，殿本、校點本作“二百里”。趙幼文《校箋》謂《太平御覽》卷三五三、卷三九四及《册府元龜》卷七二五、卷八四五引作“三百里”，蕭常及郝經之《續後漢書》俱同。今從百衲本等。

[10] 及：殿本、盧弼《集解》本作“一”，百衲本、校點本作“及”。趙幼文《校箋》謂《册府元龜》卷七二五、卷八四五引俱作“及”。今從百衲本等。

[11] 部曲：軍隊。

[12] 三郡：指丹楊、吳、會稽三郡。

[13] 華子魚：胡三省云：“華歆字子魚。自有名字，言其名聞當時也。”（《通鑑》卷六三漢獻帝建安四年注）

[14] 加聞：百衲本“加”字作“如”，殿本、盧弼《集解》本、校點本作“加”。今從殿本等。

[15] 褠（gōu）：袖狹而直，形狀如溝之單衣。胡三省云：“褠，單衣。漢魏以來，士庶以爲禮服。”（《通鑑》卷七七魏高貴鄉公甘露元年注）　葛巾：葛布製成的頭巾。　歆：各本皆作“敵”，校點本從楊通說改爲歆。今從之。

[16] 王府君：指會稽太守王朗。

[17] 討逆將軍：指孫策。孫策時爲討逆將軍。

[18] 劉揚州：指揚州刺史劉繇。

[19] 椒丘：地名。在今江西新建縣東北。

[20] 迎檄：迎請文書。

[21] 與君辭矣：校點本1982年7月第2版“君”字作“吾”，百衲本、殿本、盧弼《集解》本、校點本1959年12月第1版皆作“君”。今從百衲本等。

[22] 壽春：縣名。治所在今安徽壽縣。

[23] 馬日磾：漢獻帝初平中爲太傅，常受命出使，事迹主要見本書卷六《袁術傳》及裴注引《三輔決録》。

[24] 許：縣名。治所在今河南許昌縣東。時爲漢獻帝之國都。

[25] 子綱：張紘字子綱。

[26] 蕭何：漢高祖劉邦之功臣。當楚漢戰爭中，劉邦領軍於外，蕭何留守關中，爲劉邦輸送士卒糧餉。（見《史記·蕭相國世家》）

[27] 王華二公：指王朗、華歆。

[28] 俱非所能：百衲本“俱”字作“得”，殿本、盧弼《集解》本、校點本作“俱”。今從殿本等。

[29] 謙光：謂尊者謙虛而顯示其光明美德。《易·謙卦》象：“謙尊而光，卑而不可逾。”孔穎達疏：“尊者有謙而更光明盛大，卑謙而不可逾越。”

[30] 翻出：各本“翻出”上有“此説爲勝也”五字，校點本據上下文義，將五字移於句末。此移改正確，今從之。

　　翻出爲富春長。[1]策薨，諸長吏並欲出赴喪，[2]翻曰：“恐鄰縣山民或有姦變，遠委城郭，必致不虞。”因留制服行喪。諸縣皆效之，咸以安寧。〔一〕後翻州舉茂才，[3]漢召爲侍御史，[4]曹公爲司空辟，[5]皆不就。〔二〕

　　〔一〕《吳書》曰：策薨，權統事。定武中郎將暠，[6]策之從兄也，屯烏程，[7]整帥吏士，欲取會稽。會稽聞之，使民守城以俟嗣主之命，因令人告諭暠。

　　《會稽典録》載翻説暠曰：“討逆明府，不竟天年。今攝事統衆，宜在孝廉，[8]翻已與一郡吏士，嬰城固守，必欲出一旦之命，爲孝廉除害，惟執事圖之。”[9]於是暠退。

　　臣松之案：此二書所説策亡之時，翻猶爲功曹，與本傳不同。

　　〔二〕《吳書》曰：翻聞曹公辟，曰：“盜跖欲以餘財污良家邪？”[10]遂拒不受。

[1] 富春：縣名。治所在今浙江富陽市。

[2] 長吏：指縣令長。

[3] 茂才：即秀才，東漢人避光武帝劉秀諱改，爲漢代薦舉人材科目之一。東漢之制，州牧刺史歲舉一人。三國沿之，或稱秀才。

[4] 侍御史：官名。秩六百石，掌察舉非法，受公卿群吏奏事，有違失者則舉劾。

[5] 司空：官名。東漢時與太尉、司徒並爲三公，共同行使宰相職能，而位列三公之末。本職掌土木營建與水利工程。

[6] 定武中郎將：官名。孫吳置，領兵。

[7] 烏程：縣名。治所在今浙江湖州市南下菰城。

[8] 孝廉：指孫權。

[9] 惟：殿本、盧弼《集解》本無此字，百衲本、校點本有。今從百衲本等。　執事：對對方的敬稱。

[10] 盜跖：傳説春秋時的大盜。見《莊子·盜跖篇》。後世遂以爲盜賊、盜魁的代稱。

翻與少府孔融書，[1]并示以所著《易注》。[2]融答書曰："聞延陵之理樂，[3]覩吾子之治《易》，[4]乃知東南之美者，非徒會稽之竹箭也。[5]又觀象雲物，察應寒温，原其禍福，與神合契，可謂探賾窮通者也。"[6]會稽東部都尉張紘又與融書曰：[7]"虞仲翔前頗爲論者所侵，美寶爲質，彫摩益光，不足以損。"

孫權以爲騎都尉。[8]翻數犯顏諫争，權不能悦，又性不協俗，多見謗毀，坐徙丹楊涇縣。[9]吕蒙圖取關羽，稱疾還建業，[10]以翻兼知醫術，請以自隨，亦欲因此令翻得釋也。後蒙舉軍西上，南郡太守麋芳開城出降。[11]蒙未據郡城而作樂沙上，翻謂蒙曰："今區區一心者糜將軍也，[12]城中之人豈可盡信，何不急入城持其管籥乎？"蒙即從之。時城中有伏計，賴翻謀不行。關羽既敗，權使翻筮之，[13]得《兌》下《坎》上，[14]《節》，五爻變之《臨》，[15]翻曰："不出二日，[16]必當斷頭。"果如翻言。權曰："卿不及伏羲，[17]可與東方朔爲比矣。"[18]

魏將于禁爲羽所獲，繫在城中，權至釋之，請與相見。他日，權乘馬出，引禁併行，翻呵禁曰："爾降虜，何敢與吾君齊馬首乎！"欲抗鞭擊禁，權呵止之。後權于樓船會群臣飲，禁聞樂流涕，翻又曰："汝欲以僞求免邪？"權悵然不平。〔一〕

〔一〕吳書曰：後權與魏和，欲遣禁還歸北，翻復諫曰："禁敗數萬衆，身爲降虜，又不能死。北習軍政，得禁必不如所規。還之雖無所損，猶爲放盜，不如斬以令三軍，示爲人臣有二心者。"權不聽。群臣送禁，翻謂禁曰："卿勿謂吳無人，[19]吾謀適不用耳。"禁雖爲翻所惡，然猶盛歎翻，魏文帝常爲翻設虛坐。

[1] 少府：官名。漢列卿之一，秩中二千石。東漢時掌宮中御衣、寶貨、珍膳等。

[2] 易注：《隋書》《舊唐書》之《經籍志》、《新唐書·藝文志》皆著録虞翻注《周易》九卷。後亡佚。清代孫堂有輯本十卷。

[3] 聞：趙幼文《校箋》謂《藝文類聚》卷五五引"聞"上有"曩"字。　延陵：指春秋時吳公子季札，因封於延陵（今江蘇常州市），稱延陵季子。公元前544年季札出使到魯國，請求聆聽觀看周朝的音樂舞蹈。魯國樂工遂爲他歌唱了《周南》《召南》

《邶》《鄘》《衛》《王》《鄭》《齊》《秦》等樂歌，季札皆一一分析評論。（見《左傳·襄公二十九年》）

〔4〕覿：趙幼文《校箋》謂《藝文類聚》卷五五引"覿"上有"今"字。

〔5〕竹箭：即筱（xiǎo）。一種節疏而細的小竹。《爾雅·釋地》云："東南之美者，有會稽之竹箭焉。"郭璞注："會稽，山名。今在山陰縣南。竹箭，筱也。"郝懿行《義疏》引戴凱之《竹譜》云："箭竹高者不過一丈，節間三尺，堅勁中矢，江南諸山皆有之，會稽所生最精好。"

〔6〕窮通者也：趙幼文《校箋》謂《藝文類聚》卷五五引"通"字作"道"，"也"字作"已"。按，《太平御覽》卷七二七引"通"字亦作"通"，"也"字作"矣"。

〔7〕會稽東部都尉：官名。詳見前"東部"注。都尉，職如太守。

〔8〕騎都尉：官名。東漢時屬光禄勳，秩比二千石，掌監羽林騎。孫吳沿置，職統羽林兵，宿衛左右。

〔9〕丹楊：郡名。治所宛陵縣，在今安徽宣州市。　涇縣：治所在今安徽涇縣西。

〔10〕建業：縣名。治所在今江蘇南京市。

〔11〕南郡：治所江陵縣，在今湖北荆州市荆州區。

〔12〕區區：本形容人之心，猶言方寸。引申謂真情摯意。

〔13〕筮（shì）：古代以蓍草占吉凶稱筮。後亦稱占卦爲筮。

〔14〕兌：《周易》八卦之一。《周易》的卦，是由陰爻（--）、陽爻（—）組成，重叠三層，即組成八卦，即是乾（☰）、坤（☷）、坎（☵）、震（☳）、巽（☴）、離（☲）、艮（☶）、兌（☱）卦。八卦再兩兩重叠，又組成六十四卦。兌下坎上，即兌卦在下，坎卦在上，即成六十四卦中之節卦（䷻）。

〔15〕五爻變：爻是構成六十四卦的陰、陽兩種符號，每卦由六爻叠成，從下往上數，第一爻稱初爻，第二、三、四、五爻仍用

二、三、四、五爲名，最上一爻稱上爻。五爻變，指第五爻發生了變化。節卦的第五爻本是陽爻，變成陰爻後，成爲兑下坤上，就成了六十四卦中的臨卦（䷒）。

［16］不出二日：趙一清《注補》云："臨卦辭云：'至于八月有凶。'自二至五，乃隔三、四兩爻，'不出二日'，是以一爻當一日也。"趙幼文《校箋》謂《太平御覽》卷七二七引"二"字作"三"。《建康實録》同。按，《太平御覽》卷三六四引亦作"二"。

［17］伏羲：古代傳説中的三皇之一。相傳其始畫八卦，又教民捕魚畜牧，以充庖厨。因又稱庖犧或包犧。《易·繫辭下》："古者包犧氏之王天下也，仰則觀象于天，俯則觀法于地，觀鳥獸之文，與地之宜，近取諸身，遠取諸物，于是始作八卦，以通神明之德。"

［18］東方朔：漢武帝時曾爲太中大夫，長於辭賦，性詼諧滑稽，亦善占卜射覆。（見《漢書》卷六五《東方朔傳》）

［19］勿謂：百衲本"謂"字作"爲"，殿本、盧弼《集解》本、校點本作"謂"，蕭常及郝經之《續後漢書》亦作"謂"。按，二字通，今從殿本等。王引之《經傳釋詞》卷二："家大人曰：爲，猶謂也。"

　　權既爲吳王，歡宴之末，自起行酒，翻伏地陽醉，不持；[1]權去，翻起坐。權於是大怒，手劍欲擊之，侍坐者莫不惶遽，[2]惟大（司）農劉基起抱權諫曰：[3]"大王以三爵之後（手）殺善士，[4]雖翻有罪，天下孰知之？且大王以能容賢畜衆，故海内望風，今一朝棄之，可乎？"權曰："曹孟德尚殺孔文舉，[5]孤於虞翻何有哉！"基曰："孟德輕害士人，天下非之。大王躬行德義，欲與堯、舜比隆，何得自喻於彼乎？"翻由是得免。權因敕左右，自今酒後言殺，[6]皆不得殺。

翻嘗乘船行，與糜芳相逢，芳船上人多欲令翻自避，先驅曰：“避將軍船！”翻厲聲曰：“失忠與信，何以事君？傾人二城，而稱將軍，可乎？”芳闔戶不應而遽避之。[7]後翻乘車行，又經芳營門，[8]吏閉門，[9]車不得過，翻復怒曰：“當閉反開，[10]當開反閉，豈得事宜邪？”芳聞之，有慚色。

翻性疏直，數有酒失。權與張昭論及神仙，翻指昭曰：“彼皆死人，而語神仙，世豈有仙人（也）〔邪〕！”[11]權積怒非一，遂徙翻交州。雖處罪放，而講學不倦，門徒常數百人。[一][12]又爲《老子》《論語》《國語》訓注，[13]皆傳於世。[二]

〔一〕《翻別傳》曰：權即尊號，翻因上書曰：“陛下膺明聖之德，體舜、禹之孝，[14]歷運當期，[15]順天濟物。奉承革命，[16]臣獨抃舞。[17]罪棄（兩）〔雨〕絕，[18]拜賀無階，仰瞻宸極，[19]且喜且悲。臣伏自刻省，命輕雀鼠，性輶毫釐，[20]罪惡莫大，不容於誅，昊天罔極，全宥九載，退當念戮，[21]頻受生活，復偷視息。臣年耳順，[22]思昝憂憤，形容枯悴，髮白齒落，雖未能死，自悼終没，不見宮闕百官之富，不覩皇輿金軒之飾，仰觀巍巍衆民之謡，傍聽鍾鼓侃然之樂，永隕海隅，棄骸絕域，不勝悲慕，逸豫大慶，悦以忘罪。”

〔二〕《翻別傳》曰：翻初立《易》注，[23]奏上曰：“臣聞六經之始，[24]莫大陰陽，是以伏羲仰天縣象，而建八卦，觀變動六爻爲六十四，以通神明，以類萬物。臣高祖父故零陵太守光，[25]少治孟氏《易》，[26]曾祖父故平輿令成，[27]纘述其業，至臣祖父鳳爲之最密。臣亡考故日南太守歆，[28]受本於鳳，最有舊書，世傳其業，至臣五世。前人通講，多玩章句，雖有秘説，於經疏闊。臣生遇世亂，長於軍旅，習經於枹鼓之間，[29]講論於戎馬之上，蒙先師之説，依經立注。又臣郡吏陳桃夢臣與道士相遇，放髮被鹿裘，布《易》六爻，撓其三以飲臣，[30]臣乞盡吞之。道士言《易》道在天，三爻足矣。豈臣受命，應當知經！所覽諸家解不離流俗，義有不當實，輒悉改定，以就其正。孔子曰：‘乾元用九而天下治。’[31]聖人南面，[32]蓋取諸離，斯誠天子所宜協陰陽致麟鳳之道矣。[33]謹正書副上，惟不罪戾。”翻又奏曰：“經之大者，莫過於《易》。自漢初以來，海內英才，其讀《易》者，解之率少。至孝靈之際，潁川荀諝號爲知《易》，[34]臣得其注，有愈俗儒，至所説西南得朋，東北喪朋，顛倒反逆，了不可知。孔子歎《易》曰：‘知變化之道者，[35]其知神之所爲乎！’以美大衍四象之作，而上爲章首，尤可怪笑。又南郡太守馬融，[36]名有俊才，其所解釋，復不及諝。孔子曰‘可與共學，[37]未可與適道’，豈不其然！若乃北海鄭玄，[38]南陽宋忠，[39]雖各立注，忠小差玄而皆未得其門，難以示世。”又奏鄭玄解《尚書》違失事目：[40]“臣聞周公制禮以辨上下，[41]孔子曰‘有君臣然後有上下，有上下然後禮義有所錯’，[42]是故尊君卑臣，禮之大司也。伏見故徵士北海鄭玄所注《尚書》，[43]以《顧命》康王執瑁，[44]古‘月’似‘同’，[45]從誤作‘同’，既不覺定，[46]復訓爲杯，謂之酒杯；成王疾困憑几，洮頮爲濯，[47]以爲澣衣成事，‘洮’字虛更作‘濯’，以從其非；又古大篆‘丣’字讀當爲‘柳’，[48]古‘柳’‘丣’同字，而以爲昧；‘分北三苗’，[49]‘北’古‘別’字，又訓北，言北猶別也。若此之類，誠可怪也。玉人職曰天子執瑁以朝諸侯，[50]謂之酒杯；天子頮面，謂之澣衣；古篆‘丣’字，反以爲昧。甚違不知蓋闕之義。於此數事，誤莫大焉，宜命學官定此三事。又馬融訓註亦以爲同者大同天下，今經益‘金’就作‘銅’字，詁訓言天子副璽，雖皆不得，猶愈於玄。然此不定，臣没之後，而奮乎百世，雖世有知者，懷謙莫或奏正。又玄所注五經，達義尤甚者百六十七事，不可不正。行乎學校，傳乎將來，臣竊恥之。"翻放棄南方，云"自恨疏節，[51]骨體不媚，[52]犯上獲罪，當長没海隅，生無可與語，死以青蠅爲弔客，使天下一人知己者，足以不恨"。以典籍自慰，依《易》設象，以占吉凶。又以宋氏解玄頗有繆錯，更爲立法，[53]并著《明楊》《釋宋》以理其滯。

臣松之案：翻云"古大篆'夘'字讀當言'柳'，古'柳''夘'同字"，竊謂翻言爲然。故"劉""留""聊""柳"同用此字，以從聲故也，與日辰"夘"字字同音異。然《漢書·王莽傳》論夘金刀，故以爲日辰之"夘"，今未能詳正。然世多亂之，故翻所説云。苟諝，荀爽之別名。

[1] 不持：胡三省云："翻爲是者，所以諫也。"（《通鑑》卷六九魏文帝黄初二年注）趙幼文《校箋》則謂《藝文類聚》卷二四引"不持"作"不待"。

[2] 惶遽：殿本、盧弼《集解》本"惶"字作"遑"，百衲本、校點本作"惶"。今從百衲本等。《廣雅·釋詁二》："遽，懼也。"

[3] 大農：各本皆作"大司農"。盧弼《集解》謂本書卷四九《劉繇傳》"權爲吳王，遷基大農"。校點本則據出土東晉寫本《吳志》殘卷（以下簡稱"晉寫本"）删"司"字。今從之。大農，東漢末魏王國置爲列卿之一。曹丕稱帝後，改名大司農。而諸王國仍置大農，第七品，與郎中令、中尉合稱三卿。孫權接受曹魏的封號爲吳王，亦置大農，而職掌應同大司農。

[4] 殺善士：各本皆作"手殺善士"，校點本據晉寫本删"手"字。今從之。

[5] 孔文舉：孔融字文舉。

［6］言殺：趙幼文《校箋》謂《册府元龜》卷二一二引“殺”下有“者”字。

［7］而遽避之：晋寫本作“遽而避之”。

［8］營門：晋寫本“營門”下有“中”字。

［9］吏閉門：晋寫本“吏”上有“芳”字。

［10］當閉反開：晋寫本作“當開反閉”，下句作“當閉反開”。

［11］邪：各本皆作“也”，校點本據晋寫本改爲“邪”。今從之。錢劍夫《〈三國志〉標點本商榷》謂“也”“邪”古字本相通，實不當改。按，“也”在疑問句末確與“邪”通，但作疑問詞，“邪”更普遍，且晋寫本更古，據以改之，亦當。

［12］百：晋寫本作“十”。

［13］老子：《隋書·經籍志》子部道家類，謂梁有虞翻注《老子》二卷，已亡。　論語：《隋書·經籍志》經部《論語》類謂虞翻注《論語》十卷，已亡。　國語：《隋書·經籍志》經部《春秋》類著録虞翻注《春秋外傳國語》二十一卷。《舊唐書·經籍志》《新唐書·藝文志》同。

［14］舜禹之孝：《史記》卷一《五帝本紀》謂舜父瞽叟，乃盲人。舜母死，更娶妻而生象。舜孝順父及後母，又友愛弟象。而瞽叟愛象，常與後妻及象欲殺舜，舜每避之，而孝順不改，故“年二十以孝聞”。《史記》卷二《夏本紀》禹父鯀受堯命治水，九年不成，洪水仍然泛濫。及舜繼堯位，遂處死鯀，並命禹繼續治水。“禹傷先人父鯀功之不成受誅，乃勞身焦思，居外十三年，過家門不敢入。薄衣食，致孝於鬼神。卑宮室，致費於溝淢。”

［15］歷運：古人謂天象運行所顯示的一個朝代的氣數、命運。

［16］革命：百衲本作“革命”，殿本、盧弼《集解》本、校點本作“策命”。趙幼文《校箋》謂《册府元龜》卷八九七引“策”字作“革”。今從百衲本。

［17］抃舞：拍手而舞。謂極度歡樂。

［18］雨絶：百衲本、殿本、盧弼《集解》本、校點本均作“兩

絶”。盧弼《集解》云：“馮本‘兩’作‘雨’誤。”按本書卷二八《毌丘儉傳》裴注引文欽降吳表亦有“雨絶”一詞。趙幼文《三國志集解辨誤》謂此《虞翻傳》裴注引《翻別傳》翻上書亦當作“雨絶”。雨絶，乃魏晋習語，比喻事之不可挽回。詳解見《毌丘儉傳》裴注引“欽降吳表”之“雨絶”注。今從趙説改。

［19］宸極：即北極星。借指帝王。

［20］輶：《詩·大雅·烝民》：“德輶如毛，民鮮克舉之。”鄭箋：“輶，輕也。”

［21］退當念戮：盧弼《集解》云：“疑作‘退念當戮。’”

［22］耳順：謂六十歲。《論語·爲政》：“六十而耳順。”

［23］易注：《隋書·經籍志》經部《易》類著録虞翻注《周易》九卷；又謂梁有虞翻、陸績撰《周易日月變例》六卷。

［24］六經：指《易》《詩》《書》《禮》《樂》《春秋》六經，而《樂》早佚。

［25］零陵：郡名。治所泉陵縣，在今湖南永州市。

［26］孟氏易：西漢孟喜所傳之《易》。見《漢書》卷八八《儒林·孟喜傳》。

［27］平輿：縣名。治所在今河南平輿縣北。

［28］亡考：殿本、盧弼《集解》本作“先考”，百衲本、校點本作“亡考”。今從百衲本等。　日南：郡名。治所西卷縣，在今越南廣治省甘露河與廣治河合流處。

［29］枹（fú）鼓之間：謂戰争之間。枹，擊鼓槌。古代作戰，擊鼓以示進軍。

［30］撓：趙幼文《校箋》謂《太平御覽》卷三九九引作“燒”。

［31］乾元用九而天下治：此《易·乾卦》文言之辭。朱熹《集注》云：“君道剛而能柔，天下無不治也。”

［32］聖人：指帝王。古代帝王皆背北面南而見群臣。

［33］麟鳳：麒麟和鳳凰。古代以麒麟、鳳凰爲祥瑞之獸禽。

《文選》卷三五漢武帝《賢良詔》："麟鳳在郊藪，河洛出圖書。"李善注："《禮記》：聖王所以順，故鳳凰麒麟皆在郊藪。"

[34] 潁川：郡名。治所陽翟縣，在今河南禹州市。　荀諝：即荀爽。《後漢書》卷六三《荀淑附爽傳》謂荀爽字慈明，一名諝。幼而好學，年十二，能通《春秋》《論語》。漢獻帝初曾爲光禄勳、司空等。年六十三病卒。著有《易傳》等。

[35] 知變化之道者：此及下句見《易·繫辭上》。

[36] 馬融：《後漢書》卷六〇上《馬融傳》謂融扶風茂陵（今陝西興平縣東北）人。漢安帝時，曾爲校書郎中，在東觀典校秘書。漢桓帝時爲南郡太守。後因被讒毀，免官流徙朔方（治所在今内蒙古磴口縣北）。"融才高博洽，爲世通儒，教養諸生，常有千數"，曾注《孝經》《論語》《詩》《易》《尚書》，等等。

[37] 可與共學：此及下句見《論語·子罕》。

[38] 鄭玄：《後漢書》卷三五《鄭玄傳》謂玄北海高密（今山東高密市西南）人。曾在馬融門下受業。後歸鄉里修經教學，兼通今古文，遍注《周易》《尚書》《毛詩》等群經，凡百餘萬言。

[39] 南陽：郡名。治所宛縣，在今河南南陽市。　宋忠：字仲子，漢末儒學家，在荆州依劉表。見本書卷一三《王朗附肅傳》、卷四二《尹默傳》等。又本書卷六《劉表傳》裴注引《英雄記》云："表乃開立學官，博求儒士，使綦毋闓、宋忠等撰《五經章句》，謂之《後定》。"

[40] 目：殿本、盧弼《集解》本作"因"，百衲本、校點本作"目"。今從百衲本等。

[41] 周公制禮：《史記》卷三三《魯周公世家》云："成王在豐，天下已安，周之官政未次序，於是周公作《周官》，官別其宜。"

辨：百衲本作"辯"，殿本、盧弼《集解》本、校點本作"辨"，蕭常及郝經之《續後漢書》亦作"辨"。今從殿本等。

[42] 有上下然後禮義有所錯：上兩句見《易·序卦下》。錯，通"措"，設置。

[43] 徵士：指朝廷徵辟而不願出仕的隱士。

[44] 顧命：《尚書》之一篇。《書序》云：“成王將崩，命召公、畢公率諸侯相康王，作《顧命》。”孔穎達疏：“成王病困將崩，召集群臣以言，命太保召公、太師畢公使領天下諸侯輔相康王。史叙其事作《顧命》。”

[45] 古月似同：“月”即“冒”，同“瑁”。錢大昕云：“今本《尚書》，‘同瑁’連文，‘同’爲爵名，‘瑁’爲天子執瑁之瑁（瑞玉），各是一物。仲翔謂古‘月’似‘同’，鄭氏從誤作‘同’，又訓爲酒杯，以此譏鄭氏之失。則古本祇有‘瑁’字。古文作‘月’而鄭作‘同’也。今本《尚書》出於梅賾，或亦習聞仲翔説，兼取二文，以和合鄭虞之義乎！”（《廿二史考異》卷一七）

[46] 覺（jiào）：通“較”“校”。

[47] 洮頮（huì）：頮，洗臉。錢大昕云：“濯，即古‘洮’字。《周禮·春官》‘守祧’。古文‘祧’爲‘濯’。《詩》‘佻佻公子’，《韓詩》作‘嬥嬥’，蓋古文‘兆’旁與‘翟’旁多相通，仲翔譏鄭更字，非也。”（《廿二史考異》卷一七）

[48] 夘：錢大昕云：“《説文》夘，象開門。夘，古文‘酉’，象閉門。夘爲春門，萬物已出；夘爲秋門，萬物以入。夘、夘二字相似，漢人往往誤讀。《堯典》‘宅西曰昧谷’，伏生今文本作‘柳穀’，鄭康成依賈逵所奏，定爲‘昧谷’，昧、夘聲相近，故仲翔譏之，謂其誤‘夘’爲‘夘’也。考《周禮》縫人‘衣翣柳之材’，鄭注引《書》‘度西曰柳谷’爲證；又《尚書大傳》‘秋祀柳穀’鄭注：‘柳，聚也。齊人語。’則康成亦讀爲柳，未嘗與‘夘’混也。”（《廿二史考異》卷一七）

[49] 分北三苗：錢大昕云：“案《説文》：屰，别也，從二八。屰、北字形相似，故誤爲‘北’。”（《廿二史考異》卷一七）

[50] 玉人：盧弼《集解》本作“王人”，百衲本、殿本、校點本作“玉人”。今從百衲本等。玉人，見《周禮·冬官考工記下》。

[51] 疏節：趙幼文《校箋》謂《藝文類聚》卷四〇引“節”

字作"斥"。

[52] 不媚：吴金華《校詁》云："'不媚'亦俗語詞，猶令人討厭，指性格、舉動及形態而言。"

[53] 立法：盧弼《集解》本作"立注"，百衲本、殿本、校點本作"立法"。蕭常及郝經之《續後漢書》亦作"立法"。今從百衲本等。

　初，山陰丁覽，[1]太末徐陵，[2]或在縣吏之中，或衆所未識，翻一見之，便與友善，終咸顯名。[一][3]

　〔一〕《會稽典録》曰：覽字孝連，八歲而孤，家又單微，清身立行，用意不苟，推財從弟，以義讓稱。仕郡至功曹，守始平長。[4]爲人精微絜净，門無雜賓。孫權深貴待之，未及擢用，會病卒，甚見痛惜，殊其門户。覽子固，字子賤，本名密，避滕密，[5]改作固。固在襁褓中，闞澤見而異之，曰："此兒後必致公輔。"固少喪父，獨與母居，家貧守約，色養致敬，族弟孤弱，與同寒温。翻與固同僚書曰："丁子賤塞淵好德，[6]堂構克舉，[7]野無遺薪，斯之爲懿，其美優矣。令德之後，惟此君嘉耳。"歷顯位，孫休時固爲左御史大夫，[8]孫晧即位，遷司徒。[9]晧悖虐，固與陸凱、孟宗同心憂國，年七十六卒。子彌，字欽遠，仕晋，至梁州刺史。[10]孫潭，光禄大夫。[11]　徐陵字元大，歷三縣長，所在著稱，遷零陵太守。時朝廷俟以列卿之位，故翻書曰："元大受上卿之遇，叔向在晋，[12]未若於今。"其見重如此。陵卒，僮客土田或見侵奪，[13]駱統爲陵家訟之，求與丁覽、卜〔清〕〔静〕等爲比，[14]權許焉。陵子平，字伯先，童齔知名，翻甚愛之，屢稱歎焉。諸葛恪爲丹楊太守，討山越，以平威重思慮，可與效力，請平爲丞，[15]稍遷武昌左部督，[16]傾心接物，士卒皆爲盡力。初，平爲恪從事，[17]意甚薄，及恪輔政，待平益疏。恪被害，子建亡走，爲平部曲所得，[18] 平使遣去，别爲佗軍所獲。平兩婦歸宗，敬奉情過乎厚。其行義敦篤，皆此類也。

[1] 山陰：縣名。治所在今浙江紹興市。

[2] 太末：縣名。治所在今浙江龍游縣。

[3] 咸：百衲本、殿本、盧弼《集解》本、校點本 1959 年 12 月第 1 版皆作 “成”，校點本 1982 年 7 月第 2 版從錢劍夫説據晋寫本改爲 “咸”。今從之。

[4] 始平：縣名。孫吳置，本書卷四七《吳主傳》稱 “南始平”。治所在今浙江天台縣。

[5] 滕密：即滕牧。孫皓滕皇后之父。見本書卷四八《孫皓傳》元興元年裴注引《吳歷》。

[6] 塞淵：謂敦厚誠實，見識深遠。《詩·邶風·燕燕》：“仲氏任只，其心塞淵。” 孔穎達疏：“言仲氏有大德行也，其心誠實而深遠也。”

[7] 堂構：比喻繼承祖先遺業。《尚書·大誥》：“若考作室，既底法，厥子乃不肯堂，矧肯構。”

[8] 左御史大夫：官名。西漢初置御史大夫，爲丞相副貳，丞相位缺，往往以御史大夫遞補。主要職掌爲監察、執法。東漢不置。漢末曹操置丞相，復置御史大夫。魏文帝曹丕建立魏朝後罷之。孫吳又置，並分左、右。

[9] 司徒：官名。東漢時與司空、太尉並爲三公，共同行使宰相職能，位次太尉。本職掌民政。而孫吳之宰相乃丞相，則太尉、司徒、司空雖爲三公，實無具體職掌，僅名尊位崇而已。

[10] 梁州：魏元帝景元四年（263）分益州置，刺史治所沔陽縣（今陝西勉縣東舊州鋪）。晋武帝太康三年（282）移治所於南鄭縣（今陝西漢中市東）。其後治所屢有遷徙，先後治西城縣（今陝西安康市西北漢江北岸）、苞中縣（今陝西漢中市西北大鐘寺）、城固縣（今陝西城固縣東）等。

[11] 光禄大夫：官名。西晋時位在諸卿上，第三品，多授予年老有病的致仕官員，無具體職掌。

[12] 叔向：春秋晋國大夫。羊舌氏，名肸。晋平公初曾爲太傅，後一度被范宣子所囚。（見《左傳》襄公十六年、二十一年等）

[13] 僮客：即奴客。對豪强有很强依附性的農民。

[14] 卜静：各本皆作“卜清”。盧弼《集解》謂疑作“卜静”。見本書卷五二《顧雍附邵傳》。趙幼文《校箋》又謂考《顧邵傳》裴注引《吳録》“清字玄風”，《吾粲傳》“與同郡陸遜、卜静等比肩齊聲矣”。“清”字俱作“静”，應據正。今從盧、趙説改。

[15] 丞：官名。此即郡丞。郡太守之副，佐掌衆事。

[16] 武昌左部督：官名。孫權赤烏八年（245），分長江中下游之軍事防務爲兩部，置武昌左部督與右部督統領之。武昌左部督掌管武昌以下防務，右部督掌管武昌以上至蒲圻的軍務。職權頗重。武昌縣治所在今湖北鄂州市。蒲圻縣治所在今湖北蒲圻市西梁湖南岸競江口。

[17] 從事：官名。州牧刺史之佐史，有別駕從事史、治中從事史、兵曹從事史、部從事史等，均可簡稱從事。此當爲諸葛恪爲荆州牧時所置。

[18] 部曲：本爲漢代軍隊的編制。《續漢書·百官志》云：“大將軍營五部，部校尉一人，部下有曲。”因稱軍隊爲部曲。魏、晋以後，又稱私人武裝爲部曲。

在南十餘年，年七十卒。[一][1]歸葬舊墓，妻子得還。[二]

〔一〕《吳書》曰：翻雖在徙棄，心不忘國，常憂五谿宜討，[2]以遼東海絶，[3]聽人使来屬，尚不足取，今去人財以求馬，[4]既非國利，又恐無獲。欲諫不敢，作表以示吕岱，岱不報，爲愛憎所白，[5]復徙蒼梧猛陵。[6]

《江表傳》曰：後權遣將士至遼東，於海中遭風，多所没失，權悔之，乃令曰：“昔趙簡子稱諸君之唯唯，[7]不如周舍之諤諤。虞翻亮直，善於盡言，國之周舍也。前使翻在此，此役不成。”促下問交州，翻若尚存者，給其人船，發遣還都；若以亡者，送喪還本郡，使兒子仕宦。會翻已終。

〔二〕《會稽典録》曰：孫亮時，有山陰朱育，[8]少好奇字，凡所特達，依體象類，造作異字千名以上。[9]仕郡門下書佐。[10]太守濮陽興正旦宴見掾吏，[11]言次，問：“太守昔聞朱潁川問士於鄭召公，[12]韓吴郡問士於劉聖博，[13]王景興問士於虞仲翔，[14]嘗見鄭、劉二答而未覩仲翔對也。欽聞國賢，思覩盛美有日矣，書佐寧識之乎？”育對曰：“往過習之。昔初平末年，[15]王府君以淵妙之才，[16]超遷臨郡，思賢嘉善，樂采名俊，問功曹虞翻曰：‘聞玉出崑山，[17]珠生南海，遠方異域，各生珍寶。且曾聞士人歎美貴邦，舊多英俊，徒以遠於京畿，含香未越耳。功曹雅好博古，寧識其人邪？’翻對曰：‘夫會稽上應牽牛之宿，[18]下當少陽之位，[19]東漸巨海，[20]西通五湖，[21]南暢無垠，北渚浙江，[22]南山攸居，實爲州鎮，昔禹會羣臣，[23]因以命之。山有金木鳥獸之殷，水有魚鹽珠蚌之饒，海嶽精液，善生俊異，是以忠臣繼踵，[24]孝子連閭，下及賢女，靡不育焉。’王府君笑曰：‘地勢然矣，士女之名可悉聞乎？’翻對曰：‘不敢及遠，略言其近者耳。往者孝子句章董黯，[25]盡心色養，喪致其哀，單身林野，鳥獸歸懷，怨親之辱，白日報讎，海内聞名，昭然光著。太中大夫山陰陳囂，漁則化盜，[26]居則讓鄰，[27]感侵退藩，遂成義里，攝養車姁，[28]行足屬俗，自揚子雲等上書薦之，[29]粲然傳世。太尉山陰鄭公，[30]清亮質直，不畏彊禦。魯相山陰鍾離意，[31]稟殊特之姿，孝家忠朝，宰縣相國，所在遺惠，故取養有君子之譽，魯國有丹書之信。及陳宮、費齊皆上契天心，[32]功德治狀，記在漢籍。有道山陰趙曄，[33]徵士上虞王充，[34]各洪才淵懿，學究道源，著書垂藻，駱驛百篇，釋經傳之宿疑，解當世之槃結，或上窮陰陽之奧祕，下摅人情之歸極。[35]交阯刺史上虞綦毋俊，[36]拔濟一郡，讓爵土之封。決曹掾上虞孟英，[37]三世死義。主簿句章梁宏，[38]功曹史餘姚駟勳，主簿句章鄭雲，[39]皆敦終始之義，引罪免（居）〔君〕。[40]門下督盜賊餘姚伍隆，[41]鄮莫候反。主簿任光，[42]章安小吏黃他，[43]身當白刃，濟君於難。揚州從事句章王脩，[44]委身授命，垂聲來世。河內太守上虞魏少英，[45]遭世屯寒，[46]忘家憂國，列在八俊，[47]為世英彥。尚書烏傷楊喬，[48]桓帝妻以公主，辭疾不納。近故太尉上虞朱公，[49]天姿聰亮，欽明神武，策無失謨，征無遺慮，是以天下義兵，思以為首。上虞女子曹娥，[50]父溺江流，投水而死，立石碑紀，炳然著顯。'王府君曰：'是既然矣，頴川有巢、許之逸軌，[51]吳有太伯之三讓，[52]貴郡雖士人紛紜，於此足矣。'翻對曰：'故先言其近者耳，[53]若乃引上世之事，及抗節之士，亦有其人。昔越王翳讓位，[54]逃于巫山之穴，[55]越人薰而出之，斯非太伯之儔邪？且太伯外來之君，非其地人也。若以外來言之，則大禹亦巡於此而葬之矣。[56]鄮大里黃公，[57]絜己暴秦之世，高祖即阼，不能一致，惠帝恭讓，出則濟難。徵士餘姚嚴遵，[58]王莽數聘，抗節不行，光武中興，然後俯就，矯手不拜，[59]志陵雲日。皆著於傳籍，較然彰明，豈如巢、許，流俗遺譚，不見經傳者哉？'王府君笑曰：'善哉話言也！賢矣，非君不著。太守未之前聞也。'"濮陽府君曰："御史所云，[60]既聞其人，亞斯已下，書佐寧識之乎？"育曰："瞻仰景行，敢不識之？近者太守上虞陳業，絜身清行，志懷霜雪，貞亮之信，同操柳下，[61]遭漢中微，委官棄祿，遁迹黟、歙，[62]以求其志，高邈妙蹤，天下所聞，故（桓文）〔桓文林〕遺之尺牘之書，[63] 比竟三高。其聰明大略，忠直謇諤，[64] 則侍御史餘姚虞翻、偏將軍烏傷駱統。其淵懿純德，則太子少傅山陰闞澤，[65] 學通行茂，作帝師儒。其雄姿武毅，立功當世，則後將軍賀齊，[66] 勳成績著。其探極秘術，言合神明，則太史令上虞吳範。[67] 其文章之士，[68] 立言粲盛，則御史中丞句章任奕，[69] 鄱陽太守章安虞翔，[70] 各馳文檄，曄若春榮。[71] 處士（鄧）〔鄞〕盧敘，[72] 弟犯公憲，自殺乞代。吳寧斯敦、山陰祁庚、上虞樊正，[73] 咸代父死罪。其女則松陽柳朱、永寧（瞿素）〔翟素〕，[74] 或一醮守節，[75] 喪身不顧，或遭寇劫賊，死不虧行。皆近世之事，尚在耳目。”府君曰：“皆海內之英也。吾聞秦始皇二十五年，[76] 以吳越地爲會稽郡，治吳。漢封諸侯王，以何年復爲郡，而分治於此？”育對曰：“劉賈爲荊王，[77] 賈爲英布所殺，又以劉濞爲吳王。[78] 景帝四年，[79] 濞反誅，乃復爲郡，治於吳。元鼎五年，[80] 除東越，因以其地爲治，[81] 并屬於此，而立東部都尉，後徙章安。[82] 陽朔元年，[83] 又徙治鄞，或有寇害，復徙句章。到永建四年，[84] 劉府君上書，浙江之北，以爲吳郡，會稽還治山陰。自永建四年歲在己巳，以至今年，積百二十九歲。”府君稱善。是歲，吳之太平三年，[85] 歲在丁丑。育後仕朝，常在臺閣，[86] 爲東觀令，[87] 遙拜清河太守，[88] 加位侍中，[89] 推刺占射，[90] 文藝多通。

［1］年七十卒：晋寫本“七”字蝕，“十”下有“九”字。

［2］五谿：在武陵郡。武陵郡治所臨沅縣，在今湖南常德市。《水經·沅水注》：“武陵有五溪，謂雄溪、樠溪、無溪、酉溪，辰溪其一焉。夾溪悉是蠻左所居，故謂此蠻五溪蠻也。”

［3］遼東：郡名。治所襄平縣，在今遼寧遼陽市。時爲公孫淵所據。

［4］人財：殿本、盧弼《集解》本、校點本 1982 年 7 月第 2 版作“人財”，百衲本、校點本 1959 年 12 月第 1 版作“人財”。郝

經《續後漢書》苟宗道注引亦作"人財"。趙幼文《校箋》謂《册府元龜》卷二〇九引"人"字亦作"人"。今從百衲本等。

[5]愛憎：胡三省云："讒佞之人，有愛有憎而無公是非，故謂之愛憎。"（《通鑑》卷七二魏明帝太和六年注）

[6]蒼梧：郡名。治所廣信縣，在今廣西梧州市。　猛陵：縣名。治所在今廣西蒼梧縣西孟陵。

[7]趙簡子：即趙鞅。春秋末晋國卿。在晋卿内訌中擊敗了范氏、中行氏，擴大了封地，奠定了後世建立趙國的基礎。《史記》卷四三《趙世家》云："趙簡子有臣曰周舍，好直諫。周舍死，簡子每聽朝，常不悦，大夫請罪。簡子曰：'大夫無罪。吾聞千羊之皮不如一狐之腋。諸大夫朝，徒聞唯唯，不聞周舍之鄂鄂，是以憂也。'"鄂鄂，同"諤諤"，直言争辯貌。

[8]朱育：潘眉《考證》云："朱育字嗣卿（見《唐書·藝文志》），官至侍中、東觀令（見《會稽典録》），好奇字，著《幼學篇》，蓋《爰歷》《博學》之流也（見梁《七録》）。"

[9]異字：《隋書·經籍志》經部末謂梁有《異字》二卷，朱育撰，亡；又謂《幼學》二卷，朱育撰，亡。　千名：千字。《周禮·春官·外史》："掌達書名於四方。"鄭玄注："或曰，古曰名今曰字。使四方知書之文字，得能讀之。"

[10]門下書佐：官名。郡府屬吏，主繕寫文書。

[11]正旦：正月初一。

[12]朱潁川：指朱寵。漢安帝時朱寵曾爲潁川太守。袁宏《後漢紀》卷一八漢順帝永建四年謂朱寵爲潁川太守時，曾在正月初一宴會群吏時，問功曹鄭凱（字召公）潁川之前賢往哲，鄭凱遂列舉許由、巢父、樊仲父、張良、胡元安等作答。

[13]韓吴郡：未詳。

[14]王景興：王朗字景興。

[15]初平：漢獻帝劉協年號（190—193）。

[16]王府君：指王朗。漢魏人尊稱太守爲府君或明府君。

［17］崑山：指昆侖山。即今新疆、西藏間的昆侖山脉。

［18］牽牛：星宿名。即牛宿。《漢書・地理志下》云：“粤地，牽牛、婺女之分野也。”

［19］少陽：東方的極地。《史記》卷一一七《司馬相如列傳》載《大人賦》“邪絶少陽而登太陰兮”，裴駰《集解》引《漢書音義》曰：“少陽，東極；太陰，北極。”

［20］巨海：指今東海。

［21］五湖：《國語・越語下》“與我争三江五湖之利者”韋昭注：“五湖，太湖也。”

［22］浙江：水名。即今浙江錢塘江。

［23］禹會羣臣：袁康《越絶書》卷八《越絶外傳記地傳》：“禹始也，憂民救水，到大越，上茅山，大會計，爵有德，封有功，更名茅山曰會稽。”

［24］繼踵：百衲本作“係踵”，殿本、盧弼《集解》本、校點本作“繼踵”。今從殿本等。

［25］句章：縣名。治所在今浙江餘姚市東南。 董黯：侯康《補注續》云：“《御覽》三百七十八及四百八十二引《會稽典録》曰：董黯字孝治，句章人。家貧，采薪供養，得甘果，奔走以獻母。母甚肥悦。鄰人家富，有子不孝，母甚瘦。不孝子疾孝治母肥，常苦辱之，孝治不報。及母終，負土成墳，鳥獸助其悲號。喪竟，殺不孝子，置冢前以祭，詣獄自繫，會赦得免。”

［26］漁則化盜：《太平御覽》卷九三五引謝承《後漢書》：“會稽陳囂，少時於郭外水邊捕魚，人有盜取之者。囂見之，避之草中，追以魚遺之，盜慚不受。自是無復盜其魚。”

［27］居則讓鄰：《太平御覽》卷一五七引《會稽典録》：“陳囂與民紀伯爲鄰，伯夜竊藩囂地自益。囂見之，伺伯去後，密拔藩一丈以地益伯。伯覺之，慚惶，既還所侵，又卻一丈。太守周府君高囂德義，刻石旌表其閭，號曰義里。”

［28］攝養車嫗：《太平御覽》卷一一九引《會稽典録》：“陳

囂字子公，山陰人也。同縣車媼年八十餘，無子，慕囂仁義，欲求寄命。囂以車媼有財，未敢便許，乃咨於長者。長者僉曰'其宜'。囂遂迎媼，朝夕定省，如其所親；出家財以供肴膳。媼以壽終。囂殯殮畢，皆免其奴，令守墓。財物付與媼內外，衣服不入殮者，以置椁中，制服三月。由是著名，流稱上國。"

[29] 揚子雲：揚雄字子雲。《太平御覽》卷四七四引《會稽典録》："陳囂，山陰人。宗正劉向、黃門侍郎揚雄薦囂行義可厲薄俗。孝成皇帝特以公車徵。囂時已年七十，每朝請，上常待以師傅之禮。"（以上所引數條，均參侯康《補注續》）

[30] 太尉：官名。東漢時與司徒、司空並爲三公，共同行使宰相職能，而位列三公之首，名位甚重，或與太傅並録尚書事，綜理全國軍政事務。　鄭公：指鄭弘。《後漢書》卷三三《鄭弘傳》謂鄭弘於漢章帝元和初爲太尉，"在位四年，奏尚書張林阿附侍中竇憲，而素行臧穢；又上洛陽令楊光，憲之賓客，在官貪殘，並不宜處位。書奏，吏與光故舊，因以告之。光報憲，憲奏弘大臣漏泄密事。帝詰讓弘，收上印綬。弘自詣廷尉，詔敕出之，因乞骸骨歸，未許。病篤，上書陳謝，並言竇憲之短。帝省章，遣醫占弘病，比至已卒"。

[31] 魯：王國名。治所魯縣，在今山東曲阜市東古城。　相：官名。王國相由朝廷委任，掌握王國的行政大權，相當於郡太守。

鍾離意：《後漢書》卷四一《鍾離意傳》謂東漢初鍾離意先爲郡督郵、縣令等，爲吏精明，宰縣仁惠。漢明帝時，入朝爲尚書、尚書僕射，忠公無私，勤於職守，數封還詔書，直言敢諫。後出爲魯相，"視事五年，以愛利爲化，人多殷富"。又李賢注引《意別傳》，謂意魯相，到官，出私錢修孔子車，親入孔廟，拭孔子之几席劍履，又見孔子教授堂下牀首有懸甕，"因發之，中得素書，文曰：'後世修吾書，董仲舒。護吾車，拭吾履，發吾笥，會稽鍾離意。'"

[32] 陳宮：本書卷七《呂布傳》中多次提及陳宮；又裴注引

魚氏《典略》云："陳宫字公臺，東郡人也。"故趙一清《注補》云："此別一陳宫。"

[33] 有道：漢代選舉人才科目之一。 趙曄：《後漢書》卷七九下《趙曄傳》謂趙曄會稽山陰人，舉有道，"著《吳越春秋》《詩細歷神淵》。蔡邕至會稽，讀《詩細》而歎息，以爲長於《論衡》。邕還京師，傳之，學者咸誦習焉"。

[34] 上虞：縣名。治所在今浙江上虞市。 王充：《後漢書》卷四九《王充傳》謂王充會稽上虞人，"好論説，始若詭異，終有理實。以爲俗儒守文，多失其真，乃閉門潛思，絶慶弔之禮，户牖墙壁各置刀筆。著《論衡》八十五篇，二十餘萬言，釋物類同異，正時俗嫌疑"。

[35] 攄：殿本、盧弼《集解》本作"據"，百衲本、校點本作"攄"。今從百衲本等。

[36] 交阯：漢武帝時於全國置十三部刺史，交阯爲其一。漢獻帝時改交阯爲交州，刺史治所龍編縣，在今越南河内東天德江北岸。 綦毋俊：盧弼《集解》云："俊治《左氏春秋》，永初中舉孝廉，拜左校令士，爲交州刺史。見《萬姓統譜》。"永初，漢安帝年號（107—113）。

[37] 決曹掾：官名。東漢三公府置爲屬吏，秩比三百石，主罪法事。郡國府亦置爲屬吏，秩百石。 孟英：侯康《補注續》引王充《論衡·齊世篇》曰："會稽孟章父英，郡將搆殺非辜，事至覆考，英引罪自予，卒代將死。章後復爲郡功曹，從役攻賊，兵卒北敗，爲賊所射，以身代將，卒死不去。"侯氏又引《太平御覽》卷四二一引《會稽典録》曰："孟英字公房，上虞人，爲郡掾史。王憑坐罪未應死，太守下縣殺憑，憑家詣闕稱冤，詔書下州檢考。英出定文書，悉著英名，楚毒慘至，辭色不變，言太守病不關衆事，以冬至日入占病，因竊印以封文書下縣殺憑，非太守意也。繫歷冬夏，肉皆消爛，遂不食而死。"侯氏又引《後漢書》卷七六《循吏傳》："孟嘗字伯周，會稽上虞人也。其先三世爲郡吏，並伏

節死難。"侯氏云:"孟英疑是孟嘗之先世矣。"

[38] 主簿:官名。漢代中央及州郡官府皆置主簿,以典領文書,辦理事務。 梁宏:《後漢書》卷八一《陸續傳》謂陸續爲會稽郡門下掾,太守乃尹興。"是時楚王英謀反,陰疏天下善士,及楚事覺,顯宗得其錄,有尹興名。乃徵興詣廷尉獄。續與主簿梁宏、功曹史馴勳及掾史五百餘人詣洛陽詔獄就考,諸吏不堪痛楚,死者大半,唯續、宏、勳掠考五毒,肌肉消爛,終無異辭。"

[39] 鄭云:《寶慶四明志》卷八云:"鄭雲、梁宏皆句章人,俱爲主簿,篤終始之義,州里稱之。一云雲字仲興,學《韓詩》《公羊春秋》,爲主簿,後以劉雋事,獄死,郡以狀聞,旌表門閭。出《會稽典録》。"

[40] 免君:百衲本作"免官",殿本、盧弼《集解》本、校點本作"免居",郝經《續後漢書》卷六五下《虞翻傳》苟宗道注引《會稽典録》亦作"免官"。郁松年《續後漢書札記》卷三謂《三國志注》"官"作"居"。又云:"案'居','君'之形誤,謂引過歸己,以免府君也。此作'官'亦誤。"郁氏之説甚確,今從改。

[41] 門下督盜賊:官名。又稱門下督。漢代郡縣官府所置之屬吏,主盜賊事。東漢末丞相府、將軍府亦置。三國沿置。

[42] 鄮(mào):百衲本作"鄸",殿本、盧弼《集解》本、校點本作"鄮"。今從殿本等。鄮,縣名。治所在今浙江鄞縣東。

任光:《寶慶四明志》卷八:"任光字景升,鄮人,爲縣主簿,時海賊作孽,令朱嘉將吏人出戰,爲賊所射傷,賊突嘉前,光以身障蔽,力戰死,嘉獲免還邑,出俸厚葬之。出《會稽典録》。"

[43] 章安:縣名。治所在今浙江臨海市東南章安鎮。

[44] 揚州:東漢時刺史治所歷陽縣,在今安徽和縣。 王脩:《寶慶四明志》:"王脩,句章人。順帝時爲揚州從事,軍變,殺歷陽太守伊曜,脩誓衆奔入賊營,取曜屍葬之。人服其義。出《會稽典録》。"

　　[45] 河內：郡名。治所懷縣，在今河南武陟縣西南。　魏少英：《後漢書》卷六七《魏朗傳》謂魏朗字少英，"少爲縣史。兄爲鄉人所殺，朗白日操刀報讎於縣中，遂亡命到陳國"。後至京師，"詣太學受《五經》，京師長者李膺之徒爭從之。初辟司徒府，再遷彭城令。時中官子弟爲國相，多行非法，朗與更相章奏，幸臣忿疾，欲中之"。後爲尚書，又出爲河內太守。"尚書令陳蕃薦朗公忠亮直，宜在機密，復徵爲尚書。後被黨議，免歸家。"

　　[46] 屯蹇：《周易》之《屯》卦與《蹇》卦之並稱。意謂艱難困苦，不順利。

　　[47] 八俊：《後漢書》卷六七《黨錮列傳序》云："李膺、荀翌、杜密、王暢、劉祐、魏朗、趙典、朱寓爲'八俊'。俊者，言人之英也。"

　　[48] 烏傷：縣名。治所在今浙江義烏市。　楊喬：《後漢書》卷三八《楊琁傳》謂楊琁"兄喬，爲尚書，容儀偉麗，數上言政事，桓帝愛其才貌，詔妻以公主，喬固辭不聽，遂閉口不食，七日而死"。

　　[49] 朱公：指朱儁。《後漢書》卷七一《朱儁傳》謂漢靈帝熹平中，"交阯部群賊並起，牧守軟弱不能禁。又交阯賊梁龍等萬餘人，攻南海太守孔芝反叛，攻破郡縣。光和元年（178），即拜儁交阯刺史，令過本郡簡募家兵及所調，合五千人，分從兩道而入。既到州界，按甲不前，先遣使詣郡，觀賊虛實，宣揚威德，以震動其心；既而與七郡兵俱進逼之，遂斬梁龍，降者數萬人，旬月盡定"。後來黃巾軍起，朱儁與皇甫嵩等鎮壓了潁川、汝南、陳國等地的黃巾軍。

　　[50] 曹娥：《後漢書》卷八四《列女·曹娥傳》云："孝女曹娥者，會稽上虞人也。父盱，能弦歌，爲巫祝。漢安二年（143）五月五日，於縣江溯濤婆娑迎神，溺死，不得屍骸。娥年十四，乃沿江號哭，晝夜不絕聲，旬有七日，遂投江而死。至元嘉元年（151），縣長度尚改葬娥於江南道傍，爲立碑焉。"

[51] 巢許：指巢父、許由。傳説之上古高士。皇甫謐《高士傳》云："許由字武仲。堯聞致天下而讓焉，乃退而遁於中岳潁水之陽，箕山之下隱。堯又召爲九州長，由不欲聞之，洗耳於潁水之濱。時有巢父牽犢欲飲之，見由洗耳，問其故。對曰：'堯欲召我爲九州長，惡聞其聲，是故洗耳。'巢父曰：'子若處高岸深谷，人道不通，誰能見子？子故浮游，欲聞求其名譽。污吾犢口。'牽牛上流飲之。"（《史記》卷六一《伯夷列傳》之《正義》引）

[52] 太伯：周太王之長子，季歷之兄，周文王之伯父。《史記》卷三一《吳太伯世家》之《正義》引江熙云："太伯長弟季歷生文王昌，有聖德，太伯知其必有天下，故欲傳國於季歷。以太王病，託採藥於吳越不反。太王薨而季歷立，一讓也；季歷薨而文王立，二讓也；文王薨而武王立，遂有天下，三讓也。又釋云：太王病，託採藥，生不事之以禮，一讓也；太王薨而不反，使季歷主喪，不葬之以禮，二讓也；斷髮文身，示不可用，使歷主祭祀，不祭之以禮，三讓也。"

[53] 故先言其近者耳：趙幼文《校箋》謂《册府元龜》卷八三三引"故"字在"者"字下。按，宋本《册府元龜》"故"字仍在"先"字上。

[54] 越王翳：翳爲越王句踐卒後的第四代越君。《史記》卷四一《越王句踐世家》之《索隱》引莊子云："越人三弑其君，子搜患之，逃乎丹穴不肯出，越人薰之以艾，乘以王輿。"

[55] 巫山：山名。一名梅山。在今浙江紹興市東北。

[56] 大禹：《史記》卷二《夏本紀》云："帝禹東巡狩，至於會稽而崩。"

[57] 鄞：縣名。治所在今浙江奉化市東北白杜。　黃公：指夏黃公。商山四皓之一。商山四皓，指秦末東園公、綺里季、夏黃公、角（甪）里先生，避秦亂，隱商山，年皆八十有餘，鬚眉皓白，時稱商山四皓。漢高祖劉邦崇重四皓，召之，皆不應。後高祖欲廢太子，呂后用留侯張良計，迎四皓輔太子。高祖見四皓從太

子，即輟廢太子之議。（見《史記》卷五五《留侯世家》）錢大昕云："案《陳留志》，夏黃公姓崔，名廣，字少通，齊人，隱居夏里修道，故號曰夏黃公。仲翔以爲會稽鄞人，仲翔去西京未遠，當得其實。"（《廿二史考異》卷一七）

［58］嚴遵：《後漢書》卷八三《逸民·嚴光傳》謂"嚴光字子陵，一名遵，會稽餘姚人也。少有高名，與光武同遊學。及光武即位，乃變名姓，隱身不見。帝思其賢，乃令以物色訪之"。後以禮聘至，以之爲諫議大夫，不受，乃耕於富春山。

［59］矯手：吳金華《校詁》云："《會稽續志》引作'矯首'。'手''首'同音，古代傳寫常互代。"矯首，昂首，抬頭。

［60］御史：指虞翻。漢朝廷曾召翻爲侍御史。

［61］柳下：指柳下惠。春秋時魯國之賢者，本名展獲，字禽，又稱展季。"柳下"是其所居，"惠"乃其妻之私謚。柳下惠品德高尚。孟子説："柳下惠不羞污君，不辭小官，進不隱賢，必以其道；遺失而不怨，厄窮而不憫，與鄉人處，由由然不忍去也，爾爲爾，我爲我，雖袒裼裸裎於我側，爾焉能浼我哉！故聞柳下惠之風者，鄙夫寬，薄夫敦。"（《孟子·萬章下》）

［62］黟：縣名。治所在今安徽黟縣東。又今黟縣西南有黟山，俗名大鄣山。《水經·漸江水注》謂"浙江又北歷黟山"，"會稽陳業，潔身清行，遁迹此山"。 歙：縣名。治所在今安徽歙縣。

［63］桓文林：各本皆作"桓文"。侯康《補注續》謂當作"桓文林"，桓儼字文林。《水經·漸江水注》即謂桓儼避地會稽，聞陳業履行高潔，往候不見。儼後浮海入交州，臨去遺書與業云云。李慈銘説同。校點本即從侯、李之説增"林"字。今從之。

［64］謇諤：殿本"謇"字作"蹇"，百衲本、盧弼《集解》本、校點本作"謇"。今從百衲本等。謇諤，正直敢言。《玉篇·言部》："諤，正直之言也。"《正字通·言部》："謇，直言貌。"

［65］太子少傅：官名。與太子太傅並稱太子二傅。東漢時秩中二千石，掌輔導太子及東宮衆務。曹魏以二傅並攝東宮事務，與

尚書東曹並掌太子、諸侯官屬之選舉。孫吳亦置。

[66] 後將軍：官名。東漢時位如上卿，與前、左、右將軍掌京師兵衛與邊防屯警。魏晋亦置，權位漸低。略高於一般雜號將軍，不典禁兵，不與朝政，僅領兵征戰。孫吳亦置。

[67] 太史令：官名。東漢時秩六百石，屬太常。掌天時、星曆、歲終奏新曆，國祭、喪、嫁娶奏良日及時節禁忌，有瑞應、灾異則記之。孫吳沿置，並兼撰史。

[68] 文章之士：殿本、盧弼《集解》本“士”字作“事”，百衲本、校點本作“士”，郝經《續後漢書》苟宗道注引亦作“士”。今從百衲本等。

[69] 御史中丞：官名。東漢時爲御史臺長官，秩千石，掌監察、執法。三國沿置。　任奕：殿本、盧弼《集解》本作“任爽”，百衲本作“任弈”，校點本作“任奕”。按，“弈”“奕”相通，今從校點本。盧弼《集解》引黃以周曰：“《意林·任子》十卷，名奕。”

[70] 鄱陽：郡名。治所鄱陽縣，在今江西鄱陽縣東北，赤烏八年（245）又遷至今波陽縣。

[71] 曄：盛美。《文選》宋玉《神女賦序》：“美貌橫生，曄乎如花。”李善注：“曄，盛貌。”

[72] 處士：未作官或不作官的士人。　鄮：各本皆作“鄧”。錢大昕云：“鄧非會稽屬縣，當是‘鄮’字之訛，《乾道四明圖經》亦以爲鄮人。”陳景雲亦已有此說。校點本即從陳、錢之說改“鄧”爲“鄮”。今從之。

[73] 吳寧：縣名。漢獻帝初年置，在今浙江東陽市。

[74] 松陽：殿本、盧弼《集解》本作“松楊”，百衲本、校點本作“松陽”，本書卷四八《孫晧傳》天紀四年裴注引《搜神記》亦作“松陽”。今從百衲本等。松陽，縣名。治所在今浙江松陽縣西北古集鎮。　永寧：縣名。治所在今浙江溫州市。　瞿素：各本皆作“瞿素”。盧弼《集解》引李慈銘說，謂《藝文類聚》人

部二引《列女傳》及人部十九引皇甫《列女後傳》皆作“翟素”。校點本即從李説改。今從之。又《太平御覽》卷五〇〇引《列女後傳》：“會稽翟素者，翟氏之女，受聘未及配，適遭賊欲犯之，臨以刃曰：‘不從者，今即死矣。’素曰：‘我可得而殺，不可得而辱。’素婢名青，青乞代素，賊遂殺素，復欲犯青。青曰：‘向欲代素者，恐被耻獲害耳。今素已死，我豈有欲哉！’賊復殺之。”

[75] 醮：指女子嫁人。如《隋書》卷六六《李諤傳》云：“五品以上妻妾不得改醮。”

[76] 秦始皇二十五年：《史記》卷六《秦始皇本紀》：二十五年（前222）“王翦遂定荆江南地，降越君，置會稽郡”。

[77] 劉賈：漢高祖劉邦之從父兄。在楚漢戰争中，圍誅項羽有功。高祖統一天下後，封賈爲荆王。賈立六年，淮南王英布反，東擊荆。賈與戰，爲布軍所殺。（見《漢書》卷三五《荆王劉賈傳》）

[78] 劉濞：漢高祖劉邦兄仲之子。淮南王英布反，濞以騎將從高祖破布軍。荆王劉賈被布所殺，無子，乃立濞爲吳王，封三郡五十三城。遂在封内大量鑄錢、煮鹽，減輕賦役，以招納其他郡國亡命之徒，極力擴張勢力。景帝初，采納御史大夫鼂錯削奪王國封地之議，劉濞即以誅鼂錯爲名，聯合楚、越等七國反叛，不久失敗，劉濞逃東越，爲東越人所殺。（見《漢書》卷三五《吳王濞傳》）

[79] 景帝四年：據《漢書》卷四《景帝紀》及《吳王濞傳》，劉濞之反叛及其失敗被誅，均在漢景帝前元三年（前154）。

[80] 元鼎：漢武帝年號（前116—前111）。按《漢書》卷六《武帝紀》及卷九五《兩粤傳》，漢武帝元鼎五年南越王相吕嘉反，漢遣軍討之，次年破滅南越。同年，東越王餘善反。元封元年（前110）漢軍入東越，東越人殺餘善降，遂遷東越民於江淮間，空虛其地。

[81] 治：盧弼《集解》云：“何焯校改‘治’當作‘冶’。

《漢書·閩粵王傳》：'漢五年，復立無諸爲閩粵王，王閩中故地，都冶（《史記》作都東冶）。'師古曰：'地名。即侯官縣是也。冶音戈者反。'何焯曰：按《朱育傳》'漢滅東粵以爲冶'，冶之爲縣在國滅之後，又其民盡徙，故領於會稽之東部都尉。史因後日之名書之。"

[82] 章安：盧弼《集解》云："《漢書·地理志》會稽郡無章安。《續漢志》：'章安故冶，閩粵地，光武更名。'劉昭注引《晉太康記》云'本鄞縣南之迴浦鄉，章帝章和元年立，未詳'云云。此則徙章安在成帝陽朔元年之前，是前漢已有章安。異一；章安與冶爲兩地。異二。是朱育所云與兩漢《志》全不相符，宜學者多疑兩漢《志》之有誤。"

[83] 陽朔：漢成帝年號（前24—前21）。

[84] 永建：漢順帝年號（126—132）。

[85] 太平：吳會稽王孫亮年號（256—258）。

[86] 臺閣：指尚書臺。

[87] 東觀令：官名。吳置，掌校訂宮廷藏書及修史。

[88] 清河：郡名。治所清河縣，在今山東臨清市東北。

[89] 侍中：官名。曹魏時爲門下侍中寺長官。職掌門下衆事，侍從左右，顧問應對，拾遺補闕，與散騎掌侍、黃門侍郎等共平尚書奏事。孫吳亦置。

[90] 推刺占射：盧弼《集解》云："姚振宗曰：推刺占射者，善推逆刺占候及射覆之術也。"占候，古人視天象變化以附會人事，從而預言吉凶。射覆，古代的一種猜物游戲，亦往往用以占卜。

翻有十一子，第四子汜最知名，永安初，[1] 從選曹郎爲散騎中常侍，[2] 後爲監軍使者，[3] 討扶嚴，[4] 病卒。[一]汜弟忠，宜都太守；[二][5] 聳，越騎校尉，[6] 累遷廷尉，[7] 湘東、河間太守；[三][8] 昺，[9] 廷尉、尚書，[10]

濟陰太守。〔四〕[11]

〔一〕《會稽典録》曰：氾字世洪，生南海，[12]年十六，父卒，還鄉里。孫綝廢幼主，迎立琅邪王休。休未至，綝欲入宫，[13]圖爲不軌，召百官會議，皆惶怖失色，徒唯唯而已。氾對曰："明公爲國伊、周，[14]處將相之位，擅廢立之威，將上安宗廟，[15]下惠百姓，大小踴躍，自以伊、霍復見。[16]今迎王未至，而欲入宫，如是，群下搖蕩，衆聽疑惑，非所以永終忠孝，揚名後世也。"綝不懌，竟立休。休初即位，氾與賀邵、王蕃、薛瑩俱爲散騎中常侍。以討扶嚴功拜交州刺史、冠軍將軍、餘姚侯，[17]尋卒。

〔二〕《會稽典録》曰：忠字世方，翻第五子。貞固幹事，好識人物，造吴郡陸機於童齔之年，[18]稱上虞魏遷於無名之初，終皆遠致，[19]爲著聞之士。交同縣王岐於孤宦之族，[20]仕進先至宜都太守，忠乃代之。晋征吴，忠與夷道監陸晏、晏弟中夏督景堅守不下，[21]城潰被害。忠子潭，[22]字思奥。

《晋陽秋》稱潭清貞有檢操，外如退弱，内堅正有膽幹。仕晋，歷位内外，終於衞將軍，[23]追贈侍中、左光禄大夫，[24]開府儀同三司。[25]

〔三〕《會稽典録》曰：聳字世龍，翻第六子也。清虛無欲，進退以禮，在吴歷清官，[26]入晋，除河間相，王素聞聳名，厚敬禮之。聳抽引人物，務在幽隱孤陋之中。時王岐難聳，以高士所達，必合秀異，聳書與族子察曰："世之取士，曾不招未齒於丘園，[27]索良才於總猥，[28]所譽依已成，所毀依已敗，此吾所以歎息也。"聳疾俗喪祭無度，弟昺卒，祭以少牢，[29]酒飯而已，當時族黨並遵行之。

〔四〕《會稽典録》曰：昺字世文，[30]翻第八子也。少有倜儻之志，仕吴黄門郎，[31]以捷對見異，超拜尚書、侍中。晋軍來伐，遣舅持節都督武昌已上諸軍事，[32]舅先上還節蓋印綬，然後歸順。在濟陰，抑彊扶弱，甚著威風。

[1] 永安：吳景帝孫休年號（258—264）。

[2] 選曹郎：官名。孫吳所置尚書臺郎官，典銓選官吏事務。散騎中常侍：官名。孫吳置，多以才學之士擔任。

[3] 監軍使者：官名。臨時差遣督軍務之使職。東漢或置，孫吳亦置。

[4] 扶嚴：見本書卷四八《孫晧傳》建衡三年注。

[5] 宜都：郡名。治所夷道縣，在今湖北枝城市。

[6] 越騎校尉：官名。東漢時爲北軍五校尉之一，秩比二千石，掌京師宿衛兵。孫吳亦置。

[7] 廷尉：官名。東漢時爲列卿之一，秩中二千石，掌司法刑獄。三國沿置。

[8] 湘東：郡名。孫吳置，治所酃縣，在今湖南衡陽市東。河間：郡名。治所樂成縣，在今河北獻縣東南。錢大昕云：“河間、濟陰二郡不在吳封內，蓋晉以後所授官也，於史例不當書。”（《廿二史考異》卷一七）

[9] 舅：晉寫本作“晃”。

[10] 尚書：官名。東漢有六曹尚書，即三公曹、民曹、客曹、二千石曹、吏曹、中都官曹等。秩皆六百石，皆稱尚書，不加曹號。（本《晉書·職官志》）三國沿置，員數不等。

[11] 濟陰：郡名。治所定陶縣，在今山東定陶縣西北。

[12] 南海：郡名。治所番禺縣，在今廣東廣州市。

[13] 綝欲：趙幼文《校箋》謂《建康實録》“綝”下有“悔”字。

[14] 伊：伊尹。助湯滅桀後，又助湯治理天下。湯卒後，又輔佐外丙、中壬、太甲。而太甲無道，伊尹放之桐宮，代行國政。後太甲悔過自責，伊尹又迎之復位。（見《史記》卷三《殷本紀》）

周：周公，周武王之弟。武王即位後，周公常輔佐之。武王滅商後，封周公爲魯公。而周公不就封，留佐武王。武王卒後，周公又輔佐成王。（見《史記》卷三三《魯周公世家》）

[15] 將：殿本作“勢”，百衲本、盧弼《集解》本、校點本作“將”。今從百衲本等。

[16] 霍：霍光，受漢武帝遺命輔佐昭帝。昭帝卒，無子，霍光立昌邑王劉賀繼位。而昌邑王無道，霍光又廢之而立宣帝。（見《漢書》卷六八《霍光傳》）

[17] 冠軍將軍：官名。漢獻帝建安中置，曹魏、孫吳皆沿置。

[18] 造：趙幼文《校箋》謂蕭常《續後漢書》作“識”。按，郝經《續後漢書》作“賞”。　吳郡：治所吳縣，在今江蘇蘇州市。　陸機：陸遜之孫，陸抗之子，爲江東大族。陸機與弟陸雲，早名重江東。晋滅吳後，機、雲赴洛陽，張華見之如舊相識曰：“伐吳之役，利獲二俊。”（見《晋書》卷五四《陸機傳》）

[19] 遠致：同“遠至”。謂有遠大成就。《玉篇·攵部》：“致，至也。”

[20] 孤宦之族：地位低微的官吏之家。

[21] 夷道監：官名。孫吳於各要地置監以統兵。夷道監即統領夷道駐軍的將領。　中夏督：官名。中夏即中夏水。《水經注疏》卷三五《江水三》謂江水“又東至華容縣西，夏水出焉”，注：“江水左迆爲中夏水，右則中郎浦出焉。”熊會貞疏：“中夏水即夏水，《夏水注》夏水有中夏之目是也。”則中夏督乃統領夏水水軍之將領。

[22] 潭：百衲本作“潭”，《晋書》本傳亦作“潭”，殿本、盧弼《集解》本、校點本作“譚”。趙幼文《校箋》謂《藝文類聚》卷六三、《太平御覽》卷五五五、《册府元龜》卷七八三引俱作“潭”。今從百衲本。下同。

[23] 衛將軍：官名。東漢時位次大將軍、驃騎將軍、車騎將軍，位亞三公。開府置官屬。魏、晋沿置，位在諸名號將軍之上，

多作爲軍府名號，加授大臣、重要州郡長官，無具體職掌，二品。開府者位從公，一品。

[24] 左光禄大夫：官名。西晋時假金章紫綬，禄賜、班位、冠幘、車服、玉佩、置吏卒及諸所賜予與特進同。第二品。其以爲加官者，唯章綬、禄賜、班位而已，不別給車服吏卒。

[25] 開府儀同三司：官名。曹魏始置，爲大臣加號，意謂與三司（太尉、司徒、司空）禮制、待遇相同，許開設府署，自辟僚屬。兩晋因之。

[26] 清官：魏晋時以位高事簡之官爲清官。

[27] 未齒：未説到，未提及。 丘園：隱居之處。《易·賁卦》六五："賁于丘園，束帛戔戔。"王肅注："失位無應，隱處丘園。"孔穎達疏："丘謂丘墟，園謂園圃。唯草木所生，是質素之所。"後因以"丘園"指隱居之處。

[28] 總猥：聚合貌。《漢書》卷五六《董仲舒傳》："勿猥勿并，取之於術。"顏師古注："猥，積也。"

[29] 少牢：單以羊祭祀稱少牢。

[30] 世文：殿本、盧弼《集解》本作"子文"，百衲本、校點本作"世文"。蕭常及郝經之《續後漢書》俱作"世文"。今從百衲本等。

[31] 黄門郎：官名。即給事黄門侍郎。掌侍從皇帝左右，關通中外，與侍中俱出入宮中，近侍帷幄，省尚書奏事。

[32] 持節：漢朝官吏奉使外出時，由皇帝授予節杖，以提高其威權。魏晋以後，軍事長官出征或出鎮時，加持節，可殺無官位人；若軍事，可殺二千石以下官員。如官員或使臣外出，加持節，則表示權力和尊崇。 都督：官名。曹魏初置都督諸州軍事之職，或兼領刺史，或統領所督州之軍事，無固定品級，多帶將軍名號。孫吳亦置。此"都督武昌已上諸軍事"，則統領武昌之長江以上地區的軍事。武昌縣治所在今湖北鄂州市。

陸績字公紀，吳郡吳人也。[1]父康，漢末爲廬江太守。[一][2]績年六歲，於九江見袁術。[3]術出橘，績懷三枚。去[4]，拜辭墮地，術謂曰："陸郎作賓客而懷橘乎？"績跪答曰："欲歸遺母。"術大奇之。孫策在吳，張昭、張紘、秦松爲上賓，共論四海未泰，（須）〔唯〕當用武治而平之，[5]績年少末坐，遙大聲言曰："昔管夷吾相齊桓公，[6]九合諸侯，一匡天下，不用兵車。孔子曰：'遠人不服，[7]則脩文德以來之。'今論者不務道德懷取之術，而惟尚武，績雖童蒙，竊所未安也。"昭等異焉。

〔一〕謝承《後漢書》曰：康字季寧，少惇孝悌，勤脩操行，太守李肅察孝廉。[8]肅後坐事伏法，康斂尸送喪還穎川，行服，[9]禮終，舉茂才，歷三郡太守，[10]所在稱治，後拜廬江太守。

[1] 吳郡：殿本無此二字，百衲本、盧弼《集解》本、校點本有。今從百衲本等。

[2] 廬江：郡名。治所本在舒縣，在今安徽廬江縣西南。建安四年（199）劉勳移於皖縣，在今安徽潛山縣。

[3] 九江：郡名。東漢末治所壽春縣，在今安徽壽縣。

[4] 去：趙幼文《校箋》謂《初學記》卷一七、《太平御覽》卷二七引俱無"去"字。按，郝經《續後漢書》亦有"去"字。

[5] 唯：各本皆作"須"，晋寫本作"唯"。吳金華《校詁》謂作"唯"與陸績所言"今論者不務道德懷取之術而惟尚武"相合，可從。今據晋寫本改。

[6] 管夷吾：管仲名夷吾。春秋時輔佐齊桓公建立霸業。孔子說："桓公九合諸侯，不以兵車，管仲之力也。"又說："管仲相桓

公，霸諸侯，一匡天下，民到於今受其賜。”（俱見《論語·憲問》）

[7] 遠人不服：孔子此句及下句，見《論語·季氏》。

[8] 孝廉：漢代選拔官吏的主要科目。孝指孝子，廉指廉潔之士。原本爲二科，後混同爲一科，也不再限於孝子和廉士。東漢後期，定制爲不滿四十歲者不得察舉；被舉者先詣公府課試，以觀其能。郡國每年要向中央推舉一人至二人。

[9] 行服：舉行喪禮。

[10] 三郡：據《後漢書》卷三一《陸康傳》，指武陵、桂陽、樂安三郡。

績容貌雄壯，博學多識，星曆算數無不該覽。虞翻舊齒名盛，[1] 龐統荊州令士，[2] 年亦差長，皆與績友善。孫權統事，辟爲奏曹掾，[3] 以直道見憚，出爲鬱林太守，[4] 加偏將軍，[5] 給兵二千人。績既有躄疾，又意（在）〔存〕儒雅，[6] 非其志也。雖有軍事，著述不廢，作《渾天圖》，[7] 注《易》釋《玄》，[8] 皆傳於世。豫自知亡日，乃爲辭曰：“有漢志士吳郡陸績，[9] 幼敦《詩》《書》，長玩《禮》《易》，受命南征，遘疾（遇）〔逼〕厄，[10] 遭命不（幸）〔永〕，[11] 嗚呼悲隔！”又曰：“從今已去，六十年之外，車同軌，書同文，恨不及見也。”年三十二卒。長子宏，會稽南部都尉，[12] 次子叡，長水校尉。[一][13]

〔一〕績於鬱林所生女，名曰鬱生，適張溫弟白。《姚信集》有表稱之曰：[14]“臣聞唐、虞之政，[15] 舉善而教，旌德擢異，三王所先，[16] 是以忠臣烈士，顯名國朝，淑婦貞女，表迹家閭。蓋所以闡崇化業，廣殖清風，使苟有令性，幽明俱著，苟懷懿姿，[17]士女同榮。故王蜀建寒松之節而齊王表其里，[18]義姑立殊絕之操而魯侯高其門。[19]臣竊見故鬱林太守陸績女子鬱生，[20]少履貞特之行，幼立匪石之節，[21]年始十三，適同郡張白。侍廟三月，[22]婦禮未卒，白遭罹家禍，遷死異郡。鬱生抗聲昭節，義形於色，冠蓋交橫，誓而不許，奉白姊妹嶮巇之中，[23]蹈履水火，志懷霜雪，義心固於金石，體信貫於神明，送終以禮，邦士慕則。臣聞昭德以（行）〔名〕，[24]顯行以爵，苟非名爵，則勸善不嚴，故士之有誅，[25]魯人志其勇，杞婦見書，[26]齊人哀其哭。乞蒙聖朝，斟酌前訓，上開天聰，下垂坤厚，褒鬱生以義姑之號，以屬兩髦之節，[27]則皇風穆暢，士女改視矣。"[28]

[1] 舊齒：耆舊；老一輩。　名盛：晋寫本作"成名"。

[2] 荆州：東漢末刺史治所襄陽縣，在今湖北襄陽市襄州區。

[3] 奏曹掾：官名。東漢三公府之屬吏，主奏議事，秩比三百石；郡縣亦置，秩百石。魏、吳沿置。

[4] 鬱林：郡名。治所布山縣，在今廣西桂平縣西南古城。

[5] 偏將軍：官名。雜號將軍中地位較低者。

[6] 存：各本皆作"在"，校點本據晋寫本改爲"存"。今從之。

[7] 渾天圖：圖名。一卷，已佚。唐《開元占經》卷六七中載有《渾天圖》。

[8] 注易：《隋書·經籍志》經部易類著録陸績注《周易》十五卷。《舊唐書·經籍志》《新唐書·藝文志》則著録爲十三卷。
釋玄：《隋書·經籍志》子部儒家類著録《揚子太玄經》十卷，陸績、宋衷注。《舊唐書·經籍志》則著録《揚子太玄經》十二卷，揚雄撰，陸績注。《新唐書·藝文志》亦謂陸績注《揚子太玄經》十二卷。

[9] 志士：各本皆作“志士”，晋寫本作“志民”。

[10] 逼厄：百衲本、殿本、盧弼《集解》本作“遇厄”，校點本據晋寫本改爲“逼厄”。今從之。

[11] 不永：百衲本、殿本、盧弼《集解》本作“不幸”，校點本據晋寫本改爲“不永”。今從之。

[12] 會稽南部都尉：官名。都尉職如太守。孫吳置，治所建安縣，在今福建建甌市南松溪南岸。孫休永安三年（260）改爲建安郡。

[13] 長水校尉：官名。東漢時秩比二千石，掌京師宿衛兵。三國沿置，職位略輕。

[14] 姚信集：書名。姚信於孫權晚年親附太子和，和被廢，信等枉被流徙。孫晧初，姚信又爲太常。（見本書卷五九《孫和傳》）《隋書·經籍志》集部謂梁有《姚信集》二卷，録一卷，亡。

[15] 唐虞：指唐堯、虞舜。

[16] 三王：指夏禹、商湯、周文王。

[17] 荀：校點本1982年第2版誤作“苟”。

[18] 王蠋：戰國時齊之賢者。《史記》卷八二《田單列傳》謂齊湣王晚年，燕軍攻入齊國，聞畫邑（今山東淄博市東北臨淄鎮西北）人王蠋賢，便令軍中“環畫邑三十里無入”。又使人謂王蠋曰：“齊人多高子之義，吾以子爲將，封子萬家。”蠋固辭。燕人又曰：“子不聽，吾引三軍而屠畫邑。”王蠋曰：“忠臣不事二君，貞女不更二夫。齊王不聽吾諫，故退而耕於野。國既破亡，吾不能存；今又劫之以兵爲君將，是助桀爲暴也。與其生而無義，固不如烹！”遂自吊死於樹枝。齊亡大夫聞之，曰：“王蠋，布衣也，義不北面於燕，況在位食禄者乎！”乃相聚求湣王子立爲襄王。

[19] 義姑：指西周時魯孝公稱之保母。在孝公父武公時，武公曾與長子括、少子戲朝見周宣王。宣王愛戲，遂立戲爲魯太子。至武公卒，戲立，即懿公。孝公爲懿公之小弟，時號公子稱。後括之子伯御，與魯人作亂，攻殺懿公而自立，並於宮中欲殺公子稱，

稱之保母得知後，即以己子穿公子稱之衣，臥於稱臥之處，伯御遂殺之。保母即抱稱出逃。後周天子殺伯御而立稱，是爲孝公。魯人以保母有高尚德義，稱之爲義保。（見劉向《古列女傳》卷五《節義傳·魯孝義保》）

〔20〕臣竊：殿本"竊"字作"切"，百衲本、盧弼《集解》本、校點本作"竊"。今從百衲本等。

〔21〕匪石：非石。謂不像石頭可以轉動，形容堅定不移。語出《詩·邶風·柏舟》："我心匪石，不可轉也。"

〔22〕侍廟：謂陪從祭祀。

〔23〕嶮巇：險峻崎嶇。比喻人事艱險或人心險惡。

〔24〕以名：各本皆作"以行"。吳金華《校詁》引郁松年《續後漢書札記》：按下"名爵"雙承，"行"當作"名"。吳金華謂郁說可從。趙幼文《校箋》亦謂當據郁松年《札記》改。今從之。

〔25〕誄（lěi）：古代列述死者德行，以表哀悼並以之定諡的言辭。《禮記·檀弓上》謂春秋時魯莊公與宋人戰於乘丘（魯地），縣賁父御車，卜國爲車右（勇力者爲之），結果馬驚而大敗。魯莊公墜於車下，副車乃救莊公上車。莊公說卜國微弱不勇敢。卜國與縣賁父遂赴敵而戰死。後來養馬人洗馬時發現馬股間中了流矢，魯莊公方知非二人之罪過，"公曰：'非其罪也。'遂誄之。士之有誄，自此始也"。

〔26〕杞婦：劉向《古列女傳》卷五《齊杞梁妻》謂齊杞梁妻，"齊杞梁殖之妻也。莊公襲莒，殖戰而死"。"杞梁之妻無子，內外皆無五屬之親，既無所歸，乃枕其夫之屍於城下而哭，內誠動人，道路過者莫不爲之揮涕，十日而城爲崩。""既葬，遂赴淄水而死。"

〔27〕兩髦之節：兩髦，本爲古代兒童髮式，前額頭髮分兩邊披着，長齊眉毛；額後之髮則扎成兩緧，左右各一，稱兩髦。《詩·鄘風·柏舟》："髧（dàn）彼兩髦，實維我儀。"鄭箋云：

"兩髦之人謂共伯也，實是我之匹，故我不嫁也。"又《詩序》云："柏舟，共姜自誓也。衛世子共伯蚤死，其妻守義，父母欲奪而嫁之，誓而弗許，故作是詩以絶之。"則此"兩髦之節"，謂夫死妻守義不嫁之節。

[28] 改視矣：百衲本無"矣"字，殿本、盧弼《集解》本、校點本有。今從殿本等。

　　張溫字惠恕，吳郡吳人也。[1]父允，以輕財重士，名顯州郡，爲孫權東曹掾，[2]卒。溫少脩節操，容貌奇偉。權聞之，以問公卿曰："溫當今與誰爲比?"大（司）農劉基曰：[3]"可與全琮爲輩。"太常顧雍曰：[4]"基未詳其爲人也。溫當今無輩。"權曰："如是，張允不死也。"徵到延見，[5]文辭占對，觀者傾竦，權改容加禮。罷出，張昭執其手曰："老夫託意，君宜明之。"拜議郎、選曹尚書，[6]徙太子太傅，[7]甚見信重。

　　時年三十二，以輔義中郎將使蜀。[8]權謂溫曰："卿不宜遠出，恐諸葛孔明不知吾所以與曹氏通意，（以）故屈卿行。[9]若山越都除，便欲大構於（蜀）〔丕〕。[10]行人之義，[11]受命不受辭也。"溫對曰："臣入無腹心之規，出無專對之用，懼無張老延譽之功，[12]又無子產陳事之效。[13]然諸葛亮達見計數，必知神慮屈申之宜，加受朝廷天覆之惠，推亮之心，必無疑貳。"溫至蜀，詣闕拜章曰："昔高宗以諒闇昌殷祚於再興，[14]成王以幼沖隆周德於太平，[15]功冒溥天，聲貫罔極。[16]今陛下以聰明之姿，等契往古，總百揆於良佐，[17]參列精之炳燿，遐邇望風，莫不欣賴。吳國勤任旅力，清澄江滸，願與有道平一宇內，委心協規，有如河水，軍事（興）〔充〕煩，[18]使役乏少，是以忍鄙倍之羞，[19]使下臣溫通致情好。陛下敦崇禮義，未便恥忽。臣自（入）遠境，[20]及即近郊，頻蒙勞來，[21]恩詔輒加，以榮自懼，悚怛若驚。[22]謹奉所齎函書一封。”蜀甚貴其才。還，頃之，使入豫章部伍出兵，事業未究。

權既陰銜溫稱美蜀政，[23]又嫌其聲名太盛，[24]眾庶炫惑，恐終不爲己用，思有以中傷之，會暨豔事起，遂因此發舉。豔字子休，亦吳郡人也，溫引致之，以爲選曹郎，至尚書。豔性狷厲，[25]好爲清議，[26]見時郎署混濁淆雜，[27]多非其人，欲臧否區別，賢愚異貫。彈射百僚，[28]覈選三署，率皆貶高就下，降損數等，其守故者十未能一，其居位貪鄙，志節汙卑者，皆以爲軍吏，置營府以處之。而怨憤之聲積，浸潤之譖行矣。[29]競言豔及選曹郎徐彪，〔一〕專用私情，愛憎不由公理。[30]豔、彪皆坐自殺。溫宿與豔、彪同意，數交書疏，聞問往還，即罪溫。權幽之有司，下令曰：“昔令召張溫，虛己待之，既至顯授，有過舊臣，何圖凶醜，專挾異心！昔暨豔父兄，附于惡逆，寡人無忌，故進而任之，欲觀豔何如。察其中閒，形態果見。而溫與之結連死生，豔所進退，皆溫所爲頭角，[31]更相表裏，共爲腹背，非溫之黨，即就疵瑕，爲之生論。又前任溫董督三郡，指撝吏客及殘餘兵，[32]時恐有事，欲令速歸，故授榮戟，[33]獎以威柄。乃便到豫章，表討宿惡，[34]寡人信受其言，特以繞帳、帳下、解煩兵五千人付之。[35]後聞曹丕自出淮、泗，[36]故豫敕溫有急便出，而溫悉內諸將，布於深山，被命不至。賴丕自退，不然，已往豈可深計。又殷禮者，本占候召，而溫先後乞將到蜀，扇揚異國，爲之譚論。又禮之還，當親本職，而令守尚書戶曹郎，[37]如此署置，在溫而已。又溫語賈原，當薦卿作御史，[38]語蔣康，當用卿代賈原，專銜賈國恩，[39]爲己形勢。揆其姦心，無所不爲。不忍暴於市朝，今斥還本郡，[40]以給廝吏。[41]嗚呼溫也，免罪爲幸！」

〔一〕《吳錄》曰：彪字仲虞，廣陵人也。

[1] 吳郡吳人：殿本無後“吳”字，百衲本、盧弼《集解》本、校點本皆有。今從百衲本等。

[2] 東曹掾：官名。東漢三公府及大將軍府均置東曹掾，秩比四百石，主二千石長吏之遷除及軍吏。孫權爲車騎將軍亦置。

[3] 大農：各本皆作“大司農”，校點本據晉寫本改爲“大農”。今從之。

[4] 太常：官名。東漢時仍爲列卿之首，秩中二千石。掌禮儀祭祀，選試博士等。三國沿置。

[5] 延見：殿本《考證》云：“《太平御覽》作‘廷見’。”趙幼文《校箋》謂《太平御覽》卷二四四、卷四四二引俱作“延”。郝經《續後漢書》作“廷”。

[6] 議郎：官名。東漢時屬光祿勳，秩六百石，主要職責是參與朝政議論。三國沿置。但魏、晉時不再參議諫諍，爲後備官員，第七品，品秩雖低，名義清高，即三品將軍、九卿亦有拜之者。

選曹尚書：官名。孫吳置，主銓選官吏，職掌與吏部尚書相類。

[7] 太子太傅：官名。東漢時秩中二千石，掌輔導太子，不領東宮官屬及庶務，諸屬官由太子少傅主之。太子對太傅執弟子禮，太傅不稱臣。孫吳亦置。

[8] 輔義中郎將：官名。孫吳置，張溫爲之，以此職使蜀漢。

[9] 故：各本“故”上有“以”字，校點本據晉寫本刪。今從之。

[10] 丕：各本皆作“蜀”，校點本據晉寫本改爲“丕”。今從之。

[11] 行人：使者。

[12] 張老：春秋時晉國大夫張孟。《國語·晉語七》謂晉悼公“始合諸侯於虛杆以救宋，使張老延君譽於四方，且觀道逆者”。韋昭注：“延，陳也，陳君之稱譽於四方，且觀察諸侯之有道德與逆亂者。”

[13] 子産：春秋時鄭國卿，執政期間，進行改革，發展生産，使鄭國面貌一新。鄭簡公二十五年（前541）子産出使晉國，並問晉平公病情。叔向詢問子産，卜人説晉侯之病是實沈、臺駘在作怪，而太史又不知實沈、臺駘是何神靈。子産遂將實沈、臺駘之情況詳細地作了回答。晉平公與叔向聽了子産的言談後，誇獎他是“博物君子也”。（見《左傳·昭公元年》）

[14] 高宗：指殷高宗武丁。《史記》卷三《殷本紀》謂殷自盤庚死後，弟小辛立，殷復衰。小辛卒，弟小乙立。小乙卒，子武丁立。武丁即位後，“思復興殷，而未得其佐。三年不言，政事決定於冢宰，以觀國風”。後得傅説爲佐。“武丁修政行德，天下咸歡，殷道復興”。僞古文《尚書·説命》則云：“王宅憂，亮陰三祀，既免喪，其惟弗言。”孔穎達疏：“言王居父憂，信任冢宰，默而不言已三年矣。”按，“亮陰”即“諒闇”。

[15] 成王：指周成王。《史記》卷四《周本紀》謂周武王去世，“成王少，周初定天下，周公恐諸侯畔周，公乃攝行政當國”。

及"成王長，周公反政成王，北面就群臣之位"。後又"興正禮樂，度制於是改，而民和睦，頌聲興"。

[16] 罔極：無窮盡。

[17] 百揆：指各種政務。

[18] 充煩：各本皆作"興煩"，校點本據晉寫本改爲"凶煩"。張元濟《校史隨筆》謂晉寫本"興"字作"兇"（同凶）。而照印件"兇"字不清，像是"克"字或"充"字。蔣天樞《論學雜著》（中州古籍出版社 1985 年出版）謂爲"充"字。今從蔣説。

[19] 鄙倍：鄙陋和錯誤。《論語·泰伯》曾子曰："出辭氣，斯遠鄙倍矣。"朱熹集注："鄙，凡陋也；倍，與'背'同，謂背理也。"

[20] 遠境："遠境"上各本皆有"入"字，校點本據晉寫本删。今從之。

[21] 勞來：慰勞。

[22] 悚怛（dá）：惶恐。

[23] 陰銜：暗自懷恨。

[24] 太盛：殿本、盧弼《集解》本、校點本作"大"，百衲本作"太"。按，二字雖通，今仍從百衲本。

[25] 狷厲：殿本《考證》云："《太平御覽》作'峭厲'。"趙幼文《校箋》謂此見《太平御覽》卷二一四引，《通典·職官五》"尚書"條引亦作"峭"。

[26] 清議：臧否人物。亦即褒貶人物。

[27] 見時：趙幼文《校箋》謂《太平御覽》卷二一四引"見"字作"當"。《通典·職官五》"尚書"條引同。 郎署：官署名。東漢專指五官、左、右三署。三署由五官、左、右中郎將統領，所統郎官，名譽上備宿衛，實爲後備官吏人材。孫吳沿置。

[28] 彈射：盧弼《集解》云："《御覽》'彈'作'指'。"趙幼文《校箋》謂此見《太平御覽》卷二一四。按，《太平御覽》實作"彈指"，是"射"字作"指"。

[29] 浸潤之譖:《論語·顏淵》“浸潤之譖”,何晏集解引鄭玄曰:“譖人之言,如水之浸潤,漸以成之。”後世因以“浸潤”指讒言。

[30] 愛憎:百衲本、殿本、盧弼《集解》本作“憎愛”,校點本作“愛憎”。今從校點本。盧弼《集解》云:“《御覽》作‘愛憎’。”趙幼文《校箋》謂《太平御覽》卷四一四(當作二一四)引作“愛憎”,《通典·職官五》、郝經《續後漢書》同。

[31] 頭角:開頭,開端。

[32] 吏:指給州郡縣官府服各種雜役的人。吏之家稱吏家,除吏本人服役外,吏的家屬還要給政府納税。吏還是終身的和世襲的。　客:指屯田客。屯田客是受國家嚴格控制、耕種國家土地的農民。他們不屬地方政府統管,而由屯田官管理,具有軍事性質。曹魏、孫吳的屯田客都較多。

[33] 棨戟:有繒衣或油漆的木戟。爲古代官員所用的儀仗,出行時作爲前導,後亦列於門庭。

[34] 宿惡:此指山越。

[35] 繞帳:孫吳之禁軍有繞帳兵,由繞帳督統領,負責宿衛侍從。　帳下:帳下兵亦爲孫吳所置的宿衛兵。　解煩兵:孫權置以侍衛及征戰、直屬最高統治者的精鋭軍隊。

[36] 曹丕自出淮泗:淮、泗,指流經今江蘇北部的淮水與泗水。曹丕之自出淮、泗,即本書卷四七《吳主傳》黃武三年所説的“魏文帝出廣陵”。

[37] 尚書户曹郎:官名。孫吳所置尚書郎之一,隸於户曹尚書。户曹掌國家財政、會計、倉庫、户籍、田宅等。

[38] 御史:官名。魏晉時,侍御史、治書侍御史、督軍糧御史、殿中侍御史、監國御史等皆可簡稱御史。

[39] 衒賈(gǔ):炫耀出賣。

[40] 本郡:殿本“郡”字作“部”,百衲本、盧弼《集解》本、校點本作“郡”。今從百衲本等。

[41] 厮吏：作卑賤雜役之吏。

　　將軍駱統表理溫曰："伏惟殿下，天生明德，神啓
聖心，招髦秀於四方，置俊乂於宮朝。[1]多士既受普篤
之恩，張溫又蒙最隆之施。而溫自招罪譴，孤負榮遇，
念其如此，誠可悲疚。然臣周旋之間，爲國觀聽，深
知其狀，故密陳其理。溫實心無他情，事無逆迹，但
年紀尚少，鎮重尚淺，而戴赫烈之寵，體卓偉之才，
亢臧否之譚，效褒貶之議。於是務勢者妒其寵，爭名
者嫉其才，玄默者非其譚，瑕釁者諱其議，此臣下所
當詳辨，明朝所當究察也。[2]昔賈誼，[3]至忠之臣也，
漢文，大明之君也，然而絳、灌一言，賈誼遠退。何
者？疾之者深，譖之者巧也。然而誤聞於天下，失彰
於後世，故孔子曰'爲君難，爲臣不易'也。[4]溫雖
智非從橫，武非虓虎，[5]然其弘雅之素，英秀之德，文
章之采，論議之辯，[6]卓躒冠群，[7]煒曄曜世，[8]世人
未有及之者也。故論溫才即可惜，言罪則可恕。若忍
威烈以赦盛德，[9]宥賢才以敦大業，固明朝之休光，四
方之麗觀也。國家之於暨豔，不内之忌族，[10]猶等之
平民，是故先見用於朱治，[11]次見舉於衆人，中見任
於明朝，亦見交於溫也。[12]君臣之義，義之最重，朋
友之交，交之最輕者也。國家不嫌與豔爲最重之
義，[13]是以溫亦不嫌與豔爲最輕之交也。時世寵之於
上，溫竊親之於下也。夫宿惡之民，放逸山險，則爲
勁寇，將置平土，則爲健兵，故溫念在欲取宿惡，以
除勁寇之害，而增健兵之銳也。但自錯落，功不副言。

然計其送兵，以比許晏，數之多少，溫不減之，用之
彊羸，溫不下之，至於遲速，溫不後之，故得及秋冬
之月，赴有警之期，不敢忘恩而遺力也。溫之到蜀，
共譽殷禮，雖臣無境外之交，亦有可原也。境外之交，
謂無君命而私相從，非國事而陰相聞者也；若以命行，
既脩君好，因敍己情，亦使臣之道也。故孔子使鄰國，
則有私覿之禮；[14]季子聘諸夏，[15]亦有燕譚之義也。
古人有言，欲知其君，觀其所使，見其下之明明，知
其上之赫赫。溫若譽禮，能使彼歎之，誠所以昭我臣
之多良，明使之得其人，顯國美於異境，揚君命於他
邦。是以晉趙文子之盟于宋也，[16]稱隨會於屈建；楚
王孫圉之使于晉也，[17]譽左史於趙鞅。亦向他國之輔，
而歎本邦之臣，經傳美之以光國，而不譏之以外交也。
王靖內不憂時，[18]外不趨事，溫彈之不私，推之不假，
於是與靖遂爲大怨，此其盡節之明驗也。靖兵衆之勢，
幹任之用，皆勝於賈原、蔣康，溫尚不容私以安於靖，
豈敢賣恩以協原、康邪？又原在職不勤，當事不堪，
溫數對以醜色，彈以急聲；若其誠欲賣恩作亂，則亦
不必貪原也。凡此數者，校之於事既不合，參之於衆
亦不驗。臣竊念人君雖有聖哲之姿，非常之智，然以
一人之身，御兆民之衆，從層宮之內，[19]瞰四國之外，
照群下之情，求萬機之理，猶未易周也，固當聽察群
下之言，以廣聰明之烈。今者人非溫既殷勤，[20]臣是
溫又契闊，[21]辭則俱巧，意則俱至，各自言欲爲國，
誰其言欲爲私，倉卒之間，猶難即別。然以殿下之聰

叡，察講論之曲直，若潛神留思，纖粗研核，情何嫌而不宣，事何昧而不昭哉？溫非親臣，臣非愛溫者也。昔之君子，皆抑私忿，以增君明。彼獨行之於前，臣恥廢之於後，故遂發宿懷於今日，納愚言於聖聽，[22]實盡心於明朝，非有念於溫身也。"權終不納。

後六年，溫病卒。二弟祗、白，亦有才名，與溫俱廢。〔一〕

〔一〕《會稽典錄》曰：餘姚虞俊歎曰："張惠恕才多智少，華而不實，怨之所聚，有覆家之禍，吾見其兆矣。"諸葛亮聞俊憂溫，意未之信，及溫放黜，亮乃歎俊之有先見。亮初聞溫敗，未知其故，思之數日，曰："吾已得之矣，其人於清濁太明，善惡太分。"

臣松之以為莊周云"名者公器也，[23]不可以多取"，張溫之廢，豈其取名之多乎！多之為弊，古賢既知之矣。是以遠見之士，退藏於密，不使名浮於德，不以華傷其實，既不能被褐韞寶，[24]挫廉逃譽，[25]使才映一世，聲蓋人上，沖用之道，[26]庸可暫替！溫則反之，能無敗乎？權既疾溫名盛，而駱統方驟言其美，至云"卓躒冠群，煒曄曜世，世人未有及之者也"。斯何異燎之方盛，又撝膏以熾之哉！

《文士傳》曰：溫姊妹三人皆有節行，為溫事，已嫁者皆見錄奪。其中妹先適顧承，官以許嫁丁氏，成婚有日，遂飲藥而死。吳朝嘉歎，鄉人圖畫，為之贊頌云。

[1] 置：校點本1982年7月第2版作"署"，百衲本、殿本、盧弼《集解》本、校點本1959年12月第1版均作"置"。今仍從百衲本等。

〔2〕明朝：指君主，即指孫權。

〔3〕賈誼：西漢洛陽人。十八歲時，以能誦讀詩書、善文章著稱於郡。漢文帝初，廷尉吳公薦誼，文帝召以爲博士，時年二十餘，在朝中最年少。每詔令議下，諸老先生不能言，賈誼盡爲之對。不久，超遷爲太中大夫。文帝正欲以誼爲公卿，絳侯周勃及灌嬰等卻毀誼曰：“洛陽之人，年少初學，專欲擅權，紛亂諸事。”文帝遂以誼爲長沙王太傅，遠離朝廷。（見《史記》卷八四《賈生列傳》）

〔4〕爲君難爲臣不易：見《論語·子路》，爲孔子引述時人之説。

〔5〕虓（xiāo）虎：咆哮的虎。比喻猛將。

〔6〕辯：殿本、盧弼《集解》本、校點本作“辨”，百衲本作“辯”。今從百衲本。趙幼文《校箋》謂《群書治要》卷二七、《册府元龜》卷八七四引作“辯”，郝經《續後漢書》同。

〔7〕卓躒（luò）：超絶出衆。

〔8〕煒曄：美盛貌。

〔9〕敕盛德：趙幼文《校箋》謂郝經《續後漢書》“敕”字作“赫”，赫即明也，作“赫”是也。按，“敕盛德”與下句“宥賢才”義同相應，“敕”字不誤。

〔10〕忌族：敗類。趙一清《注補》引姜宸英云：“忌族，即《尚書》圮族。”《尚書·堯典》“方命圮族”，蔡沈《集傳》：“圮，敗；族，類也。”

〔11〕見用於朱治：盧弼《集解》云：“朱治爲吳郡太守，豔蓋先爲郡吏也。”

〔12〕溫：百衲本作“義”，殿本、盧弼《集解》本、校點本作“溫”。郝經《續後漢書》亦作“溫”。今從殿本等。

〔13〕與：盧弼《集解》本作“與”，百衲本、殿本、校點本作“於”，趙幼文《校箋》謂《群書治要》卷二七作“與”。今從盧弼《集解》本。

　　［14］私覿（dí）：以私人身份相見。《論語・鄉黨》謂孔子出使到外國，在舉行典禮後，"私覿，愉愉如也"。

　　［15］季子：即春秋時吳國公子季札，爲吳王諸樊之弟，封於延陵，故又稱延陵季子。季子曾出使中原各國，受到各國執政的盛情款待，相互講了不少對時勢之己見。（見《左傳・襄公二十九年》）

　　［16］趙文子：即春秋時曾爲晉國卿的趙武，又稱趙孟。《左傳・襄公二十七年》謂趙文子與楚國的屈建、蔡國的公孫歸生、衛國的石惡、陳國的孔奐、鄭國的良霄及許國大夫、曹國大夫等會盟。在結盟過程中，子木（即屈建）向趙文子問晉國范武子（即隨會）的情況，趙文子即盛贊隨會。

　　［17］王孫圉：春秋時楚國大夫。《國語・楚語下》謂王孫圉出使晉國，晉定公設宴款待，趙簡子（即趙鞅）作儐相，問王孫圉楚國的珍寶白珩。王孫圉説楚國未將白珩視爲珍寶，楚國所寶貴的，有觀射父和左史倚相，等等。左史倚相能述説古代典籍，並能向國君提供成敗得失的教訓，使國君不忘先王之功業，等等。

　　［18］王靖：孫權時曾爲鄱陽太守，因謀叛投魏而被誅。見本書卷六〇《周魴傳》。

　　［19］層宮：百衲本"層"字作"增"，殿本、盧弼《集解》、校點本作"層"，《群書治要》作"增"，郝經《續後漢書》作"層"。今從殿本等。

　　［20］殷勤：頻繁。如《後漢書》卷六六《陳蕃傳》："天之於漢，悢悢無已，故殷勤亦變，以悟陛下。"

　　［21］契闊：辛苦，費力。《後漢書》卷八〇上《傅毅傳》："契闊夙夜，庶不懈忒。"李賢注："契闊謂辛苦也。"

　　［22］聖聽：殿本、盧弼《集解》本、作"聖德"，百衲本、校點本作"聖聽"。《群書治要》亦作"聖聽"。今從百衲本等。

　　［23］公器：共用之器。《莊子・天運》："名，公器也，不可多取。"郭象注："夫名者，天下之所共用。矯飾過實，多取者也。

多取而天下亂也。”

[24] 被褐韞寶：身穿粗布衣，卻懷藏着寶物。比喻人有才德，卻藏而不露。《老子》有“被褐懷玉”之說。

[25] 挫廉：百衲本“挫”字作“杜”，殿本、盧弼《集解》本、校點本作“挫”，郝經《續後漢書》荀宗道注引亦作“挫”。今從殿本等。

[26] 沖用之道：謙和、中和之道。語出《老子》：“道沖，而用之久不盈。”後世即以“沖用”指謙和，中和。

　　駱統字公緒，會稽烏傷人也。父俊，官至陳相，[1]爲袁術所害。[2]〔一〕統母改適，爲華歆小妻，[3]統時八歲，遂與親客歸會稽。其母送之，拜辭上車，面而不顧，[4]其母泣涕於後。御者曰：“夫人猶在也。”統曰：“不欲增母思，故不顧耳。”事適母甚謹。[5]時饑荒，鄉里及遠方客多有困乏，[6]統爲之飲食衰少。[7]其姊仁愛有行，寡歸無子，[8]見統甚哀之，數問其故。統曰：“士大夫糟糠不足，我何心獨飽！”姊曰：“誠如是，何不告我，而自苦若此？”乃自以私粟與統，又以告母，母亦賢之，遂使分施，由是顯名。

〔一〕謝承《後漢書》曰：俊字孝遠，有文武才幹，少爲郡吏，察孝廉，補尚書郎，[9]擢拜陳相。值袁術僭號，兄弟忿爭，天下鼎沸，群賊並起。陳與比界，[10]奸慝四布，俊屬威武，保疆境，賊不敢犯。養濟百姓，災害不生，歲獲豐稔。後術軍衆饑困，就俊求糧。俊疾惡術，初不應答。[11]術怒，密使人殺俊。

[1] 陳：王國名。治所陳縣，在今河南淮陽縣。

〔2〕袁術：百衲本無“術”字，殿本、盧弼《集解》本、校點本皆有。今從殿本等。

〔3〕小妻：漢魏時稱妾爲小妻。

〔4〕面：背，背向。《正字通·面部》：“面，背也。”《漢書》卷三一《項籍傳》謂項羽失敗後，“顧見漢騎司馬呂馬童，曰：‘若非吾故人乎？’馬童面之”。顔師古注：“面謂背之，不面向也。”

〔5〕適：通“嫡”。

〔6〕遠方客：趙幼文《校箋》謂蕭常《續後漢書》“客”下有“至者”二字。

〔7〕衰少：減少。

〔8〕寡歸：殿本、盧弼《集解》本作“寡居”，百衲本、校點本作“寡歸”。趙幼文《校箋》謂《太平御覽》卷二四一、卷四七六引俱作“寡歸”。今從百衲本等。

〔9〕尚書郎：官名。東漢之制，取孝廉之有才能者入尚書臺，初入臺稱守尚書郎中，滿一年稱尚書郎，統稱尚書郎，秩四百石，凡置三十六員，分隸六曹尚書分曹治事，主要掌文書起草。三國沿置，而分曹有異。

〔10〕比界：百衲本、盧弼《集解》本作“北界”，殿本、校點本作“比界”。今從殿本等。趙幼文《校箋》謂《太平御覽》卷二四八引《會稽典録》作“與陳接境”。接境猶比界。

〔11〕初不：完全不。

孫權以將軍領會稽太守，統年二十，試爲烏程相，民户過萬，咸歎其惠理。權嘉之，召爲功曹，行騎都尉，妻以從兄輔女。統志在補察，苟所聞見，夕不待旦。常勸權以尊賢接士，勤求損益，饗賜之日，可人人別進，問其燥溼，[1]加以密意，誘諭使言，察其志趣，令皆感恩戴義，懷欲報之心。權納用焉。出爲建忠中郎將，[2] 領武射吏三千人。及淩統死，復領其兵。[3]

是時徵役繁數，重以疫癘，民户損耗，統上疏曰："臣聞君國者，以據疆土爲彊富，制威福爲尊貴，曜德義爲榮顯，永世胤爲豐祚。然財須民生，彊賴民力，威恃民勢，福由民殖，德俟民茂，義以民行，六者既備，然後應天受祚，保族宜邦。《書》曰：'衆非后無能胥以寧，[4] 后非衆無以辟四方。'推是言之，則民以君安，君以民濟，不易之道也。今彊敵未殄，海內未乂，三軍有無已之役，[5] 江境有不釋之備，徵賦調數，由來積紀，加以殃疫死喪之災，郡縣荒虛，田疇蕪曠，聽聞屬城，民户浸寡，又多殘老，少有丁夫，聞此之日，心若焚燎。思尋所由，小民無知，既有安土重遷之性，且又前後出爲兵者，生則困苦無有溫飽，死則委棄骸骨不反，是以尤用戀本畏遠，同之於死。每有徵發，羸謹居家重累者先見輸送。小有財貨，傾居行賂，[6] 不顧窮盡。輕剽者則迸入險阻，黨就群惡。百姓虛竭，嗷然愁擾，[7] 愁擾則不營業，不營業則致窮困，致窮困則不樂生，故口腹急，則姦心動而攜叛多也。又聞民間，非居處小能自供，[8] 生產兒子，多不起養，屯田貧兵，[9] 亦多棄子。天則生之，而父母殺之，既懼干逆和氣，感動陰陽。且惟殿下開基建國，乃無窮之業也，彊鄰大敵非造次所滅，疆場常守非期月之成，[10] 而兵民減耗，後生不育，非所以歷遠年，致成功也。夫國之有民，猶水之有舟，停則以安，擾則以危，愚而不可欺，弱而不可勝，是以聖王重焉，禍福由之，故與民消息，[11] 觀時制政。方今長吏親民之職，[12] 惟以辦具爲能，[13] 取過目前之急，[14] 少復以恩惠爲治，副稱殿下天覆之仁，勤恤之德者。官民政俗，日以彫弊，漸以陵遲，勢不可久。夫治疾及其未篤，除患貴其未深，願殿下少以萬機餘閒，留神思省，補復荒虛，深圖遠計，育殘餘之民，阜人財之用，參曜三光，[15] 等崇天地。臣統之大願，足以死而不朽矣。」權感統言，深加意焉。

以隨陸遜破蜀軍於宜都，遷偏將軍。黃武初，[16] 曹仁攻濡須，[17] 使別將常雕等襲中洲，[18] 統與嚴圭共拒破之，封新陽亭侯，[19] 後爲濡須督。[20] 數陳便宜，前後書數十上，所言皆善，文多故不悉載。尤以占募在民閒長惡敗俗，[21] 生離叛之心，急宜絕置，權與相反覆，終遂行之。年三十六，黃武七年卒。

[1] 問其燥溼：胡三省云：「人之居處，避溼就燥，問其燥溼者，問其居處何如也。」（《通鑑》卷六三漢獻帝建安五年注）

[2] 建忠中郎將：百衲本、殿本皆無「中」字，錢大昭《辨疑》云：「『建忠』下疑脫『中』字。」潘眉《考證》亦云：「『建忠』下脫『中』字。」盧弼《集解》本、校點本有「中」字。今從盧弼《集解》本等。建忠中郎將，孫權置，領兵。

[3] 復領：百衲本「復」字作「後」，殿本、盧弼《集解》本、校點本作「復」。今從殿本等。

[4] 「衆非后」二句：此句及下句見《禮記・表記》引《太甲》。鄭玄注云：「太甲，湯孫也，《書》以名篇。胥，相也。民非

君不能以相安。"僞古文《尚書》將此二句編於《太甲中》，而字句改爲："民非后罔克胥匡以生，后非民罔以辟四方。"

〔5〕有：百衲本作"以"，殿本、盧弼《集解》本、校點本作"有"。今從殿本等。

〔6〕居：積儲。《尚書·益稷》"懋遷有無化居"，孔傳："居，謂所宜居積者。"

〔7〕嗷然：哀號貌。

〔8〕小能：趙幼文《校箋》謂《册府元龜》卷四〇七引"小"字作"不"。

〔9〕貧兵：趙幼文《校箋》謂《册府元龜》引"兵"字作"夫"。

〔10〕疆場：殿本"場"字作"場"，百衲本、盧弼《集解》本、校點本作"場"。今從百衲本等。

〔11〕消息：休養生息。

〔12〕長吏：指縣令、長。

〔13〕辦具：百衲本"辦"字作"辨"，殿本、盧弼《集解》本、校點本作"辦"。今從殿本等。

〔14〕過：度過。

〔15〕三光：指日、月、星。

〔16〕黃武：吳大帝孫權年號（222—229）。

〔17〕濡須：地名。在今安徽無爲縣東北古濡須水畔。

〔18〕中洲：江中島名。在今湖北枝江市南長江中。

〔19〕亭侯：爵名。漢制列侯大者食縣邑，小者食鄉、亭。東漢後期遂以食鄉、亭者稱爲鄉侯、亭侯。

〔20〕濡須督：官名。濡須駐軍的軍事長官。

〔21〕占募：招募。

陸瑁字子璋，丞相遜弟也。少好學篤義。陳國陳融、陳留濮陽逸、沛郡蔣纂、廣陵袁迪等,[1]皆單貧有志,就瑁游處,[一]瑁割少分甘,[2]與同豐約。及同郡徐原,[3]爰居會稽,素不相識,臨死遺書,[4]託以孤弱,瑁爲起立墳墓,[5]收導其子。[6]又瑁從父績早亡,二男一女,[7]皆數歲以還,瑁迎攝養,至長乃別。州郡辟舉,皆不就。

〔一〕迪孫曄,字思光,作《獻帝春秋》,云迪與張紘等俱過江,迪父綏爲太傅掾,[8]張超之討董卓,以綏領廣陵事。

[1] 陳留:郡名。治所陳留縣,在今河南開封市東南。　沛郡:治所本在相縣,在今安徽濉溪縣西北;曹魏時移治所於沛縣,在今江蘇沛縣。　廣陵:郡名。治所本在廣陵縣,在今江蘇揚州市西北蜀岡上;曹魏時移治所於淮陰縣,在今江蘇淮陰市西南甘羅城。

[2] 割少分甘:謂甘美之物雖少,也要割而分之。

[3] 徐原:趙幼文《校箋》謂《太平御覽》卷四二〇引"原"字作"願",本書卷六〇《呂岱傳》作"徐原"。

[4] 遺書:趙幼文《校箋》謂《白孔六帖》卷二六、《太平御覽》卷四二〇引"遺"下有"瑁"字。

[5] 起立墳墓:盧弼《集解》本作"起墳立墓",百衲本、殿本、校點本作"起立墳墓"。今從百衲本等。

[6] 收導:趙幼文《校箋》謂《白孔六帖》卷二六、《册府元龜》卷八〇二引"收"字作"教"。

[7] 二男:殿本、盧弼《集解》本作"一男",百衲本、校點本作"二男"。今從百衲本等。

[8] 太傅掾:官名。太傅府之僚屬。東漢太傅爲上公,居百官之首,位尊而無常職,若兼錄尚書事,則行使宰相職權。

　　時尚書暨豔盛明臧否，差斷三署，[1]頗揚人闇昧之失，以顯其謫。瑁與書曰：“夫聖人嘉善矜愚，[2]忘過記功，以成美化。加今王業始建，將一大統，此乃漢高棄瑕録用之時也，[3]若令善惡異流，貴汝潁月旦之評，[4]誠可以厲俗明教，然恐未易行也。宜遠模仲尼之汎愛，[5]中則郭泰之弘濟，[6]近有益於大道也。”豔不能行，卒以致敗。

　　嘉禾元年，[7]公車徵瑁，[8]拜議郎、選曹尚書。孫權忿公孫淵之巧詐反覆[9]，欲親征之，瑁上疏諫曰：“臣聞聖王之御遠夷，羈縻而已，不常保有，故古者制地，謂之荒服，[10]言慌惚無常，[11]不可保也。今淵東夷小醜，[12]屏在海隅，雖託人面，與禽獸無異。國家所爲不愛貨寶遠以加之者，[13]非嘉其德義也，誠欲誘納愚算，[14]以規其馬耳。淵之驕黠，恃遠負命，此乃荒貊常態，[15]豈足深怪？昔漢諸帝亦嘗鋭意以事外夷，馳使散貨，充滿西域，[16]雖時有恭從，然其使人見害，財貨并没，[17]不可勝數。今陛下不忍悁悁之忿，[18]欲越巨海，身踐其土，群臣愚議，竊謂不安。何者？北寇與國，[19]壤地連接，苟有閒隙，應機而至。夫所以越海求馬，曲意於淵者，爲赴目前之急，除腹心之疾也，而更棄本追末，捐近治遠，[20]忿以改規，激以動衆，斯乃猾虜所願聞，[21]非大吳之至計也。又兵家之術，以功役相疲，勞逸相待，得失之閒，所覺輒多。[22]且沓渚去淵，[23]道里尚遠，今到其岸，兵勢三分，使彊者進取，次當守船，又次運糧，行人雖多，難得悉用；加以單步負糧，經遠深入，賊地多馬，邀截無常。若淵狙詐，與北未絕，動衆之日，脣齒相濟，[24]若實子然無所憑賴，其畏怖遠迸，或難卒滅。使天誅稽於朔野，山虜承間而起，[25]恐非萬安之長慮也。"權未許。

　　瑁重上疏曰："夫兵革者，固前代所以誅暴亂，威四夷也，然其役皆在姦雄已除，[26]天下無事，從容廟堂之上，以餘議議之耳。至于中夏鼎沸，九域槃互之時，[27]率須深根固本，愛力惜費，務自將養，[28]以待鄰敵之闕，未有正於此時，[29]舍近治遠，以疲軍旅者也。昔尉佗叛逆，[30]僭號稱帝，于時天下乂安，百姓殷阜，帶甲之數，糧食之積，可謂多矣，然漢文猶以遠征不易，重興師旅，告喻而已。今凶桀未殄，疆場猶警，[31]雖蚩尤、鬼方之亂，[32]故當以緩急差之，[33]未宜以淵爲先。願陛下抑威任計，[34]暫寧六師，[35]潛神嘿規，以爲後圖，天下幸甚。"權再覽瑁書，嘉其詞理端切，遂不行。

　　初，瑁同郡聞人敏見待國邑，優於宗脩，[36]惟瑁以爲不然，後果如其言。[37]

　　赤烏二年，[38]瑁卒。子喜亦涉文籍，好人倫，孫晧時爲選曹尚書。[一]

　　〔一〕《吳録》曰：喜字文仲，[39]瑁第二子也，入晋爲散騎常侍。[40]瑁孫曄，字士光，至車騎將軍、儀同三司。[41]曄弟玩，[42]字士瑶。《晋陽秋》稱玩器量淹雅，位至司空，[43]追贈太尉。[44]

　　［1］差斷：不恰當地制斷。　　三署：五官、左、右三署。

　　［2］嘉善矜愚：胡三省云：“《論語》子游曰：君子嘉善而矜
不能。”（《通鑑》卷七〇魏文帝黄初五年注）

　　［3］漢高：即漢高祖劉邦。關於劉邦棄瑕録用人才的事例不
少。如陳平投奔劉邦後，周勃、灌嬰等即讒毁平盗嫂受金，“反覆
亂臣”，而劉邦還是重用了陳平。（見《史記》卷五六《陳丞相世
家》）

　　［4］汝潁：汝水與潁水。指汝南郡，郡治平輿縣，在今河南平
輿縣北。古代平輿縣就在汝水、潁水之間。　　月旦之評：東漢末汝
南郡的劉劭與從兄劉靖好評論人物。《後漢書》卷六八《劉劭傳》
云：“劭與靖俱有高名，好共覈論鄉黨人物，每月輒更其品題，故
汝南俗有‘月旦評’焉。”

　　［5］仲尼之汎愛：《論語·學而》子曰：“弟子入則孝，出則
悌，謹而信，泛愛衆，而親仁。”

　　［6］郭泰之弘濟：郭泰字林宗，東漢末太原界休（今山西介
休縣東南）人。《後漢書》卷六八《郭太傳》謂林宗官府召辟“並
不應。性明知人，好獎訓士類。身長八尺，容貌魁偉，褒衣博帶，
周遊郡國”，“林宗雖善人倫，而不爲危言覈論，故宦官擅政而不能
傷也。及黨事起，知名之士多被其害，唯林宗及汝南袁閎得免焉。
遂閉門教授，弟子以千數”。

　　［7］嘉禾：吴大帝孫權年號（232—238）。

　　［8］公車：官署名。漢朝及三國均置，爲公車司馬之省稱，以
令主之，屬衛尉。掌管皇宫司馬門警衛，並接待臣民之上書
及徵召。

　　［9］巧詐：趙幼文《校箋》謂《册府元龜》卷五三九“巧”
字作“狙”，是也。下文“若淵狙詐”，可證。

　　［10］荒服：古代王畿以外之地，每五百里爲一區劃，共爲五
等區劃，稱爲五服。荒服爲最遠之一服。

　　［11］慌惚：百衲本“慌”字作“恍”，殿本、盧弼《集解》

本、校點本作"慌"，郝經《續後漢書》亦作"慌"。按，二字可通，今從殿本等。

［12］東夷：公孫淵所據之遼東，爲古東夷地，非謂淵爲東夷人。

［13］所爲不愛貨寶遠以加之者：趙幼文《校箋》謂《册府元龜》卷五三九引"爲"字作"謂"，"以"下有"爵命"二字。

［14］愚算：殿本、盧弼《集解》本、校點本作"愚弄"，百衲本作"愚算"。趙幼文《校箋》謂《册府元龜》卷五三九亦作"愚算"。今從百衲本。

［15］荒貊：貊爲古代北方的少數部族。此荒貊，泛指少數部族。

［16］西域：地區名。指玉門關（今甘肅敦煌市西北）以西，葱嶺以東之廣大地區。

［17］并没：百衲本無"没"字，殿本、盧弼《集解》本、校點本有，郝經《續後漢書》亦有。今從殿本等。

［18］悁（yuān）悁：忿怒貌。

［19］北寇：指在北方的曹魏。

［20］捐近治遠：百衲本"近"字作"古"，殿本、盧弼《集解》本、校點本作"近"，郝經《續後漢書》亦作"近"。今從殿本等。

［21］猾虜：亦指曹魏。

［22］覺（jiào）：通"較"。比較，相差。

［23］沓渚：地名。本書卷八《公孫度附淵傳》裴注引《魏略》載淵表作"沓津"。是沓氏縣（東沓縣）境的海渚，爲當時齊郡渡海至沓氏的登陸處或沓氏的出海口，在今遼寧大連市旅順老鐵山附近。（本《〈中國歷史地圖集〉釋文匯編（東北卷）》）

［24］脣齒相濟：謂恐吳伐公孫淵，魏救淵而襲吳。

［25］山虜：指山越。

［26］姦雄：百衲本"雄"字作"事"，殿本、盧弼《集解》

本、校點本作“雄”，郝經《續後漢書》亦作“雄”。今從殿本等。

［27］槃互：百衲本、殿本作“槃牙”，盧弼《集解》本作“槃互”，校點本作“槃互”。按，“互”爲古“互”字，“牙”當爲“互”之訛。今從校點本。《通鑑》亦作“盤互”，胡三省云：“盤互，謂各盤據而互爲敵也。”（《通鑑》卷七二魏明帝青龍元年注）

［28］將養：殿本、盧弼《集解》本、校點本作“休養”，百衲本作“將養”。趙幼文《校箋》謂《册府元龜》卷五三九亦作“將養”，《建康實錄》同。今從百衲本。《廣雅·釋詁一》：“將，養也。”王念孫《疏證》：“今俗語猶云將養，或云將息矣。”

［29］未有正於此時：趙幼文《校箋》謂《建康實錄》作“未有遠征於此時”。

［30］尉佗：即趙佗，本中原人，秦時爲南海龍川令。至秦二世時，南海尉任囂病死，囑趙佗代尉職，故稱尉佗。秦破滅，趙佗自立爲南越武王。漢高祖劉邦定天下後，亦遣使立佗爲南越王。至呂后時，趙佗自稱南越武帝，發兵攻長沙邊邑，呂后遣將軍擊之，而士卒大疫，未逾嶺而回。漢文帝即位初，不以武力討之，僅遣使陸賈往責備，趙佗畏懼而去其帝號。（見《史記》卷一一三《南越列傳》）

［31］疆場：殿本“場”字作“場”，百衲本、盧弼《集解》本、校點本作“場”。今從百衲本等。　警：百衲本作“驚”，殿本、盧弼《集解》本、校點本作“警”，郝經《續後漢書》亦作“警”。今從殿本等。

［32］蚩尤：傳說中東方九黎族之首領。《史記》卷一《五帝本紀》謂黃帝時，“蚩尤作亂，不用帝命。於是黃帝乃征師諸侯，與蚩尤戰於涿鹿之野，遂禽殺蚩尤”。　鬼方：上古族名。爲殷周西北境之强敵。《易·既濟卦》九三：“高宗伐鬼方，三年克之。”高宗，指殷高宗武丁。

［33］故當：殿本“故”字作“政”，百衲本、盧弼《集解》本、校點本作“故”，郝經《續後漢書》亦作“故”。今從百

衲本等。

[34] 任計：百衲本、校點本作"任計"，殿本、盧弼《集解》本作"住計"。趙幼文《校箋》謂《册府元龜》卷五三九引作"任計"。按，《通鑑》卷七二《魏紀四》青龍元年引亦作"任計"，今從百衲本等。

[35] 六師：指國家軍隊。周制，天子有六軍，諸侯國有三軍或二軍或一軍。

[36] 優：盧弼《集解》本作"憂"，百衲本、殿本、校點本作"優"。今從百衲本等。

[37] 後果如其言：梁章鉅《旁證》云："此事他無所見，此又不具本末，似可删。"

[38] 赤烏：吳大帝孫權年號（238—251）。

[39] 文仲：《晋書》卷五四《陸雲附喜傳》作"恭仲"。

[40] 散騎常侍：官名。秩比二千石，第三品，爲門下重職，侍從皇帝左右，諫諍得失，應對顧問，與侍中等共平尚書奏事，有異議得駁奏。

[41] 車騎將軍：官名。魏晋時位次驃騎將軍，在諸名號將軍上，多作爲軍府名號加授大臣、重要州郡長官，無具體職掌。第二品，開府者位從公，一品。　儀同三司：謂官非三公，而授予儀制同於三公的待遇。

[42] 曄弟玩：陸曄、陸玩，《晋書》卷七七皆有傳。

[43] 司空：官名。晋代仍與太尉、司徒並爲三公，第一品。爲名譽宰相，無實際職掌，多爲大臣加官。

[44] 太尉：官名。晋代仍居三公之首，第一品。爲名譽宰相，無實際職掌，多爲大臣加官。

　　吾粲字孔休，吳郡烏程人也。〔一〕孫河爲縣長，粲爲小吏，河深奇之。河後爲將軍，得自選長吏，表粲爲曲阿丞，[1]遷爲長史，[2]治有名迹。雖起孤微，與同郡陸遜、卜静等比肩齊聲矣。孫權爲車騎將軍，[3]召爲主簿，[4]出爲山陰令，還爲參軍校尉。[5]

〔一〕《吴録》曰：粲生數歲，孤城嫗見之，[6]謂其母曰：“是兒有卿相之骨。”

[1] 曲阿：縣名。治所在今江蘇丹陽市。　丞：官名。縣丞爲縣令長之副佐，職掌文書及倉、獄事。

[2] 長史：官名。此爲將軍府長史，爲軍府幕僚之長，總理幕府事。

[3] 車騎將軍：官名。東漢時位比三公，常以貴戚充任。出掌征伐，入參朝政，漢靈帝時作加官或作贈官。

[4] 主簿：官名。此爲車騎將軍府之主簿，職責是典領文書，辦理事務。

[5] 參軍校尉：官名。孫權置，職責是參議軍事。

[6] 孤城嫗：殿本《考證》盧明楷曰：“案《趙達傳》注云‘孤城鄭嫗能相人’，此云‘孤城嫗’，即其人也，疑脱一‘鄭’字。但‘孤城’或當作‘菰城’，烏程縣舊固名爲菰城也。”

黄武元年，與吕範、賀齊等俱以舟師拒魏將曹休於洞口。[1]值天大風，諸船綆紲斷絶，[2]漂没著岸，[3]爲魏軍所獲，或覆没沈溺，其大船尚存者，水中生人皆攀緣號呼，他吏士恐船傾没，皆以戈矛撞擊不受。粲與黄淵獨令船人以承取之，[4]左右以爲船重必敗，粲曰：“船敗，當俱死耳！人窮，奈何棄之？”粲、淵所活者百餘人。

還，遷會稽太守，召處士謝譚爲功曹，譚以疾不詣，粲教曰："夫應龍以屈伸爲神，鳳皇以嘉鳴爲貴，[5]何必隱形於天外，潛鱗於重淵者哉？"粲募合人衆，拜昭義中郎將，[6]與呂岱討平山越，入爲屯騎校尉、少府，[7]遷太子太傅。遭二宮之變，[8]抗言執正，明嫡庶之分，欲使魯王霸出駐夏口，[9]遣楊竺不得令在都邑。又數以消息語陸遜，遜時駐武昌，[10]連表諫爭。由此爲霸、竺等所譖害，下獄誅。

[1] 洞口：地名。在今安徽和縣東南長江邊。

[2] 綆紲（xiè）：繩索。

[3] 漂没著岸：趙幼文《校箋》謂蕭常《續後漢書》作"漂著北岸"，《册府元龜》卷四一七引作"漂没渚岸。"

[4] 以承取之：趙幼文《校箋》謂蕭常《續後漢書》無"以"字。

[5] 嘉鳴：趙幼文《校箋》謂蕭常《續後漢書》"嘉"字作"時"。

[6] 昭義中郎將：官名。建安中孫權所置，領兵。吳沿之。

[7] 屯騎校尉：官名。東漢時爲北軍五校尉之一，秩比二千石，掌宿衛兵。三國沿置。　少府：官名。漢列卿之一，秩中二千石。東漢時掌宮中御衣、寶貨、珍膳等。三國沿置。

[8] 二宮：指太子和與魯王霸。詳情見本書卷五九《孫和傳》。

[9] 夏口：地名。在今湖北武漢市原漢水入長江處。

[10] 武昌：縣名。治所在今湖北鄂州市。

朱據字子範，吳郡吳人也，有姿貌膂力，[1]又能論難。黄武初，徵拜五官郎中，[2]補侍御史。是時選曹尚書暨豔，疾貪汙在位，欲沙汰之。據以爲天下未定，宜以功覆過，棄瑕取用，舉清厲濁，足以沮勸，若一時貶黜，懼有後咎。豔不聽，卒敗。

權咨嗟將率，發憤歎息，追思呂蒙、張溫，以爲據才兼文武，可以繼之，由是拜建義校尉，[3]領兵屯湖熟。[4]黃龍元年，[5]權遷都建業，徵據尚公主，[6]拜左將軍，[7]封雲陽侯。[8]謙虛接士，輕財好施，禄賜雖豐而常不足用。嘉禾中，始鑄大錢，一當五百。後據部曲應受三萬緡，[9]工王遂詐而受之，典校呂壹疑據實取，[10]考問主者，死於杖下，據哀其無辜，厚棺斂之。壹又表據吏爲據隱，故厚其殯。權數責問據，據無以自明，藉草待罪。[11]數月，典軍吏劉助覺，[12]言王遂所取，權大感寤，曰：“朱據見枉，況吏民乎？”乃窮治壹罪，賞助百萬。

赤烏九年，遷驃騎將軍。[13]遭二宮搆爭，據擁護太子，言則懇至，義形于色，守之以死，〔一〕遂左遷新都郡丞。[14]未到，中書令孫弘譖潤據，[15]因權寢疾，弘爲詔書追賜死，時年五十七。孫亮時，二子熊、損各復領兵，爲全公主所譖，皆死。永安中，追録前功，以熊子宣襲爵雲陽侯，尚公主。[16]孫晧時，宣至驃騎將軍。

〔一〕殷基《通語》載據爭曰：“臣聞太子國之本根，雅性仁孝，天下歸心，今卒責之，將有一朝之慮。[17]昔晋獻用驪姬而申生不存，[18]漢武信江充而戾太子冤死。[19]臣竊懼太子不堪其憂，雖立思子之宮，無所復及矣。”

[1]膂力：趙幼文《校箋》謂《太平御覽》卷四七六引"力"下有"絕人"二字，《建康實錄》亦同。蕭常《續後漢書》"絕人"作"過人"。

[2]五官郎中：官名。東漢時隸屬五官中郎將，秩比三百石。宿衛宮殿門户，出充車騎。實爲後備官員，以備選用。孫吳沿置。趙幼文《校箋》謂《太平御覽》卷三七九引作"五官中郎將"。

[3]由：校點本作"自"，百衲本、殿本、盧弼《集解》本皆作"由"。今從百衲本等。 建義校尉：官名。孫權置，領兵。

[4]湖熟：百衲本、校點本作"湖孰"，殿本、盧弼《集解》本作"湖熟"。按，二者同，今從殿本等。湖熟，縣名。治所在今江蘇江寧縣東南湖熟鎮。趙幼文《校箋》則謂《太平御覽》卷二四二引作"姑熟"。

[5]黃龍：吳大帝孫權年號（229—231）。

[6]公主：即孫權女兒魯育。

[7]左將軍：官名。東漢時位如上卿，與前、後、右將軍掌京師兵衛和邊防屯警。魏、晉亦置，第三品。權位漸低，略高於一般雜號將軍，不典禁兵，不與朝政，僅領兵征戰。孫吳亦置。

[8]雲陽：縣名。吳嘉禾三年（234）以曲阿縣改名。治所仍在今江蘇丹陽市。

[9]部曲：部隊。 緡：古時通常以一千錢爲一緡。

[10]典校：官名。孫權黃武中置，屬中書省，由中書郎充任，故亦稱中書典校、典校郎，負責審理諸官府及州郡文書，並監察群臣過失，後還發展至控制大臣案件的刑訊及處理。

[11]藉草：坐於草薦上。謂謝罪待刑。

[12]典軍吏：官名。主管營兵的官吏。 覺：趙幼文《校箋》謂蕭常《續後漢書》"覺"下有"之"字。

[13]驃騎將軍：官名。東漢時位比三公，地位尊崇。魏、晉沿置，居諸名號將軍之首，僅作爲軍府名號，加授大臣、重要州郡

長官，無具體職掌，第二品。開府者位從公，第一品。孫吳亦置。

[14] 新都郡：治所始新縣，在今浙江淳安縣西北。

[15] 中書令：官名。孫吳仿西漢之制，置爲中書長官，主草擬詔令。

[16] 尚公主：百衲本無“公”字，殿本、盧弼《集解》本、校點本有。今從殿本等。

[17] 慮：趙幼文《校箋》謂《建康實錄》作“患”。

[18] 晋獻：即春秋時晋國國君獻公。獻公寵愛驪姬，驪姬設計陷害太子申生，申生不能辯解，故自縊而死。詳見《左傳·僖公四年》。

[19] 漢武：即漢武帝。漢武帝晚年迷信多疑。因巫蠱事而誅殺丞相公孫賀父子等，並使親信江充嚴治其事，被誣枉死者前後已數萬人。江充又與太子劉據有矛盾，懼武帝去世，被太子誅殺，遂乘治巫蠱事，往太子宮中掘得桐木人。太子懼，矯節收殺江充，並與丞相兵戰長安中，太子兵敗，出逃自縊而死。後來，漢武帝得知巫蠱事不實，太子據蒙冤無辜，遂作思子宮及歸來望思之臺於太子出逃自縊地。（見《漢書》卷四五《江充傳》與卷六三《戾太子據傳》）

　　評曰：“虞翻古之狂直，[1] 固難免乎末世，然權不能容，非曠宇也。[2] 陸績之於揚《玄》，[3] 是仲尼之左丘明，[4] 老聃之嚴周矣；[5] 以瑚璉之器，[6] 而作守南越，不亦賊夫人歟！張溫才藻俊茂，而智防未備，用致艱患。駱統抗明大義，辭切理至，值權方閉不開。陸瑁篤義規諫，君子有稱焉。吾粲、朱據遭罹屯蹇，以正喪身，悲夫！

　　[1] 狂直：疏狂率直。

　　[2] 曠宇：大器度。《莊子·庚桑楚》："宇泰定者，發乎天光。"陸德明釋文："王云：宇，器宇也。"

　　[3] 揚玄：即揚雄之《太玄經》。

　　[4] 左丘明：《漢書·藝文志》謂左丘明爲春秋魯國太史，孔子刪定《春秋》，左丘明爲之傳，即《左傳》。

　　[5] 老聃：即老子。《史記》卷六三《老子韓非列傳》謂老子姓李，名耳，字聃，周守藏室之史。著書上下篇，五千餘言。　嚴周：即莊周。東漢人避漢明帝劉莊諱改。《史記·老子韓非列傳》謂莊子"作《漁父》《盜跖》《胠篋》，以詆訾孔子之徒，以明老子之術"。

　　[6] 瑚璉：瑚、璉皆古代宗廟祭祀所用盛黍稷的禮器，用以比喻治國安邦之才。《論語·公冶長》子貢問曰："賜也何如？"子曰："女，器也。"曰："何器也？"曰："瑚璉也。"